"新视界"职业教育
旅游文化系列教程

总主编
总主审

Modern Hotel Management

现代酒店管理

主　编　蒋　敬

副主编　朱　文　谢　静　张　勇

重庆大学出版社

内容提要

本书根据高职旅游类专业教学新需求编写而成,紧跟旅游行业、住宿接待业发展趋势,充分体现"课程思政""三全育人"等要求,旨在引导学生熟悉酒店经营管理实践,培养酒店管理理论素养,树立正确的职业观,以立德树人为根本,实现知识传授与价值引领相结合的目的。

本书充分体现了系统性、实用性和创新性的特色。在内容体系上,以学生对酒店行业的认知路径为线索组织四大教学模块,分别是推开酒店那扇门、溯源酒店业的历史脉络、探究酒店管理的秘诀、追寻酒店业的未来,带领学生感知酒店、认知酒店部门和岗位、了解酒店业历史、掌握酒店经营管理职能、探索职业兴趣、激发酒店从业热情。

本书不仅适合作为高等职业院校、应用型本科院校酒店管理与数字化运营等相关课程教材,也可以作为继续教育和旅游行业从业人员的岗位培训教材。

图书在版编目(CIP)数据

现代酒店管理 / 蒋敬主编. -- 重庆 : 重庆大学出版社,2023.7
"新视界"职业教育旅游文化系列教程
ISBN 978-7-5689-3721-4

Ⅰ.①现… Ⅱ.①蒋… Ⅲ.①饭店—企业管理—教材
Ⅳ.①F719.2

中国国家版本馆 CIP 数据核字(2023)第 068049 号

现代酒店管理

主　编　蒋　敬
副主编　朱　文　谢　静　张　勇
策划编辑:顾丽萍

责任编辑:姜　凤　　版式设计:顾丽萍
责任校对:关德强　　责任印制:张　策

*

重庆大学出版社出版发行
出版人:饶帮华
社址:重庆市沙坪坝区大学城西路 21 号
邮编:401331
电话:(023) 88617190　88617185(中小学)
传真:(023) 88617186　88617166
网址:http://www.cqup.com.cn
邮箱:fxk@ cqup.com.cn (营销中心)
全国新华书店经销
重庆亘鑫印务有限公司印刷

*

开本:787mm×1092mm　1/16　印张:18　字数:463 千
2023 年 7 月第 1 版　　2023 年 7 月第 1 次印刷
ISBN 978-7-5689-3721-4　定价:59.00 元

"新视界"职业教育旅游文化系列教程
编审委员会

总　序

全面提高教育教学质量是推动高等职业教育高质量发展的关键。教育教学质量的提高与职业院校内部的诸多因素有关，如办学理念、师资水平、课程体系、实践条件、生源质量以及教育质量监控与评价机制等。在这些因素中，不管从教育学理论还是从教育实践来看，课程体系都是一个非常重要的因素。教材作为课程体系的基础载体，是人才培养的主要剧本、育人育才的重要依托，是"三教"改革的重要组成部分，是职业教育改革的基础。建设什么样的教材体系，体现着一个国家、一个民族的价值观体系，直接关系党的教育方针的贯彻落实。

2019年《国家职业教育改革实施方案》的颁布及2020年"中国特色高水平高职学校和专业建设计划"的启动，标志着我国职业教育进入了新一轮的改革与发展阶段，课程建设与教学改革再次成为高职院校建设和发展的核心工作。职业教育教材作为课程建设与教学改革的重要组成部分，不但对学生的培养质量起着关键作用，也决定着学校的核心竞争力和可持续发展能力。

2020年10月，由重庆青年职业技术学院和四川绵阳职业技术学院牵头成立了"成渝地区双城经济圈文化和旅游产教联盟"（以下简称"联盟"）。联盟积极贯彻落实中办、国办印发的《关于推动现代职业教育高质量发展的意见》精神，切实提高成渝地区双城经济区圈旅游类专业人才培养质量，推动成渝地区文化和旅游产业协同发展。

2022年10月16日，中国共产党第二十次全国代表大会胜利召开，习近平总书记在大会上做了"高举中国特色社会主义伟大旗帜 为全面建设社会主义现代化国家而团结奋斗"的报告。报告中第八条明确指出"推进文化自信自强，铸就社会主义文化新辉煌"的前进道路。从为党育人、为国育才出发，高等职业院校的旅游专业教学要贯彻落实报告中提出的"健全现代公共文化服务体系，创新实施文化惠民工程。健全现代文化产业体系和市场体系，实施重大文化产业项目带动战略。加大文物和文化遗产保护力度，加强城乡建设中历史文化保护传承，建好用好国家文化公园。坚持以文塑旅、以旅彰文，推进文化和旅游深度融合发展"要求，锐意进取，改革创新，共同为职业教育添彩，为中国文化旅游赋能。

联盟与重庆大学出版社组织策划和出版的"'新视界'职业教育旅游文化系列教程"（以下简称"系列教程"），汇聚了多所职业院校的课程改革成果，具有以下特点：

一、强调校企"双元"合作开发，注重学生职业核心能力培育

系列教程紧跟旅游产业发展趋势和行业人才需求，吸纳旅游行业企业管理者深度参与编写，以典型岗位（群）的职业技能要求为目标，以"掌握基础、深化内容、理实结合、培养能力"为宗旨，关注旅游行业新业态、新模式，实时对接产业发展"新工艺、新技术、新规范"的要求，以提升教材建设的时代性和前瞻性，切实通过校企合作，强化学生专业能力和素质的培养。

二、遵循学生职业能力培养的基本规律，增强学生就业竞争力

系列教程紧密结合岗位（群）技能对职业素质的要求，突出针对性和实用性，综合多名职教专家和教师的宝贵意见，将中国最新研究成果、最新理论、实践成果引入教材，在教学设计中有机融入学生自主学习内容,培养学生思辨、实践的能力和创新精神。

三、坚持以立德树人为根本任务,课程思政贯穿教材编写

系列教程始终注重知识传授与价值引领相结合,将课程思政置于课程教学目标首位,有意、有机、有效地融入课程思政元素。根据课程特点、教学内容,梳理各自蕴含的课程思政要点,以文本、视频、实践、心得书写等方式融入教材中,深入开展社会主义核心价值观宣传教育,深化爱国主义、集体主义、社会主义教育,实现专业课程与思政课同向同行,着力培养担当民族复兴大任的时代新人。

四、建立数字化教学资源库,以学生喜闻乐见的形式达成教学目标

系列教程强化"学习资料"功能,弱化"教学材料"属性。根据每门课程的内容特点,配套数字化教学资源库,提供电子教学课件、教学素材资源、教学网站支持等;注重活页式、工作手册式新形态教材的开发,实现教材立体化、多功能作用,全面适应数字化升级的要求,为学生即时学习和个性化学习提供支撑。

"尺寸课本、国之大者"。随着职业教育发展的不断深入,创新型教材建设是一项长期而艰巨的任务。本系列教程的编写,除了相关职业院校教师们辛勤的耕耘奉献,还得到了联盟成员中诸多旅游企业的积极参与和大力支持,在此致以诚挚的谢意!

由于编者水平所限,不足之处在所难免,教程编写委员会殷切期望各位同行和使用者提出宝贵意见,让我们一起为职业教育的蓬勃发展贡献力量。

"'新视界'职业教育旅游文化系列教程"编写委员会
2022 年 5 月

前言

作为外出旅游的重要一环,酒店已经成为旅行中重要的休闲场所,除了提供住宿外,还承载着更多美食、艺术、社交、健康、休闲娱乐等需求。消费者对美好生活的追求,成为酒店产品追求品质和多元化创新的动力。此外,信息化、科技化、智能化时代的来临对酒店行业的转型升级提出了新挑战。酒店业作为旅游业三大支柱产业之一,在其蓬勃发展进程中,急需大量高素质技术技能应用型人才。

酒店行业的转型升级必然需要职业教育教材重组知识结构和能力体系。教材是高职院校课程建设与教学内容改革的载体,也是融合企业元素与教育元素的直观载体。教材改革是新时代职业教育发展的应然需求。《国家职业教育改革实施方案》明确指出,新时代职业教育教材建设应当把握"立德树人"育人功能,将"育德"与"修技"有机结合;契合网络化、智能化、个性化教学改革的趋势,通过多种信息化手段呈现教材内容;校企"双元"合作开发教材,深化产教协同育人。

本书坚持时代性、前瞻性、实用性、鲜活性的原则。高职学校一线教师与酒店行业、企业精英和专家共同组成编写团队,基于教育部现代学徒制试点(酒店管理专业)、教育部酒店服务与管理生产性实训基地等产教深度融合项目的建设经验和成果,合作编写本书。本书具有以下特点。

第一,落实"大思政课"建设要求,思政元素融入教学知识点。充分挖掘思政元素并有机融入教学知识点,注重知识传授与价值引领相结合。如剖析我国现代酒店业飞速发展的原因,增强学生的"四个自信"和爱国情怀;解读优秀企业文化、优秀员工故事,让学生理解并践行社会主义核心价值观;在经营管理理论和方法的学习中,培养学生的人文情怀、创新意识和工匠精神,实施课程思政。

第二,以任务化形式编写教材,配套丰富的教学资源。每个教学任务涵盖学习导图、思政链接、课堂讨论、知识链接、案例再现、任务思考、在线测试题、任务拓展等二维码资源和板块,有利于激发学习者的学习兴趣,扩充课外知识。此外,本书配备教学大纲、教学设计、试题库、教学课件等资源,方便教学使用。

第三,中英双语教学和应用,注重个性化能力培养。针对高职学生英语基础,部分核心知识点采用中英双语编写,提升酒店从业者的涉外服务能力和水平,以英语能力赋能职业能力,拓展国际视野和职业持续发展空间。

本书在框架设计和内容编排上,以学生对酒店行业的认知路径为线索,分为四大教学模块14个学习任务,力求既系统介绍酒店管理理论和方法,又突出酒店经营实践运作技术和方法,培养学生知行合一。具体内容和编写分工如下。

模块一:推开酒店那扇门。带领学生感知酒店、认知酒店,以实地探访高星级酒店、研究酒店的机构设置和布局、了解中外著名酒店集团概况三大任务驱动教学,并编制了酒店参观指南以供参考。由朱文、谢静老师编写。

模块二:溯源酒店业的历史脉络。从酒店的基本概念和类型、中西方酒店业发展历史、酒店集团化发展趋势等问题着手,探索酒店业的前世今生。由蒋敬老师编写。

模块三:探究酒店管理的秘诀。从酒店市场营销、人力资源管理、服务质量管理、收益管理、工程管理、安全管理六大方面探讨酒店经营与管理中的相关理论、经验与方法,一起探究酒店的经营管理如何迎接改变,满足宾客对酒店产品和服务的高品质要求。由谢林、蒋敬、张弦、马白春、江雨老师编写。

模块四:追寻酒店业的未来。从酒店战略管理、科技赋能酒店以及我的未来我做主等三个任务着手,探索信息化、数字化转型趋势下酒店行业如何转型升级,并引导从业者树立正确的职业观。由于浣、蒋敬老师编写。

全书由蒋敬副教授校对、统编、定稿。此外,成都凯宾斯基饭店人力资源总监张勇先生、招聘经理林世洁女士、成都世纪城天堂洲际酒店群人力资源总监石薇奕女士、培训总监于蒙蒙女士,德阳旌湖国际酒店人事质检培训部经理何慧清女士等行业专家也参与了教材部分任务、教学案例的编写,在此表示感谢。

本书在编写过程中,参考引用了部分专家、学者的成果,并将文献目录附于书后,在此一并表示诚挚的谢意。因编者水平有限,本书在编写中难免会有缺憾和不足,敬请各位同行与读者批评指正。

编　者
2022 年 7 月

目录

模块一 推开酒店那扇门

✎ **模块导读**

当下,我国社会经济发展已进入新时代,更好地满足人们日益增长的美好生活需要已经成为新时代的重要特征和产业发展的内在动力。中国消费已经不是简单地满足生活和生存的需求,而是追求更高层次的美好消费。习近平总书记指出,"旅游业是综合产业,要大力发展"。酒店业作为旅游业三大支柱产业之一,在其蓬勃发展的进程中,急需大量高素质技术技能应用型人才。

本模块带领学生推开酒店那扇门,以学生的视角感知酒店、认知酒店,以实地探访高星级酒店、研究酒店的机构设置和布局、了解中外著名酒店集团概况三大任务驱动教学,并编制了酒店参观指南以供参考。

✎ **学习导图**

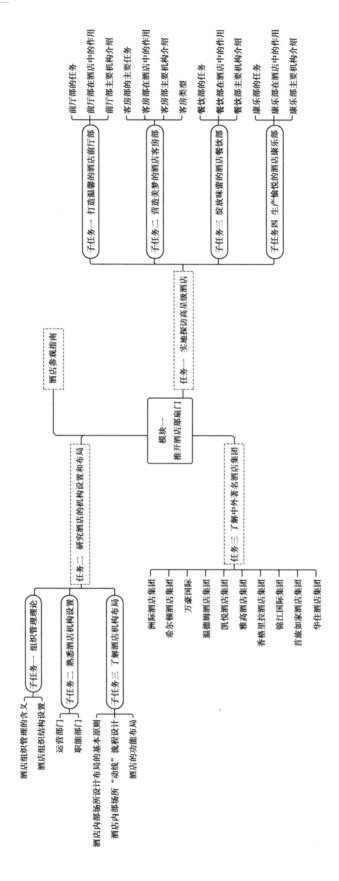

酒店参观指南

一、任务背景

酒店行业实地参观是一项可以让学生走出传统的课堂环境去提高认知体验、改善学习观念的活动。酒店参观的目的是为酒店管理、旅游管理等相关专业的学生打开一扇窗,为他们提供身临其境实时感受服务业的机会,从而激励学生并帮助他们建立获取工作机会和职业发展的人际网络。

二、任务培养目标

参观考察酒店,形象感知酒店概貌,观察酒店运营,学生能够达到表1-1所列目标。

表1-1　酒店参观教学目标

目标	专业知识	酒店历史沿革、经营情况、部门的组织结构和工作职责以及酒店大楼艺术特色等基本情况
	人际能力	与接待酒店的员工交流沟通
	信息能力	按照参观要求收集和整理资料
	思维能力	根据资料分析参观内容
	写作能力	撰写参观报告,制作汇报PPT
	职业精神	精益求精的工匠精神,爱岗敬业的职业道德,知行合一的职业素养等

三、任务实施角色说明

为了更好地培养学生的综合素养,增强学生的实践能力,基于校企深度合作,带领学生深入了解酒店业真实职场。为了更好地开展教学,采用沉浸式教学方式,针对酒店参观特设表1-2所列角色。

表1-2　角色说明表

序号	参观角色	人数	职责概述
1	指导教师	2人	负责酒店参观的教学设计和安排协调
2	酒店人力资源部联系人	1人	负责酒店参观的方案设计和人员安排
3	酒店参观向导	4人	负责酒店参观的引导和讲解
4	前厅、客房、餐饮、康乐部酒店员工代表	3～4人	与参观的学生交流沟通
5	参观学生	1个班级	完成酒店参观教学任务

四、酒店参观教师任务单

带队教师根据酒店参观教师任务单(表1-3)的要求,与接待酒店做好沟通联络,完成学生参观调研前的各项准备工作,熟悉酒店参观调研的流程和内容安排,指导学生高质量完成参观各环节的任务,达到教学目标。

表 1-3　酒店参观教师任务单

学校		教师		参观时间	
参观酒店		酒店地址			
参观过程		角色任务		计划时间	完成时间
酒店参观之前		明确酒店参观活动的目的以及关注点		开学前	
		联系接待酒店,确保接待酒店了解此次参观的目的和预期。如果需要,教师可以提前实地考察,以熟悉主要流程和活动特色		开学前	
		与接待酒店沟通,确定参观日期、时间安排、联系人			
		与酒店联系人沟通,设计制订一份详细的参观计划并确保参观计划能顺利进行并达到预期目的		开学前	
		提前通知学生,将接待酒店的一些基本信息以及参观的要求告知学生,包括参观的目的、参观前的讨论话题、酒店参观项目的目标、学习目标等;给学生布置任务(如制作酒店参观展板、撰写参观感想报告);告知学生着装要求、礼仪规范等		开课前发布	
		安排学生前往接待酒店的交通		参观前一周	
		将学生分成 4 个小组,落实小组联系人(组长)及联系方式,组长主要职责是确保参观过程中组员不掉队		开学时	
		召开酒店参观动员会,讲解酒店参观的目的和要求,确保学生明确酒店参观计划和要求,为完成酒店参观任务做准备		参观前一天	
酒店参观过程中		组织学生乘坐交通工具准时到达酒店参观集合的场地		提前20分钟	
	酒店参观欢迎会	协助酒店员工组织学生参加欢迎会		1 小时	
		学校带队教师发言			
	酒店参观	与接待酒店员工一起协调酒店参观活动		2 小时	
		提醒学生在参观过程中做笔记,并听从接待酒店的指示			
		确保参观活动不会影响酒店/餐厅的正常运营			
		收集课堂教学资料			
		在酒店参观活动中,教师拍一些照片,照片用于在活动结束后组织学生讨论			
	部门交流	拍照并收集交流信息		30 分钟	
	酒店参观送别会	协助酒店员工组织学生参加送别会		1 小时	
		学院带队教师致感谢词			
		与酒店管理团队合影留念、告别			

续表

参观过程	角色任务	计划时间	完成时间
酒店参观之后	给接待酒店发感谢信,维系良好的关系,在将来举办讲座或职业研讨会时邀请接待酒店的员工担任嘉宾	参观结束的当天	
	安排一堂参观汇报课,请学生交流酒店参观活动的感想,并设计讨论之后学生需思考的问题	参观结束后的第一次课	
	从接待酒店和学生两方面获取反馈,如果需要,可以向双方分享反馈信息	汇报结束后一周内完成	
	对参观活动进行总结,拟成文件资料和电子资料,存档,以备将来参考		

五、接待酒店任务

酒店接待人员提前熟悉接待酒店任务单(表1-4)的参观任务和流程,做好学生参观接待的各项准备工作,与带队教师一起指导学生参观调研酒店,达到实践教学目的。

表1-4　接待酒店任务单

酒店名称		联系人		参观时间	
参观团队			联系人及电话		
参观过程	角色任务			完成时间	
酒店参观之前	指派一位工作人员负责此次参观活动,包括与参观团队沟通、设计一份详细的参观计划、协调各部门、提前通知接受参观的各相关部门			学校带队教师与酒店联系后,在学校开学前完成	
	了解参观团队基本信息(如参观的学生团队人数以及领队教师的人数、学生的知识能力水平和语言能力、酒店参观内容等),明确酒店参观团队的预期目标				
	查看未来14天或30天的酒店业务预测(活动和入住率),明确酒店参观的日期及时间;确保酒店参观活动不会干扰酒店正常运营;确保酒店参观活动获得酒店总经理或者高管的同意				
	根据参观团队的预期目标拟订一份详细的参观计划,包括参观日期及时间、参观路线、接待人员、会议室、每个部门的参观向导等				
	提前做好酒店参观活动安排,并将参观目的和安排告知总经理、驻店经理、各部门经理和主管,确保相关部门和人员了解当天的参观安排以及各自的职责,各部门安排足够的人手协助酒店参观活动			参观前一周	
	提前将参观计划发送给参观团队,确保教师确认并同意这份计划				

续表

参观过程		角色任务	完成时间
酒店参观过程中		在参观团队集合的场地迎接参观团队	提前15分钟
	酒店会议室召开酒店参观欢迎会	致开场词及介绍参会人员	1小时
		酒店负责人致辞:介绍酒店基本情况和企业文化	
		活跃气氛的"破冰活动"	
		学校带队教师发言	
		酒店参观负责人向学生讲解参观时的要求和注意事项,强调参观中须留意的重要关注点(如礼仪)	
		将参观所需的资料发给学生(如酒店地图、概况介绍等资料单)	
		为参观团队小组指派酒店参观向导	
	酒店参观	参观向导带领参观小组按照设计好的参观线路参观和讲解	2小时
		各部门管理人员为参观团队讲解各部门的营运情况及经营特色等	
		参观过程中与学生互动(如小测试、解疑答惑等)以激发学生的兴趣	
	部门交流	各酒店营运部门员工代表与参观学生进行深度访谈与交流	30分钟
	酒店会议室召开参观送别会	总经理或行政管理者发表鼓励学生的演讲,展望职业发展机会与前景	1小时
		互动提问环节	
		学院带队教师致感谢词	
		酒店负责人致结束词	
		酒店管理团队和参观团队合影留念、与参观团队告别	
酒店参观之后		跟进后续咨询	参观结束后一周内完成
		与参观团队交流反馈意见,包括对学生在参观过程中的表现的反馈和评价	
		对参观活动进行总结,拟成文件资料以备将来参考	

六、酒店参观学生任务单

学生应根据酒店参观学生任务单(表1-5)的要求,划分学习小组,认真做好准备工作,明确酒店参观流程及细分任务,高质量完成参观调研任务。

表 1-5 酒店参观学生任务单

学校			班级			学生	
小组名称				小组成员			
参观酒店				酒店地址			
参观目的							
小组任务							
小组任务分工							
酒店参观流程及任务细分							
参观过程		角色任务				计划时间	完成时间
酒店参观之前		明确酒店参观活动的目的和计划				参观前	
		接受任务,明晰参观的具体要求及完成的任务(例如,参观前的准备工作,参观时学生着装要求、礼仪规范,参观后制作酒店参观展板、撰写参观感想报告等)				参观前一周	
	参观前准备	学生分组,推选小组长,组长分配小组任务及职责				参观前一周	
		资料搜集,关注酒店的官网和微信公众平台等信息渠道,提前了解该酒店或集团的相关信息					
		思考小组任务中深度访谈体验的部门要交流的话题,并在参观中着重观察体验,完成目标					
		思考参观中你最想了解的部门,针对不同部门负责人或者酒店高管,准备几个你最感兴趣的问题					
		仪容仪表准备,穿着职业制服					
		参加酒店参观动员会,明确酒店参观的详细计划和要求,为完成酒店参观任务做准备				参观前一天	

续表

参观过程	角色任务		计划时间	完成时间
酒店参观过程中	乘坐交通工具准时到达酒店参观集合的场地,不得迟到和无故缺席		提前20分钟	
	酒店参观欢迎会	服从安排,按要求入座,将手机调成静音	1小时	
		积极参加"破冰活动"		
		认真听取讲解、参观要求和注意事项,并做好记录		
		接受并整理酒店发放的参观资料		
		熟悉小组酒店参观企业带队人员		
	酒店参观	参观小组按照参观线路参观,小组成员相互关心	2小时	
		认真听讲解,保持安静并适当拍照与记录		
		细心观察、积极提问		
	部门交流	根据提前准备和参观时想了解和感兴趣的话题,积极与酒店员工代表深度访谈,并做记录	30分钟	
	酒店参观送别会	服从安排,按要求入座	1小时	
		认真聆听总经理或行政管理者的演讲,保持安静并做记录		
		互动环节积极提问		
		与酒店管理团队合影留念、告别		
酒店参观之后	小组总结,分工协作,完成参观感想报告,制作酒店参观展板和汇报PPT,选定汇报人员		酒店参观总结汇报课前	
	学生交流酒店参观活动的感想及需思考的问题		酒店参观汇报课	
	将参观感想拟成文件资料和电子资料并提交至酒店参观指导教师,资料可备将来参考		汇报结束后的一周内完成	

任务一 实地探访高星级酒店

成就酒店人生的高度

凯撒·里兹从一个酒吧服务生做起，通过对服务真谛的理解和践行，最终创造了直至今日被世人公认的酒店奢侈品牌——丽思卡尔顿酒店（图1-1-1）。其酒店人生所达到的高度，不仅仅体现在他在有生之年在欧洲最繁华的两个首都（巴黎和伦敦）建立了属于自己的酒店王国，而且使酒店里的人生成为上流社会趋之若鹜的时尚。他的高度在于"从酒店最底层开始，却在酒店最极限的高处成就梦想"！

图1-1-1 凯撒·里兹（César Ritz）
丽思卡尔顿酒店创始人

所思所悟：梦想是我们每一个人的理想信念和追求的人生目标，也是我们前行路上的精神支柱和指路明灯，只要脚踏实地，一步一个脚印，谦虚谨慎，戒骄戒躁，虚心好学，从我做起，从小事做起，我们就一定能够成就梦想。

• 任务说明 •

酒店是一个包含多种设施、具有综合服务功能的现代化建筑，它的功能和设施设备标准随宾客的需要而不断发生变化。按照《旅游饭店星级的划分与评定》（GB/T 14308—2010）的规定，前厅部、客房部、餐饮部和康乐部是涉外酒店不可缺少的部门。本任务根据酒店认知实习的学习目标，带领大家一起参观酒店的前厅部、客房部、餐饮部和康乐部，了解其业务项目的基本类型和工作任务等，从而使学生对高星级酒店概貌有一个形象的感知，为后续课程的学习奠定良好的基础。

子任务一 打造温馨的酒店前厅部

任务目标

❶ 实地参观高星级酒店的前厅部，了解酒店前厅部的工作任务和作用。

❷ 熟悉酒店前厅部的主要部门，选择自己感兴趣的岗位进行访谈。

❸ 树立良好的职业形象，培养职业兴趣。

任务分析

前厅部是给客人及社会公众留下"第一印象""最后印象"的地方，被誉为酒店的门面、大脑，是最能体现酒店热情好客和服务质量的地方。前厅部的工作效率和服务质量直接影响酒店的形象和经济效益。我们应致力于打造温馨的酒店前厅部，给宾客带来宾至如归的温馨体验。本任务结合实地参观，应着重了解前厅部的任务和作用，熟悉其机构设置。

任务操作

前厅，位于酒店门厅处，是包括酒店大门、大堂、总服务台在内的为客人提供综合服务的区域（图1-1-2）。前厅部是每一位客人抵达、离开酒店的必经之地，是现代酒店对客服务的开始和最终完成的场所，也是客人对酒店产生第一印象和最后印象的地方，人们习惯把前厅喻为酒店的"门面""橱窗"，因此，前厅的服务与管理水平直接关系酒店的经营命脉。

图 1-1-2　酒店大堂吧

前厅部（Front Office），也称大堂部、前台部或客部部，是酒店负责招徕并接待宾客（组织客源）、销售酒店客房商品、组织接待和协调对客服务、销售餐饮娱乐等服务产品、沟通与协调酒店各部门、为客人提供各种综合服务的对客服务部门。

前厅部是酒店服务与管理的关键部门，其业务特点为全天候不间断地运行、接待与服务范围广泛、原则性与灵活性高度结合以及充分展示酒店形象。

一、前厅部的任务

（一）销售客房

客房是酒店最主要的产品,目前我国许多酒店的客房盈利占整个酒店利润总额的50%以上。因此,前厅部的首要任务是销售客房。

（二）前厅服务

作为直接向客人提供各类相关服务的前台部门,前厅服务范围涉及机场和车站接送服务、门童行李服务、入住登记服务、离店结账服务,还涉及换房服务、退房服务、问询服务、票务代办服务、邮件报刊(函件)服务、电话通信服务、商务文秘服务等,实际上这是"大前厅服务"理念的体现。

（三）提供信息

前厅是客人汇集活动的场所,前厅服务人员与客人保持着最多的接触,因此前厅服务人员应随时准备向客人提供其所需要和感兴趣的信息资料,如酒店近期推出的美食周、艺术品展览等活动信息,这可以使住店客人的生活更加丰富多彩。前厅服务人员还应充分掌握并及时更新有关商务、交通、购物、游览、医疗等详细和准确的信息,使客人"身在酒店内便知天下事",处处让客人感到方便。

（四）协调沟通

前厅部根据客人要求和酒店营销部门的销售计划衔接前、后台业务以及与客人之间的联络、沟通工作,达到使客人满意以及内部业务运作顺畅的目的。例如,客人向前厅服务人员反映房间温度问题,前厅服务人员就应立即通过管理渠道向设备维护部门反映客人意见,并给予客人圆满的答复。

（五）控制房况

前厅部一方面要协调客房销售与客房管理工作,另一方面还要能够在任何时候正确地反映客房状况。正确反映并掌握客房状况是做好客房销售工作的先决条件,也是前厅部管理的重要目标之一。要做好这项工作,除了实现控制系统电脑化和配置先进的通信联络设备等设施外,还必须建立和健全完善的、行之有效的管理规章制度,以保障前厅与相关部门之间的沟通及合作。

（六）建立客账

酒店向客人承诺并提供统一结账服务。客人经过必要的信用证明,即可在酒店内各营业点(一般不包括商品购物)签单赊账。建立客账是为了实时记录并监督客人与酒店之间的财务关系,达到方便客人、保障酒店声誉并获取经济效益的目的。

（七）客史建档

前厅部为更好地发挥信息集散和协调服务的作用,一般都要为住店一次以上的客人建立客史档案。无论采用电脑自动记载、统计或手工整理统计等方法,建立客史档案时,一般都要将客人的姓氏、身份、公司、抵/离店日期、消费记录及特殊要求作为主要内容予以记载,作为酒店提供周到、细致、有针对性服务的依据。这也是寻求和分析客源市场,研究市场走势,调整营销策略、产品策略的重要信息来源。

（八）辅助决策

前厅部每天都要接触大量有关客源市场、产品销售、营业收入、客人意见等的信息,通过统计分析,及时将整理后的信息向酒店决策管理机构汇报,并与有关部门协调沟通,采取对策。前厅部管理人员还经常参与客房营销分析和预测活动,进行月、季和年度的销售统计分析,提出改进工作和提高服务水平的有关建议。

二、前厅部在酒店中的作用

（一）酒店的"门面"和"橱窗"

前厅部是给客人及社会公众留下"第一印象""最后印象"的地方。

（二）信息集散的枢纽和中心

前厅部不但要向客人及时提供准确的各类信息,而且必须把有关客人的各种信息准确地传达到客房、餐厅、财务部等相关经营服务部门。

（三）客务关系的纽带和桥梁

前厅部通过自身的销售与服务,在客人抵店、住店和离店的全过程中始终与客人保持密切联系。客人遇到疑难问题时,通常都会找前厅的员工联系解决。

（四）管理机构的代表和参谋

前厅部掌握着全部住宿客人的相关资料和信息并能及时收集、处理客人对酒店管理与服务的意见和建议,将这些信息反馈到酒店管理机构和相关经营服务部门,供其有针对地分析。另外,前厅部还保存大量实时经营数据,可按日、周、月、年定期或不定期地向酒店决策和营销机构提供市场各种信息的报表及数据,发挥着重要的参谋和助手的作用。

三、前厅部主要机构介绍

（一）礼宾部（Concierge）

礼宾部,又称"大厅服务处",是酒店的名片,配备大厅服务主管(金钥匙)、领班、迎宾员、行李员等,为宾客提供一条龙服务,在机场、车站、码头热情周到的代表迎送客人,门口门童先生微笑问候,入住时专业的礼宾员引领宾客去房间并热情地介绍当地的风土人情。在住店期间宾客提出任何合理要求和服务,礼宾部都会竭尽全力为宾客排忧解难,让宾客获得感动和惊喜。

（二）前台（Hotel Reception）

前台是满身疲惫、舟车劳顿的宾客来店后第一个会停留的地方,前台设立前厅部的"心脏"——预订处(Room Reservation)、接待处(Check-in/Reception)、问询处(Information)和收银处(Check-out/Cashier,隶属酒店财务部),配备主管、领班、订房员、接待员、问询员、收银员等人员,他们将让宾客享受到实时快速的预订服务、快捷高效的登记入住、周全细致的问讯、私密安全的贵重物品寄存、快捷准确的结账服务、温馨关爱的绿色通道等特色化服务。

（三）客务关系部（Guest Relations Department）与大堂副理（Assistant Manager）

现在,高档酒店在前厅设有客务关系部,配备大堂副理,代表总经理负责前厅服务协调、贵宾接待、投诉处理等服务工作,平衡协调酒店各部门与客人的关系;维护酒店正常的秩序及安全,对各部门的工作起监督和配合作用。

案例再现

大堂副理巡视楼层,走到 7 楼时,发现 709 房间内较吵且可闻到一股烹煮菜肴的味道,经向总台查询,709 房为新疆维吾尔族买买提依明一家,为酒店常住客,已住店 10 余天。此时大堂副理怀疑房内客人在做饭,但未进房不能眼见为"实"。后大堂副理致电房务中心了解情况,据楼层服务员反映,该房内有电磁炉等烹煮用具,且每天都有很多客人在房间,房间地毯很黑很脏。

问题:如果你是大堂副理,你会采取哪些措施?

分析提示: 现场管理人员在走动式管理中应善于观察、分析,应随时关注酒店内一切动态并与酒店各部门保持联系,使信息得到及时传递。处理时要了解客人风俗习惯及宗教信仰,提出解决方案,体现酒店"以人为本"的理念,使整个事件在和谐、友好的氛围中展开,既要避免因要求客人遵守酒店规定带来的冲突,又要避免酒店安全受到威胁,还要为酒店争取到更广空间的客源。

（四）电话总机（Telephone Switch Board）

电话总机配备总机主管、领班、话务员,他们用甜美、亲和的声音通过电话提供温馨备至、物超所值的专业的服务,无论是酒店相关的咨询,还是住店客人细小的需求,他们都耐心接听和回复,酒店的人工叫醒服务还会告知宾客当日城市天气情况,点滴之间传递着酒店对宾客的关注、关怀、关心。

（五）商务中心（Business Center）

商务中心配备主管、领班、文员,为宾客提供快捷、高效的复印、打印、小型会议等专业服务,为出门在外的宾客解决外出办公之烦恼。

（六）行政楼层接待处（Administration Floor Reception Desk）

行政楼层接待处配备主管、领班、接待员，细心、专业的客服专员的 VIP 式登记入住、周全的问询、贴心的秘书管家服务、高效的退房离店服务，都能让尊贵的贵宾感到无比愉悦。

知 识 链 接

金钥匙的含义

图 1-1-3　金钥匙组织的标志

　　在五星级酒店里，那些身着考究的深色西装或燕尾服，衣服上别着一对交叉的"金钥匙"标记，彬彬有礼，笑容满面地为客人提供委托代办服务，帮助客人解决各种需要和难题的人就是"金钥匙"（图 1-1-3）。"金钥匙"一般有三层含义：①金钥匙组织；②具有金钥匙资格的人；③金钥匙服务。金钥匙是一种服务理念和服务哲学，也是一个具有提供金钥匙服务能力的个人或组织，金钥匙要求给客人提供"满意加惊喜"的服务。

　　国际金钥匙组织的标志为垂直交叉的两把金钥匙，代表两种主要的职能：一把金钥匙用于开启酒店综合服务的大门；另一把金钥匙用于开启城市综合服务的大门。

 任务思考

1. 描述你对酒店前厅部形象的感知。
2. 介绍酒店前厅部的主要任务和功能。
3. 谈谈你对前厅部感兴趣的岗位。

1-1-1　在线自测题

知识导图

请对本小节知识点进行总结,绘制你的知识导图吧。(可扫描二维码查看参考总结)

1-1-2 知识导图

温故而知新

子任务二 营造美梦的酒店客房部

任务目标

❶ 实地参观高星级酒店的客房部,了解酒店客房部的工作任务和作用。

❷ 熟悉酒店客房部的主要部门,选择自己感兴趣的岗位访谈。

❸ 树立"人文酒店、绿色酒店、智能酒店"意识以及吃苦耐劳、积极上进的工作精神。

客房是酒店的主体,是酒店的主要组成部分,是酒店存在的基础,在酒店中占有重要地位。只有明确了酒店客房部的地位,厘清客房部的主要任务和工作,才能认识到客房是酒店的核心产品,在保障客人安全的情况下,为客人提供热情、主动、高效、个性化的服务和干净、整洁、舒适的客房,为客人营造美好的睡眠环境和条件。本任务结合实地参观,应着重了解客房部的任务和作用,熟悉其机构设置和客房类型。

 任务操作

试一试

试讨论如何向宾客推销酒店客房?

推销客房时,接待员要揣摩客人心理,结合客人年龄、职业、收入、消费目的等,灵活运用酒店的销售政策合理地推销;强调房间的价值所在,同时,照顾客人的自身利益,介绍酒店房间的特点,推销酒店产品的特色。尽量展示服务亮点,引起客人兴趣。

客房部(Housekeeping Department)作为酒店运营中的一个重要部门,其主要的工作任务是为宾客提供一个舒适、安静、优雅、安全的住宿环境,并针对宾客的习惯和特点做细致、便捷、周到、热诚的对客服务。

一、客房部的主要任务

作为酒店的基本运营部门,客房部肩负着如下工作重任。

(一)负责客房及有关公共区域的清洁保养,为酒店创造清洁优雅的环境

客房部不仅要负责客房及楼层公共区域的清洁和保养,而且要负责酒店其他公共区域的清洁和保养。酒店的良好气氛,舒适、美观、清洁、优雅的住宿环境,都要靠客房服务员的辛勤劳动来实现。

(二)为住店客人提供一系列服务,使其在逗留期间更觉方便和满意

酒店不仅是客人旅行中下榻的场所,而且是客人出门在外时的"家",客房部为客人提供各种服务的目的就是要使客人有一种在家的感觉。客房部为客人提供的服务有迎送服务、洗衣服务、房内小酒吧服务、托婴服务、擦鞋服务、夜床服务等。客房部管理人员的工作要按照国家星评标准的要求、根据本酒店目标客源市场的特点,提供相应的服务,并不断根据客人需求的变化改进自己的服务,从而为客人创造一个良好的住宿环境。

(三)不断改善人、财、物的管理,以提高效率、增收节支

随着酒店业规模不断扩大和竞争日益加剧,客房部人、财、物的管理已成为一项非常重

要的工作。由于客房部是酒店中人员最多的部门之一,对其人员费用及物品消耗的控制成功与否,关系到酒店是否盈利。客房管理者的职责也从单一的清洁质量的管理,扩展到定岗定编、参与招聘与培训、制定工作程序、选择设备和用品及费用控制等。

（四）为其他部门提供一系列服务，保证酒店整体工作的正常进行

酒店是一个整体,各部门须通力合作才能保证酒店运转正常。在为其他部门服务方面,客房部扮演着重要的角色,它为其他部门提供工作场所的清洁与保养,布草的洗涤、保管和缝补,制服的制作、洗涤与更新以及花木、场景的布置。以上这些服务的水准,直接影响酒店的服务质量,反映酒店的管理水平。

二、客房部在酒店中的作用

客房是酒店的主体,是酒店的主要组成部门,是酒店存在的基础,在酒店中占重要地位。

（一）客房是酒店的基础

酒店是向旅客提供生活需要的综合服务场所,它必须能向旅客提供住宿服务,而要住宿必须有客房,从这个意义上来说,有客房便能成为酒店,所以说,客房是酒店的基础。

（二）客房是酒店组成的主体

按客房和餐位的一般比例,在酒店建筑面积中,客房占 70% ~ 80%。酒店的绝大部分固定资产在客房,酒店经营活动所必需的各种物质设备和物料用品,亦大部分在客房,所以说,客房是酒店的主要组成部分。

（三）客房收入是酒店经济收入的主要来源

酒店的经济收入主要来源于三部分——客房收入、饮食收入和综合服务设施收入。其中,客房收入是酒店收入的主要来源,而且客房收入较其他部门收入稳定。客房收入一般占酒店总收入的50%左右。从利润来分析,因客房经营成本比饮食部、商场部等都小,所以其利润是酒店利润的主要来源。

（四）客房服务质量是酒店服务质量的重要标志

客房是客人在酒店中逗留时间最长的地方,客人对客房更有"家"的感觉。因此,客房的卫生是否清洁、服务人员的服务态度是否热情周到、服务项目是否周全丰富等,对客人有着直接影响,是客人衡量"价"与"值"是否相符的主要依据,所以客房服务质量是衡量整个酒店服务质量、维护酒店声誉的重要标志,也是酒店等级水平的重要标志。

（五）客房是带动酒店一切经济活动的枢纽

酒店作为一种现代化食宿购物场所,只有在客房入住率高的情况下,酒店的一切设施才能发挥作用,酒店的一切组织机构才能运转,才能带动整个酒店的经营管理。客人住进客房,要到前台办手续、交房租;要到饮食部用餐、宴请;要到商务中心进行商务活动,还要健身、购物、娱乐,因而客房服务带动了酒店的各种综合服务设施。

（六）客房部的管理直接影响全酒店的运行和管理

客房部的工作内容涉及酒店的每个角落,为其他各部门正常运转提供了良好的环境和物质条件。另外,客房部员工数量占据整个酒店员工总数量的比例很大,其管理水平直接影响酒店员工队伍整体素质和服务质量。

石头哪去了?

707 房间住进来一位台湾客人,第二天早晨客人到外面游览。晚上,台湾客人刚回到房间就很着急地出来找到服务员,说他丢了一块石头。这块石头可不是一般的石头,对于他来说非常重要。

这位客人是一位台湾老兵的儿子,他的父亲在 1947 年同国民党军队一起到了台湾。在老人心中有一种"死也要死在家里"的愿望。但是,出于多方面原因,老人去世后没能安葬在家乡。因此,老人在生前嘱托子女,让他们在自己死后的坟上埋上一块故乡的石头,浇上一桶黄河水。住在 707 房间的这位台湾客人,就特地回到大陆,在故乡的山坡上取了一块石头,打了一桶黄河水,准备带回台湾,了却老人生前的心愿。

值班的服务员知道了事情的原委后,就向值班经理做了汇报,马上打电话找到白天负责清扫 707 房间卫生的服务员了解情况。清扫员回忆说,白天清扫卫生的时候,是看到在卫生间的地上放着一块石头,石头上还沾着黄泥,弄得地上很脏,当时想,这石头有什么用,脏兮兮的,而且放在卫生间的垃圾桶旁边,认为是客人不要的,于是就和垃圾一起扔掉了。

值班经理带着从家中赶回来的清扫员和其他几名服务员赶到垃圾场,幸好垃圾场还没处理。在垃圾场工作人员的引导下,几个人打着手电筒,在脏臭的垃圾堆中寻找,终于找到了已被丢弃的石头。

虽然服务员的疏忽给客人带来了麻烦,可是客人对饭店的处理态度和结果还是满意的。台湾客人接过服务员找回的石头,幽默地说:"幸亏你们没有把那桶黄河水倒掉,要不你们还得派人去趟黄河边。"客人说完笑了起来。听了客人的话,服务员们心里的"石头"落了地,可却不是滋味。

评析: 从表面现象看,客房部值班经理的做法是值得称道的。晚上客房部值班经理带着员工、打着手电在脏臭的垃圾堆中为客人找东西。仔细想想,这本来是不应该发生的事。这不是在为客人服务,而是对服务员工作过失的补救。

酒店业有句常说的话:服务无小事。仔细想想,服务中本没有什么"大事"可言,但每一件"小事"对客人和酒店的影响可能都是巨大的。

三、客房部主要机构介绍

客房部分工复杂、人员繁多,因此,合理的岗位设置是客房部有效管理的前提条件。下面以大中型酒店客房部组织机构设置为例说明。

（一）经理办公室（Manager's Office）

客房部设经理、经理助理各 1 名,另设秘书 1 名,早晚两班工作人员若干名。经理办公室主要负责客房部的日常事务及与其他部门联络、协调等事宜。

（二）客房楼层服务组（Room Floor Service Group）

设主管 1 名,早、中、晚班领班若干名,负责所有住客楼层的客房、楼道、电梯口的清洁卫生和接待服务工作。大型酒店往往分设卫生班、台班和服务班。

（三）公共区域服务组（Public Area Service Group）

设主管 1 名,早、中、晚领班各 1 名,负责酒店除厨房外的所有公共区域的清洁卫生。

（四）布件房（Linen Room）

布件房与客房办公室毗邻,设主管、领班各 1 名,另设缝补工、布件及制服服务员若干名,主要负责酒店的布件和员工制服的收发、送洗、缝补和保管。

（五）客房服务中心（Housekeeping Service Center）

设主管 1 名,值班员若干名。下设早、中、晚 3 个班次。其主要负责处理客房部信息,包括向客人提供服务信息和传递调度内部工作信息;调度调节对客服务;控制员工出勤;管理工作钥匙;处理客人失物和遗留物品。

（六）洗衣房（Laundry Room）

通常设主管 1 名,早、中领班若干名,下设客衣组、湿洗组、干洗组、熨衣组。洗衣房主要负责洗涤客衣和酒店所有布件与员工制服。

四、客房类型

（一）单人间（Single Room）

单人间是独具特色的精致小单间,配备一张单人床。它简约的结构、齐全的配置与服务适用于商务旅行的单身客人居住。

1-1-3 成都凯宾斯基酒店客房视频

（二）双床间（Twin Room）

双床间配备两张单人床。这类客房在酒店中占极大部分,也被称为酒店的"标准间",强调方便、快捷;装饰突显简洁、时尚,较受团体、会议客人的欢迎。也有在双床间配置两张双人床的,以显示较高的客房规格和独特的经营方式。

（三）商务套房（Business Suite）

商务套房是专为追求品质的商务人士而设计布置的。一间为起居与办公室,另一间为卧室。

（四）豪华套房（Deluxe Suite）

豪华套间的特点在于重视客房的装饰布置、房间氛围及用品配备,以呈现豪华气派。该套间可以为两套间,也可以为三套间。三套间中除起居室、卧室外,还有一间餐室或会议室兼书房,卧室中配备大号双人床,客人们可以在住宿期间与好友欢聚一室,共度闲暇时光。

(五)主题婚房(Theme Wedding Room)

主题婚房是酒店独具特色的甜蜜婚房,舒适的大床,优雅的环境,给新人们浪漫的婚礼增添了独属二人的美好回忆,鲜花、柔和的床灯灯光为温馨浪漫的氛围增添了一抹神秘。

(六)行政楼层(Executive Floor)

行政楼层又可称为商务楼层,简称EFL,以最优良的商务设施和最优质的服务为商务客人高效率地投入紧张的工作提供一切方便,让商务行程的客人的旅程更加舒适。

在酒店的发展过程中,酒店管理者越来越重视客人的需要,可以说市场上有多少客房类型的需求,酒店就有多少类型的特殊客房。这是现代酒店在经营过程中实施个性化服务的重要手段,也是市场发展的必然规律。

知 识 链 接

自在7天　好睡天天

7天连锁酒店

图 1-1-4　7 天酒店的标志

7 天酒店是锦江酒店(中国区)旗下经济型酒店品牌,成立于 2005 年,经过快速发展,7 天酒店拥有"7 天酒店""7 天优品""7 天优品 Premium"等住宿系列,分店已覆盖全国 370 个城市,规模达到 3 000 余家。

2020 年,7 天酒店已启动全国范围内的创新升级,旨在通过全新 7 天酒店为广大消费者带来舒适、自在的高性价比旅居体验。

广告语:自在 7 天　好睡天天

品牌支柱:舒适自在、自由高效、活力风趣。

 任务思考

1. 描述你对酒店客房部形象的感知。
2. 介绍酒店客房部的主要任务和功能。
3. 谈谈你对客房部感兴趣的岗位。

1-1-4　在线自测题

知识导图

请对本小节知识点进行总结,绘制你的知识导图吧。(可扫描二维码查看参考总结)

1-1-5 知识导图

温故而知新

子任务三 绽放味蕾的酒店餐饮部

任务目标

❶ 实地参观高星级酒店的餐饮部,了解酒店餐饮部的工作任务和作用。

❷ 熟悉酒店餐饮部的主要部门,选择自己感兴趣的岗位访谈。

❸ 树立食品安全意识,树立"各美其美、美美与共"的餐饮文化观,坚定文化自信。

任务分析

民以食为天,餐饮部是酒店除客房外的另一大主要创收部门,向宾客提供优质菜肴、饮料、点心和服务,并通过满足用餐者的合理需求创造更多的经济效益。高星级酒店中,为了满足不同客源群体的饮食需求,除中餐厅、咖啡厅外,另设西餐厅、外国特色餐厅或风味餐厅。本任务结合实地参观,应着重了解餐饮部的任务和作用,熟悉其机构设置。

任务操作

餐饮部(Food & Beverage Department)是酒店为客人提供用餐、休闲服务的场所,主要为客人提供高质量的食物、饮品及热情、周到、细心的服务,使客人获得物有所值、赏心悦目的就餐享受。

餐饮部是酒店的主要创收部门之一,包括中餐厅、西餐厅、宴会厅、大堂吧等几个分部门,为宾客提供西式零点、自助餐、团体餐、宴会(酒会)、会议等用餐及酒吧服务,要求经营灵活、管理严谨、开源节流,不断提高酒店的社会效益和经济效益。

一、餐饮部的任务

餐饮部主要承担着向宾客提供优质菜肴、饮料、点心和服务的重任,并通过满足用餐者的合理需求创造更多的经济效益。

(一)向宾客提供以菜肴为主的有形产品

这是餐饮部最基本的任务,也是首要任务,餐饮部必须依据自己的市场定位和经营策略,向宾客提供能够满足其需要的优质实物产品。

(二)向宾客提供恰到好处的服务

餐饮部生产、提供有形产品,但要使这些有形产品最终转化为商品,还必须依赖于餐饮服务人员的服务。宾客在购买餐饮产品的同时,更希望获得迅速、周到的服务以及友好、愉快等精神方面的享受。这种服务必须是恰到好处的,恰到好处的服务首先应该是及时的,其次应该是有针对性的,最后必须是与客人的心理需求相吻合的。

（三）增收节支,搞好餐饮经营管理

增加餐饮收入与餐饮利润是餐饮部的主要目标。餐饮部应依据所在地的市场变化情况以及自身的状况,设定经营范围、服务项目和产品品种。餐饮部可以充分利用各种节日、会议、重大活动等进行营销;通过举办各种食品节推出新颖的餐饮产品和用餐方式等途径,提高餐饮产品的销售量;也可以采用扩大用餐场所、提高接待能力等方式扩大经营;还可以通过提供外卖、上门服务等方法,扩大餐饮服务范围,以达到增加餐饮收入的目的。

对酒店餐饮部来说,餐饮成本较高,其中餐饮原料成本占到餐饮总成本的50%左右。餐饮产品从原料到成品经历的环节较多,成本控制的难度较大,因此造成的浪费和损失也较大,酒店餐饮部须制定严密、完整的操作程序和成本控制措施,并加以监督、执行。

（四）为酒店树立良好的社会形象

酒店餐饮部接触的客人面广量大,并且这些接触是直接接触、面对面的服务,其服务质量直接反映酒店的管理水平,因此其给宾客留下的印象最深,会直接影响宾客对整个酒店的评价。因此,餐饮部还要为酒店树立良好的社会形象。

二、餐饮部在酒店中的作用

餐饮部不仅要满足客人对餐饮产品和服务的需求,还要在社会上树立良好的企业形象,为企业创造较好的经济效益。

（一）生产出满足人们基本生活需要的产品

民以食为天,人类为了维持生命和健康,必须摄取食物。西方著名心理学家马斯洛将人类的需求从低到高分为5个层次,其中生理需求(包括饮食需求)是最基本的需求。餐厅、宴会厅、酒吧乃至音乐茶座等,都为消费者提供了美味可口的食品和幽雅的就餐环境。

（二）餐饮部的收入是酒店总收入的重要组成部分

餐饮部是酒店获得收入的重要部门之一。餐饮部的收入在酒店总收入中所占的比重,会受到酒店本身的经营理念、经营传统、所处地理位置、内部装潢设计和档次等主、客观条件的影响。目前,对我国南方沿海经济发达地区的酒店而言,其餐饮收入已大大超过客房收入,占整个酒店营业收入的1/2以上。

（三）餐饮部的管理水平和服务水平会直接影响酒店声誉

餐饮服务水平是宾客能够直接感受和体会到的,而决定餐饮服务水平高低的内在因素则是酒店餐饮管理水平的高低。餐饮管理水平制约了餐饮服务水平,餐饮服务水平是餐饮管理水平的最终表现。

酒店餐厅的服务人员与宾客直接接触,其一举一动都会在宾客心目中留下深刻的印象。餐饮管理水平和服务水平高,不仅能留住本店客人,还会吸引本地居民,同时带动酒店其他部门的销售。因此,餐饮部的管理水平和服务水平会直接影响酒店的声誉。

（四）餐饮部的经营活动是酒店营销活动的重要组成部分

在日趋激烈的酒店市场竞争中,餐饮部一直充当着酒店营销的先锋,居于极其重要的地位。与酒店其他营业部门相比,餐饮部在竞争中更具有灵活性、多变性和可塑性。就现代酒店而言,如果是同星级的,那么其客房设施标准相对比较接近,餐饮和其他服务设施则常被客人作为挑选酒店时考虑的重要因素,因此餐饮部的经营活动是酒店营销活动的重要组成部分。

（五）餐饮部是吸纳劳动力的重要部门

餐饮企业能够提供的工作岗位较多,并且这些岗位对员工素质的要求并不苛刻,因此餐饮企业是吸纳社会劳动力的重要部门,客观上为社会减轻了一定的就业压力。

案例再现

明星餐厅高开低走,接连关门

几年前,著名青年作家韩某与友人创立了"很高兴遇见你"餐饮品牌,主营创意菜。一年内,通过加盟和直营的方式,该品牌迅速在全国开设了多家分店。也正因为扩张速度如此之快,"很高兴遇见你"一时声名鹊起。

通过加盟的方式,"很高兴遇见你"实现了快速扩张,但这也对其品牌管理能力提出了考验。如果一味地加盟扩张而不对加盟商约束和管理,品牌商迟早是要吃亏的。"很高兴遇见你"就这样栽了大跟头。

"很高兴遇见你"武汉分店因为鼠患问题和无证经营问题被强制关停,这家餐厅已不是第一次出问题了;宁波分店涉嫌无证经营被罚款28万元,又因经营不善关门;苏州分店遭遇装修公司讨薪问题被新闻报道;深圳分店因后厨卫生脏、乱、差被《法治时空》节目报道;如此等等。

"很高兴遇见你"在急速扩张的同时,忽略了最重要的经营管理,服务、卫生等相关问题接连发生。店越多,口碑越差。

讨论问题: 明星餐厅纷纷关门,给酒店餐饮管理带来什么启示?

分析提示: 一个餐饮品牌的核心竞争力包括产品、服务以及环境,环环相扣,紧密相连。然而很多明星餐厅不负责任地恣意扩张,只讲究环境,若不在产品和服务上下功夫,便很难取得持续的成功。

三、餐饮部主要机构介绍

（一）酒店咖啡厅（Hotel Cafe）

酒店咖啡厅位于酒店大堂附近,环境十分优雅,配备咖啡厅主管、领班、迎宾员、服务员等人员,为客人提供宽松、随意的服务,价格适中,营业时间往往是酒店所有餐厅中最长的,是宾客身心放松、消除疲劳的最佳之地。

（二）酒店餐厅（Hotel Dining Room）

酒店餐厅通常配备餐厅经理、主管、领班、预订员、服务员等人员,提供餐桌式服务,消费水平较高。

1. 中餐厅（Chinese Restaurant）

中餐厅在供应食物的品种、装潢、服务等方面,都具有中国特色。酒店中的中餐厅因提供的菜肴所属地区不同而风格各异。酒店特聘各地名厨,以高超精湛的技艺,为宾客提供地道的美食,并让宾客尽情领略餐饮文化。

2. 西餐厅（Western Restaurant）

西餐厅即专门供应西餐的餐厅,一般设在中高级酒店,从提供的产品、餐厅的装修、服务员的服装、使用的餐具到服务的方式等,都体现了欧美国家的风格。国内酒店的西餐厅主要提供美式服务。

3. 酒店宴会厅（Hotel Banquet Hall）和多功能厅（Multi-functional Room）

宴会厅和多功能厅是用于举行各种宴会、酒会、自助餐和其他各种会议等活动的场所,一般可分割为大小不同的区域,多功能厅视野宽阔,装修考究,还配备高档的音响设备和各种灯光。

4. 风味特色餐厅（Flavor Restaurant）

风味特色餐厅是供应本地或本酒店特色菜肴的餐厅,如海鲜厅、野味厅或日本餐厅、韩国餐厅、意大利餐厅等。

（三）客房用餐服务（Room Service）

客房用餐服务配备房内用餐服务部主管、领班、订餐员和送餐员等人员,是为住在酒店的客人提供的在所住客房用餐的服务。客房用餐服务提供的菜单上所列菜式种类少于餐厅,收费高于餐厅。

北京冬奥会美食展现文化自信

当参与北京冬奥会的每个人回味 2022 年这个浪漫冬日,准会想起这场冰雪盛会上的精彩"食"刻。作为重大活动保障中极为重要的一环,餐饮服务贯穿北京冬奥会始末,覆盖几乎全部参与人群,提供数百万份安全、营养的中外餐食。

国际奥委会餐饮顾问珍妮特称赞冬奥会餐饮服务非常出色。国际奥委会礼宾顾问亚历山大·莫斯耶娃则感叹"我从来没吃过这么好吃的"。

北京冬奥会恰逢中国新年。据北京冬奥组委运动会服务部餐饮服务处处长周丽霞介绍,早在2017年制定北京冬奥会餐饮政策的时候,饺子、元宵等节令美食就都被充分考虑,早早就纳入了冬奥营养菜单。厨师们还经过了"线上理论+线下实操"的集中培训,对各式美食的火候控制、荤素比例反复推敲,达到最佳状态。

在主媒体中心的智慧餐厅,后厨综合应用自动烹饪技术,实现灶上动作标准化、火候控制程序化、烹制过程自动化,通过餐厅上空"云轨"送餐。"我对这个(智慧)餐厅印象太深刻了,食物味道很棒,机器人炒菜、上菜,全部实现智能化,而且非常高效,吃饭不用等待,全过程不用手去接触,干净又卫生。"国际广播中心保障人员马蒂努斯·盖曾说。

周丽霞表示,智慧餐厅为就餐人员提供安全、美味、高效、富有科技感的无人接触式就餐体验,推动落实"简约、安全、精彩"的办赛要求。

任务思考

1. 描述你对酒店餐饮部形象的感知。
2. 介绍酒店餐饮部的主要任务和功能。
3. 谈谈你对餐饮部感兴趣的岗位。

1-1-6 在线自测题

知识导图

请对本小节知识点进行总结,绘制你的知识导图吧。(可扫描二维码查看参考总结)

1-1-7 知识导图

温故而知新

子任务四　生产愉悦的酒店康乐部

任务目标

❶ 实地参观高星级酒店的康乐部，了解酒店康乐部的工作任务和作用。

❷ 熟悉酒店康乐部的主要部门，选择自己感兴趣的岗位访谈。

❸ 培养学生遵纪守法的职业态度和善待他人、沟通协作的服务意识。

任务分析

　　酒店的康体设施虽然是住宿设施的附属，但按照《旅游饭店星级的划分与评定》来看，为宾客生产愉悦的康乐部却是高星级酒店必不可少的先决条件，在宾客消费体验上起着画龙点睛、锦上添花的作用。本任务结合实地参观，使学生着重了解康乐部的任务和作用，熟悉其机构设置。

 任务操作

　　康乐部（Recreational Department）是酒店的对外经营部门之一，康乐部是为客人提供休闲、娱乐、康体健身等项目的舒适、洁净的场所，尽最大努力满足顾客的合理需求，为客人提供细致、周到、体贴、入微的服务，为酒店创造经济效益和社会效益。

　　康乐部的发展方向是健康、文明、高雅、安全。

　　康乐部自身虽然是专业化的独立经营部门，但必须符合酒店的整体经营、管理、经济效益、社会形象等方面的要求，同时在酒店的统一安排下配合餐饮部、客房部、销售部做酒店的整体经营和整体促销，与其他部门合作，以使酒店经济效益最大化。

一、康乐部的任务

（一）满足客人的娱乐需要

　　"食、住、行、游、购、娱"是现代旅游的基本要素。随着旅游业发展，顾客在酒店除了食宿之外，还希望在住店期间得到娱乐享受。因此，康乐中心要在娱乐项目上做到丰富多彩。

（二）满足客人体育锻炼的需求

　　体育锻炼是指人们根据自身需要选择、运用各种体育手段，以锻炼身体、增进健康、增强体质、调节精神、丰富文化生活和支配余暇时间为目的的体育活动。康乐部的任务之一就是，以运动为基本手段，利用日光、空气、水等自然因素，借助于各类现代康乐设施，锻炼客人的身体、陶冶客人的情操、促进客人的健康、增强客人的体质，以满足顾客体育锻炼的最基本需求。

（三）为客人提供运动技能、技巧的指导性服务

康乐中心的健身器械、娱乐器械种类较多，操作程序有差异，为了避免客人不当操作而引起人身伤害和设备损坏，服务员要提供正确、耐心的指导性服务，以便一些不会使用的客人能正确使用。在客人进行康乐项目如网球、高尔夫等消费时，专业人士须进行技术上的指导，从而提高客人的专业水平。

（四）做好娱乐设施、运动器械及其场所的安全管理

健身运动器械具有冲撞性，易于损坏，存在着安全问题，潜伏着一定的危险性。康乐中心的例行工作之一就是每天必须在客人使用之前做一次检查，并对设施、运动器械、场地进行安全保养，及时更换存在安全隐患的器械。

二、康乐部在酒店中的作用

（一）康乐项目是酒店创收的重要渠道

随着越来越多的人参加康乐活动，酒店的营业收入得到较大程度的提高。康乐项目虽然建设成本较大，但具有设备使用周期长、变动成本小的优点，再加上康乐活动的消费水平较高，因此能够在短期内收回成本并且能够帮助酒店创造较大的经济效益。

（二）康乐项目是衡量酒店等级的重要标志

按照酒店星级评定的标准，四星级、五星级酒店必须要有康乐部，三星级酒店也应该具备康乐设施。不具备较完备的康乐设施和条件的酒店，无论在其他方面如何优越一概不能评为四星级、五星级酒店。而在我国，《旅游饭店星级的划分与评定》国家标准规定，白金五星级酒店的选择项中包含歌舞厅、影剧场、美容美发室、健身中心、桑拿浴及保健按摩等。由此可见，康乐中心在高级酒店中的地位何等重要。

（三）新颖的康乐项目是吸引客源的重要手段

酒店竞争的重要优势就是有自身的特色。以服务项目、设备功能以及价格、营销方式为特色吸引客源是必要的。但仅提供一般食宿功能的酒店在竞争中的优势是有限的，所以酒店应增加康乐项目、改善康乐设施设备条件或开设独特的康乐活动，这样才能在竞争中取胜。例如，高寒地区度假酒店设立高山滑雪项目；海滨度假酒店设立海上帆板运动；城市商务酒店增加氧吧，让客人在紧张的商战后回归自然，迅速恢复体力和精神。

而实践也证明，康乐项目对客源的吸引越来越大，一些人甚至把康乐作为生活中不可缺少的内容。

案例再现

　　某公司老总及一群朋友同来大厦 KTV。开机后不久,客人即向员工反映音响效果差。

　　处理:经 DJ 调试音响后,客人较为满意;及时向客人表示道歉并赠送果盘一份;交代包房服务员时刻注意客人要求并努力为客人服务。

　　分析及预防:KTV 员工在营业前应将服务设备准备好,DJ 师要经常检查音响设备,保证设备效果良好。

　　由此投诉,其他分部也要想到在营业前将所有服务器皿、服务用具、消耗品等准备妥当,以避免类似投诉。

三、康乐部主要机构介绍

　　康乐部根据设置的康乐项目配备经理、主管、领班、服务员和项目专业人员(如美容师、理疗师等),为客人提供专业、细致、周到的服务。

(一)健身中心(Fitness Center)

　　健身中心设有专门的健身区域和专业的健身设施,所有住店宾客都可以免费使用。酒店健身中心拥有大人、小孩喜爱的休闲活动,如全天候专业健身室、动力跑步区、举重室等。

(二)室内恒温泳池(Hotel Indoor Heated Pool)

　　室内恒温泳池为酒店住客而设。经过一整天忙碌后,宾客可在按摩浴池一洗疲劳,尽情放松,让身心重焕活力。无论是尽情畅泳还是悠然徜徉于水中,都同样写意。舒适宜人的日光浴场和躺椅,让宾客可享受穿透玻璃而来的阳光和窗外迷人的景色。

(三)KTV(Karaoke TV)

　　KTV 拥有多间不同大小的私人包房,所有房间都配有先进的数码点歌系统,最新流行歌曲供宾客点唱。可以跳舞、唱歌,还能喝酒,对于商务招待、公司 party、亲朋聚会是不错的选择。

(四)水疗中心(Hotel Spa)

　　酒店水疗中心专为宾客定制的面部或身体护理,配合理疗师娴熟的技法,即可令宾客舒缓疲劳、恢复活力,为客人带来彻底放松身心的独特尊贵体验。

任务思考

1. 描述你对酒店康乐部形象的感知。
2. 介绍酒店康乐部的主要任务和功能。
3. 谈谈你对康乐部感兴趣的岗位。
4. 实地考察某家高星级酒店,梳理该酒店的主要业务和特色。

1-1-8　在线自测题

知识导图

请对本小节知识点进行总结,绘制你的知识导图吧。(可扫描二维码查看参考总结)

1-1-9　知识导图

温故而知新

任务拓展

阅读资料：中国金钥匙创始人孙东——如何在客人的惊喜中找到自己富有的人生？

孙东（图 1-1-5）
- 中国金钥匙创始人 & 主席
- 金钥匙国际联盟创始人
- 国际金钥匙学院创始人 & 院长
- 中国金钥匙基金理事会主席
- 中国旅游协会金钥匙分会会长

图 1-1-5　孙东
中国金钥匙创始人

在霍英东先生的支持和鼓励下，孙东成为中国最早的一批金钥匙成员之一，至今一直致力于金钥匙品牌的教育培训、发展和推广工作，终生从事中国金钥匙工作。

2000 年，孙东向时任国际金钥匙组织主席和秘书长汇报中国金钥匙"先利人，后利己"的价值观；用心极致，满意加惊喜的方法论；"在客人的惊喜中找到富有的人生"的终极追求服务理念。时任国际金钥匙组织秘书长德蒙特先生兴奋地说："John，你提出的其实是一个服务的哲学。"德蒙特先生说："你认为这只是中国金钥匙的服务理念，在我看来，这是一个金钥匙服务哲学，能推广到全世界去。"17 年后的第 21 届中国金钥匙组织年会上，《中国金钥匙服务哲学》一书举行了首发仪式，印证了德蒙特先生的话语。

1997 年，广东省青年道德先进事迹报告会上，孙东先生说："我热爱我现在从事的工作，因为我在这份工作中找到了真正的自我。"这段话在往后的岁月里成为孙东对金钥匙品牌的身体力行。

孙东先生说："我觉得当我满头白发还依然身着燕尾服站在大堂里跟我熟悉的宾客打招呼时，我会感到这是我人生最大的满足。我以我自己能终生去做一名专业服务人员而骄傲，因为我每天都在帮助别人，客人在我这里得到的是惊喜，而我们在客人的惊喜中找到了富有的人生。我们未必会有大笔的金钱，但是我们一定不会贫穷，因为我们富有智慧，富有经验，富有信息，富有助人的精神，富有同情心、幽默感，富有为人解决困难的知识和技能，富有忠诚和信誉，当然我们还有一个富有爱的家庭，所有这些，构成了我们今天的生活。青年朋友们，富有的人生不难找，它就在我们生活的每一天当中，就在我们为别人带来的每一份惊喜当中。"

（资料来源：搜狐网）

双语拓展

关键术语

◇　前厅部　FRONT OFFICE(缩写 FO)
◇　客房部　HOUSEKEEPING DEPARTMENT(HSKP)
◇　餐饮部　FOOD & BEVERAGE DEPARTMENT(F&B)
◇　康乐部　RECREATION DEPARTMENT(REC)
◇　礼宾部　CONCIERGE(CON)
◇　接待处　RECEPTION(RECP)

酒店和旅游业的范畴
Scope of the Hospitality and Tourism Industry

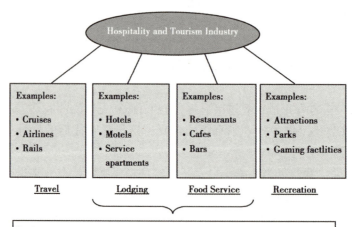

任务二 研究酒店的机构设置和布局

图 1-2-1 埃尔斯沃斯·斯塔特勒（Ellsworth Milton Statler）斯塔特勒酒店创始人

开启酒店人生的标准化

斯塔特勒先生（图 1-2-1）只读过两个冬天的书，但他敏而好学，13 岁时开始在家乡的一家酒店做服务员，之后毛遂自荐当上了领班。他对酒店业有着异乎寻常的热情，立志做一名最成功的酒店经营者。在酒店的设计建造上，他从不迷信于建筑师，认为不能只考虑建筑美学这一单一因素，并坚持酒店的一切设施、设备和服务都必须从客人的实际需要出发，通过优质的对客服务，提升顾客满意感。他最常挂在嘴边的一句话就是"让我们坐下来一起设计"。

所思所悟：俗话说"没有规矩不成方圆"，斯塔特勒先生开启了酒店人生的标准化。从他平凡的出生不难发现其成功其实得益于丰富的实践经验以及对工作的巨大热情。他的成功经验提醒我们，只要能坚持不懈、充满热情地干某一件事情，并磨炼动手能力，我们就能将自己的诸多构想完美地呈现，就能实现自己远大的抱负，成就不一样的精彩人生。

· 任务说明 ·

现代酒店的发展不仅需要良好的外部环境，还需要完善的组织结构和合理的机构布局，内外因素的有机结合才能使酒店的整体效能充分发挥出来，处于组织中的员工才能有条不紊地通力合作，为酒店宾客提供流畅、舒心的服务体验。酒店通过对建筑规划与功能布局设计，不仅能给客人带来最好的体验、提高整体服务质量，还能不断提升酒店的经济效益。

合理有效的组织结构与企业长期的业绩水平有着正向的关系。许多企业在生死存亡之际，正是通过组织结构的调整走上了再次成功的道路。那么，酒店应如何设置适宜的组织结构？该如何设置运营部门和职能部门？各部门在功能布局上有哪些讲究？本任务共分成 3 个子任务，分别是组织管理理论、酒店机构设置和酒店机构布局。

子任务一 组织管理理论

任务目标

❶ 理解酒店组织结构的含义和设置原则。
❷ 了解常见的酒店组织结构类型。
❸ 领悟优化资源配置、合理设置职能部门、确立岗位职责的重要意义。

任务分析

组织结构从形式上看由两大部分构成：一是酒店内各部门的划分；二是在系统中各部的组合形式。本任务侧重讲解在系统中各部门的组合。酒店的组织结构反映了管理者的经营思想和管理体制，这将直接影响经营的效率和效益。组织结构是在遵循组织原则的基础上根据酒店的实际情况设置的，不同类型的酒店，其组织结构设置不尽相同，在实践中应学会灵活应用。

 任务操作

试一试

调研当地的某家酒店，用图示表达其组织结构设置，讨论酒店各部门的员工是如何分工协作的。

一、酒店组织管理的含义

组织管理就是制定合理的组织结构并设立组织的规章制度、行为规范、监督机制等将企业的人力、物力和财力以及各种资源有效地整合利用，从而形成一个完整的系统机构，促进组织目标的实现。

酒店组织管理就是根据酒店的经营目标，建立组织结构、合理分配人员、明确责任和权利、协调各种关系、促进酒店经营目标实现的过程。

二、酒店组织结构设置

科学的组织结构是酒店实施管理的前提，酒店组织是一个由多层次、多部门组合而成的复杂系统。酒店组织包含必不可缺的 6 个要素：人员、职位、职责、职权、关系和信息。具有一定素质要求的酒店员工，占据某一职位，承担一定职责，行使一定职权，确定明确的相互关系,并借助信息的流通,形成各种形式的酒店组织。

（一）酒店组织结构设置原则

酒店组织结构是酒店管理体制的核心。酒店组织结构的设置必须有利于提高酒店组织的工作效率,保证酒店各项工作协调有序地进行。酒店的规模和类型不同,组织结构会有很大区别,每一家酒店都应在分析自身特点的基础上确定合适的酒店组织模式,形成科学、合理的组织结构。一般来说,酒店组织结构设置应遵循以下原则。

1. 从实际出发

酒店组织结构设置应该从酒店的性质、规模、地理位置、经营特点及管理方式等实际出发,不能生搬硬套。大型酒店的很多职能分别由不同岗位负责,小型酒店则可以将其合二为一,甚至合三为一、合四为一。大型酒店管理层次多,可能包括部门经理、主管、领班、服务员等多个层次,小型酒店则层次少,可能只包括经理、领班、服务员3个层次甚至更少。

2. 精简机构

要防止机构臃肿、人浮于事,尤其要注意因事设人,而不能因人设事、因人设岗。机构精简并不意味机构的过分简单化,应避免出现职能空缺的现象。考虑到酒店前厅部与客房部的密切关系,许多酒店将前厅部和客房部合二为一,成为房务部。也有的酒店考虑到前厅部的销售功能,将前厅部划归到酒店的销售部,而将客房部设置为独立的部门。

3. 分工明确

酒店组织结构设置中应明确各岗位人员的职责和任务,明确上下级隶属关系及信息传递的渠道和途径,防止管理职能的空缺、重叠或相互打架。

4. 扁平化

现代酒店管理的发展趋势是组织结构扁平化,包括前厅部和客房部在内的酒店各部门将尽可能地减少管理层次,以提高沟通和管理效率,降低管理费用。

（二）酒店组织结构类型

酒店组织结构描述的是酒店的职权职能与框架体系。常见的酒店组织结构形式包括直线型组织结构、职能型组织结构、直线职能型组织结构、事业部型组织结构。

1. 直线型组织结构

直线型组织结构是企业组织发展早期的一种简单的组织结构模式。在这种形式中,酒店从最高层管理人员开始,自上而下垂直领导。其特点是,酒店的命令和信息从酒店的最高层到最底层垂直下达和传递,各级管理人员对所属下级拥有直接的一切职权,统一指挥兼顾各种业务。直线型组织结构没有职能部门,或设一两个职能部门,一个职能部门兼有多种管理职能。如:办公室是一个职能部门,但它兼有行政、人事、保安、财务等几项职能。具体组织形式如图1-2-2所示。

这种组织结构形式结构简单,权责分明,指挥统一,工作效率高。但由于这种形式没有专业管理分工,管理人员须具有多方面管理业务和技能。各级主管人员事必躬亲,工作繁杂。这既对管理人员的各方面素质要求较高,还不利于管理人员从日常行政事务中解脱出来集中精力研究企业重大战略问题。因此,直线型组织结构比较适合于规模小、业务单一的酒店,经济型酒店大部分采用这种组织结构。

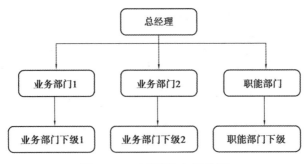

图 1-2-2　直线型组织结构图

2. 职能型组织结构

职能型组织结构是"科学管理之父"泰罗首先提出的,其特点是,按专业分工设置管理职能部门,总经理领导各职能部门,职能部门在本部门权限范围内领导业务部门的有关人员。各业务部门既服从总经理的指挥,也听从几个职能部门的指挥。这种组织结构实行了管理职能的分工,可以充分发挥人员的作用,管理较细,但容易导致政出多门、多头指挥问题。因此,职能型组织结构在酒店企业中不多见,往往与其他类型的组织形式相结合。具体组织形式如图 1-2-3 所示。

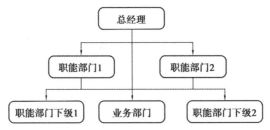

图 1-2-3　职能型组织结构图

3. 直线职能型组织结构

直线职能型组织结构是我国酒店目前采用最多的一种组织形式。这种组织结构的最大特点是在各级直线指挥机构之下设置了从事专业管理的相应职能机构或人员,它汲取了直线型的统一指挥和职能型的管理职能分工的优点,符合组织设计的统一指挥原则和建立严格的岗位责任制的要求。在直线职能型组织结构中,部门有职能和业务之分。职能部门的作用是专业管理,作为领导者的参谋和专业管理的助手,对业务部门进行业务指导,但没有对业务部门发布命令和直接指挥的职能,各业务管理层实行层层节制,体现出统一指挥的特点。具体组织形式如图 1-2-4 所示。

酒店的职能部门主要包括办公室、人力资源部、财务部、安保部、工程部、采购部等。酒店的业务部门主要包括前厅部、客房部、餐饮部、康乐部、商品部等。大多数中型、大型酒店都采用这种组织形式,各职能部门和各业务部门主要通过横向联系合作工作。这种组织结构具有明确性和高度的稳定性,分工具体,是一种以工作为中心的组织形式,每个人都了解自己的工作。尽管如此,直线职能型组织结构仍然存在一定的缺陷,随着环境变化和企业规模扩大,企业中的每个部门或人员很容易形成只关心自己"分内事",很难理解企业整体的任务并把它同自己的工作联系起来,严重依赖总经理协调;此外,各部门特别是同级部门为维护自身利益容易相互推卸责任,内部沟通困难,缺少有效的协作机制,导致企业无法适应环境变化。

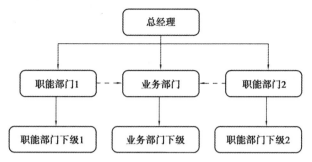

图 1-2-4　直线职能型组织结构图

4.事业部型组织结构

事业部型组织结构又称为部门化组织形式,是一种适用于酒店集团公司的组织结构形式。具体指一个酒店集团按照经营管理区域、品牌体系等标准设立若干相对独立的经营单位(事业部),并授予相应的权力,每个事业部在经营管理上拥有自主权和独立性,在酒店集团总部统一领导下,独立从事经营活动。因此,事业部型组织结构的最主要的特点是分权。具体组织形式如图 1-2-5 所示。

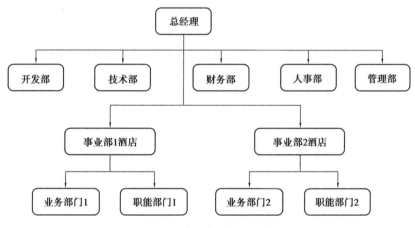

图 1-2-5　事业部型组织结构图

近年来,酒店的集团化、国际化趋势日益明显,随之而来的是事业部型组织结构在酒店业中广泛应用。酒店集团公司,可以按地区、产品、业务或市场等因素采用事业部型组织结构。一旦酒店集团公司采取这种组织形式,各事业部成为独立的利润中心,拥有法人地位,能够独立核算,拥有独立的决策权,成为酒店集团公司的企业。

事业部型组织结构的优点是有利于高层管理人员集中精力考虑影响公司长期发展的大事。同时各事业部可以根据事业部内的产品特征、地区特征、市场特征灵活经营,以利于公司的发展和多样化。其缺点为职能部门重复建设,管理费用高,各事业部会以部门利益为重,为实现本部门的利益而牺牲公司的长期利益。

由于酒店形态的多样性和环境的复杂性,因而不存在唯一正确或普遍适用的组织结构,但每个酒店都必须围绕自身的使命和战略设计,把日常的经营管理、创新和高层管理组合在同一结构中。组织结构要服从于战略,这是组织工作的最重要的准则。

不同规模的酒店在组织结构的选择上存在一定差异,不仅如此,同类酒店企业由于各自所处的环境和企业自身特征的差异性,组织结构也会有所不同。因此,并不存在典型意义上的小型酒店的组织结构或大型酒店的组织结构。一般而言,中小型酒店多采取直线型组织结构或直线职能型组织结构,组织结构相对简单,集权程度较高,对酒店中高层管理人员的协调依赖性较强。而大型酒店管理部门和机构相对复杂,具体的业务或功能更多,酒店管理者往往对下属分权较多,这种类型的酒店多采取直线职能型组织结构或事业部型组织结构。

知 识 链 接

酒店组织架构扁平化的方法和措施

一、减少中间管理层,实现组织架构扁平化

酒店管理较多采用金字塔式的层级管理制度:总经理—部门经理—主管—领班—员工。在这个金字塔式管理模式中,最高一层的总经理不能精简,可以通过计算人均效能或员工工作量测试来合理设置一线员工。部门经理作为独立的收益或服务组织结构,难以取消。酒店可以从主管和领班两个管理层面精简。

酒店的二线部门包括工程部、保安部、人力部、财务部等。由于部门人员数量一般不太多,且人力部、财务部等管理部门的工作地点都比较集中,因此,建议这些二线部门的部门经理起到全面协调和管理的作用,消除主管这一岗位。

二、正视组织扁平化带来的管理问题

虽然减少管理层能够实现组织扁平化,但是酒店管理者还须注意组织变革中所带来的一些问题。首先,管理层减少必然会破坏原有监管体系,管理者对下属的指导和监管会相应减少,容易造成员工以权谋私。其次,导致人员素质失衡,如果人员素质没有随着组织扁平化得到改善,那么组织变革将会存在失败的危险。最后,须建立新的激励机制来调动员工的工作积极性。

三、跟进辅助措施,完善组织架构扁平化

首先,建立新的监管制度,采取走动式管理。多与基层员工接触,倾听员工意见,建立与基层员工之间的沟通,便于管理人员及时发现问题、解决问题。

其次,加强员工培训,实施员工互助培训措施。

最后,重设酒店激励机制,完善员工成长通道,给予员工未来成长的期望,使基层员工更多地关注自身职业发展。

四、对员工放权

在员工素质水平提升的前提下,可以借鉴希尔顿酒店推行的"Just Do It"管理模式经验,适当放权,明确员工的责任和权力,以提高一线员工对客户需求的快速反应速度,这有助于组织扁平化更好地发挥作用。

(资料来源:百度文库)

领悟优化资源配置、合理设置职能部门、确立岗位职责的重要意义。

 任务思考

1. 现代酒店组织机构设计的原则包括哪些?
2. 试比较直线型组织机构形式与直线职能型组织机构形式的优缺点。

1-2-1　在线自测题

 知识导图

请对本小节知识点进行总结,绘制你的知识导图吧。(可扫描二维码查看参考总结)

1-2-2　知识导图

温故而知新

案例分析

案例一

上海外滩英迪格酒店,在创新经营、管理架构优化方面独树一帜,企业高效运营,成本得到有效控制。该酒店有客房184间,员工209名。2015年营收1.2亿元,人力成本(含五险一金)占19.7%,GOP率(利润率)为47.9%,中层以上管理员仅20人。前台增销措施到位,该酒店业绩列洲际集团大中华区榜首。

案例二

上海国际饭店是锦江集团旗下酒店,有客房261间,员工270名,其中中层以上管理员仅17人,管理架构精简,没有副总经理,没有总经理助理,只有总监兼部门经理,运营高效。2015年营收1.48亿元,人力成本占25%,能耗为4.6%,GOP率为33%。

案例三

杭州西湖国宾馆,有房间170间。近几年来酒店营收超1亿元,客房收入占总收入50%以上,平均房价突破1 700元。5年前,酒店尝试管理架构优化,打破常规的管理层级,总经理助理兼部门经理,不设副总,不设总监,不设主管,设中层以上管理员仅22人,八部一室功能照常体现。论规模,该酒店有十几栋楼,体量够大;讲体制,它是国有企业;讲负担,占地面积大,能耗及维护成本较独栋型酒店明显要高。但实际情况是该酒店的能耗、人力成本控制得很好,平均房价、GOP率列浙江省前列。

案例四

某地一家五星级度假型酒店,设主管以上管理人员70人,该酒店有董事长、总经理、副总经理、总经理助理、总监、总监助理、部门经理、副经理、主管,配置到位。然而,员工年流动率超过40%,管理人员流动率为零。近年来,酒店一方面实施裁员增效,裁减一线员工;另一方面管理人员不减反增。每逢周六、周日,管理人员全部休息,现场监管明显缺位,这导致企业经营亏损。这在全国不一定是个例,只是程度不同而已。

分析: 前三个成功案例有着共同的特征,即管理员少,架构优化。优质高效的管理层结构,使企业经营管理呈现良好的局面,业绩与各指标足以说明问题。而最后这个反面案例,由于盲目裁员,员工的工作负荷增加,员工进一步流失,服务质量下滑。管理人员过多与效率不成正比,裁员增效具有必要性,但是我们应该研究裁员的方向和方法。合理的做法是保证一线、紧缩二线、精简管理人员。至于设多少管理人员,不可一概而论,应视酒店实际情况,因地制宜。

阅读资料：岗位重构，或许是酒店组织变革的突破口！

　　盛夏的 7 月，来到某城市旅行。 经过几小时的旅途奔波，出租车停在一家五星级酒店门口，在向师傅付款时，你透过车窗看到华丽的旋转门口一位帅气的酒店员工快步走向后备箱，帮忙取出行李，来到车门前致以问候："女士，下午好，欢迎您选择我们酒店，我叫 Peter，很高兴为您服务。"他一边拉行李一边引领你走向酒店前台。 出乎你的意料，他并没有把你交给另外一个等候在前台的员工，而是两人互换位置，前台的员工前往酒店门口，他则继续为你办理入住手续。 你提供了预订和身份信息，房卡办好后，他拿着你的房卡和行李站在你的侧前方，引领你前往客梯处，并与你一同乘坐电梯。 这一路上，他与你相谈甚欢，他向你初步介绍了这座城市。 到达客房，他熟练地将房卡插进取电口，将行李放置在行李架上。 在走出房门前，他真诚地说："女士，再次感谢您下榻 ×× 品牌酒店，很高兴为您服务，入住期间如果您遇到问题，可以随时找我，我叫 Peter，祝您入住愉快！"两次自我介绍，让你牢牢地记住了他的名字。 他给你的旅行增添了温暖的记忆。 在完成旅行后，你在预订渠道给这家酒店一份五星好评，并提到了 Peter 这位员工。

　　酒店的这一波操作，是不是跟你以往的入住体验不太一样？ 未来酒店业需要什么样的人才？

　　评价分析：一般完成以上流程，你会接触到不同部门和岗位的员工，但是在这里，你基本上只需对接一个人，他帮你解决入住期间的所有问题。据调研和采访，这家五星级酒店在前厅部将前台和礼宾两个岗位合并。按照酒店部门的编制，前台和礼宾部均隶属于前厅部，是房务部的一部分，通常是旅客进入酒店后最先感受到服务的部门，是冲在服务第一线的先锋。前台为客人办理入住登记及退房手续，对酒店作整体房态控制及客户信息整理和归档。礼宾部是一个全方位对客服务的集合处，是无所不知的活地图，是车辆安排小能手，是行李搬运专家，是 24 小时随时待命的万能"工具人"。所以合并不是简单的岗位合并，前提是员工变得一专多能。

（资料来源：中国旅游饭店业协会，评论新闻）

子任务二 熟悉酒店机构设置

任务目标

❶ 了解酒店运营部门及其业务范围和职责。
❷ 了解酒店职能部门及其业务范围和职责。
❸ 培养分工协作、统一指挥的团队协作精神。

任务分析

酒店是劳动密集型企业,人员众多,工种各异,管理过程精细复杂。加上产品中的服务因素较多,要实现管理目标,必须设置一个严密、科学、合理的机构,来保障酒店稳定运行。同时酒店也是一个有机的整体,对其进行部门划分,各部门明确自己工作职责范围,使酒店的管理变得高效并且在服务方面能够提高服务效率和服务态度。

任务操作

由于各酒店的规模和性质不同,因此酒店的部门机构设置不统一要求。一般地,酒店部门机构设置是由宾客在店内活动特点对酒店进行经营管理的需要决定的。典型的酒店的部门机构,可设置为运营部门和职能部门,各部门都有特定的业务范围和职责。

一、运营部门

酒店的运营部门是与酒店的日常经营活动相关并直接为宾客提供产品和服务的业务部门。它主要包括前厅部、客房部、餐饮部、康乐部等。

(一)前厅部(Front Office)

酒店前厅,又称为总服务台,或称为总台、前台等。它通常设在酒店的大堂,是负责招徕并接待宾客、销售酒店客房及餐饮娱乐等服务产品、沟通与协调酒店各部门、为客人提供各种综合服务的服务部门,起着计划、组织、指挥、协调的作用。在酒店管理中,前厅管理具有全面性、综合性和协调性,前厅是酒店的神经中枢。

酒店应根据规模和业务量设置前厅部,但基本原则是保证前厅工作的效率和方便客人。在大中型的酒店往往单独设置前厅部,前厅部是酒店的主要业务部门之一。小型酒店一般不单独设立前厅部,将其归属客房部。

(二)客房部(Housekeeping Department)

客房是酒店的主体,是酒店的主要组成部分,是酒店的基础,在酒店中占重要地位。客房部的主要职责是向客人提供洁净而舒适的客房,并协调前厅部管理客房的各项设施,保持较高的客房出租率。

(三)餐饮部(Food & Beverage Department)

餐厅是酒店销售饮食产品、为宾客提供相应服务和顾客用餐的场所。从经营的角度看,餐饮是酒店销售的主要产品,餐饮的营业收入是酒店营业收入的重要来源,通常占比约为 1/3 甚至 1/2。因此,餐饮部的管理水平和服务水平的高低,是酒店经营活动成败的关键所在。

(四)康乐部(Recreation Department)

酒店康乐部是满足客人娱乐、康体、健身需要的综合营业部门,是酒店为增加功能并借以吸引宾客、满足客人需求、提高酒店收益的重要部门。许多酒店特别是度假型酒店都专门为客人提供康乐活动,其中包括高尔夫球、网球、保龄球、健身游泳等。康乐部的专职人员,一般都具备组织娱乐活动的能力和专长,他们经常为酒店组织一些别开生面和富有吸引力的娱乐活动,满足客人的娱乐需求。

(五)市场营销部(Sales & Marketing Department)

酒店市场营销部的主要职责和工作目标是为酒店接待和组织客源。为了保证酒店的客源充足,市场营销部的人员要进行市场调研,了解市场需求,掌握客源流向,并推销酒店产品。酒店的市场营销部一般来说,分销售部和公关企划部,现在大多数三星级及以下标准的酒店仅设销售部,而一些四星级及以上标准酒店还会配置“收益管理”部来配合调整酒店整体营销的各项数据指标。

二、职能部门

酒店职能部门不直接从事酒店接待和供应的业务,而是为业务部门服务、执行自身某种管理职能的部门。酒店的总经理办公室、人力资源部、财务部、工程部和安保部等都属于职能部门。

(一)总经理办公室(Executive Office)

酒店总经理办公室是全面负责酒店经营管理的领导机构,是酒店经营管理的决策中心和控制中心。总经理办公室在总经理对酒店实行经营管理过程中,起着重要的沟通上下、联系左右、协调内外的作用。具体负责各类文件的打印、收发、归档工作,负责处理各类往来信函、电传、电报,及时上传下达,接听电话并记录留言,为总经理出差办理预订机票、订房等具体事宜,安排酒店高级管理人员值班表,安排提供酒店内部用车,做酒店各种例会的会议纪要及发放工作。由于经营管理的实际状况不同,酒店总经理办公室的组织结构也会有所不同,有的酒店甚至不设置总经理办公室,由人力资源部完成总经理办公室的职能。

(二)人力资源部(Human Resources Department)

酒店人力资源部的主要职责是,为了满足酒店经营管理的需要协助其他部门负责酒店管理人员、技术人员和服务人员的选聘、培训以及具体的管理工作。人力资源部是酒店中一个非常重要的部门,一般直接受总经理的领导和制约。酒店人力资源部围绕着酒店的经营和管理开展主要工作,通过招聘、录用、选拔、调配、流动、考核、奖惩、工资福利、劳动保险、劳动争议处理等各项管理活动,谋求人与事的科学结合和人与人之间的紧密结合,提高员工整体素质,优化酒店队伍结构。

(三)财务部(Finance Department)

财务部是执行酒店的成本核算、物资管理、费用控制、财务管理及会计核算的部门,在酒店的经营活动中向管理者提供经营资料,供总经理经营决策。财务部的工作一般直接由一位酒店副总经理领导,下辖电脑部、收银组、仓库组、成本控制组等。

(四)采购部(Purchasing Department)

酒店采购部是酒店物资供应部门,负责全酒店物资的发放工作,为全酒店提供全方位的物资保障。酒店设立专职采购部,一般都隶属于财务部,受财务总监、成本控制人员及其他部门的监督,全面负责酒店的采购工作。由于其工作内容烦琐,操作规范严格,采购部成为制度管理的规范部门。

(五)工程部(Engineering Department)

工程部是酒店重要的后勤保障部门,主要负责酒店设施设备的运行管理、维修保养、更新改造,以及能源控制和动力供应,确保酒店为客人提供良好的居住、工作与生活环境。

(六)安保部(Security Department)

常言道"安全无小事",安全工作的重要性和在酒店管理工作中的地位不言而喻。安保部是酒店非常重要的职能部门之一,主要负责维持酒店正常营业秩序、保障酒店人员生命财产安全、保护客人隐私等安全保卫和消防安全工作。安保部门是酒店自身的防御体系,其首要工作是防患于未然,其次才是应对突发安全事件。

任务思考

1. 酒店业务部门包含哪些部门?
2. 酒店职能部门包含哪些部门?
3. 谈一谈你最感兴趣的部门。

1-2-3 在线自测题

知识导图

请对本小节知识点进行总结,绘制你的知识导图吧。(可扫描二维码查看参考总结)

1-2-4 知识导图

温故而知新

 任务拓展

酒店"六常管理法"

1. 常分类:把所有物品分类,一类不再用了,另一类还要用的;一类是马上要用的,另一类是稍后再用的,把工作做得细一点。

2. 常整理:将不再用的物品处理掉,将还要用的物品降至更低用量并摆放得井然有序,避免采购不足或过量、物品积压和变质。

3. 常清洁:经常打扫,以保持环境整洁。

4. 常维护:对分类、整理、清洁进行维护。

5. 常规范:对人的行为、服务及日常工作进行规范化,可以提高工作效率、提升服务质量,提倡节能降耗。

6. 常教育:通过批评教育使全体员工养成以上良好习惯,用督促教育的方式将六常理念融入每个员工心中和每天的工作中。

子任务三　了解酒店机构布局

任务目标

❶ 理解酒店内部设计与布局的基本原则。
❷ 掌握酒店内部场所"动线"流程设计各环节。
❸ 熟悉酒店重要部门的功能布局。
❹ 体会酒店在机构布局设计中所体现的以人为本的思想。

任务分析

　　酒店内部场所布局是酒店设计建造的重要内容,功能布局设计是酒店设计的基础,也是酒店设计中的重要环节之一,严谨合理的功能布局能充分发挥各部门的功能并获得良好的经济效益。因此,在酒店设计方案阶段,须根据不同酒店定位恰当地对其功能布局与流程合理设计,以发挥酒店的最大社会和经济效益。

任务操作

　　一般来说,酒店的前期建设与酒店的后期经营管理基本上是两套人马。在投资者建造完毕后,大多数酒店才确定经营管理班子,移交项目工程。然而,实际上大部分设计师和建筑工程师都不可能对酒店运作、经营流线有比较深入的了解,也不太熟悉酒店的经营方针策略。结果从经营管理专业的角度考虑:要么功能混乱,动静不分;要么电梯数量不够,客人和后勤流线交叉;要么客房面积太小,洗手间面积不够……内部场所布局不合理,某些重要功能部门难以发挥作用,继而重新装修改造。

　　所以,酒店完整的、全面的设计布局应当是由设计单位和酒店经营管理者共同完成的,这样既可以将酒店管理的规律融入酒店设计建造中,使内部场所布局更为合理,满足宾客的需要,又可以使酒店管理者了解本酒店建造的全过程,有利于酒店日后的经营及设备的维修保养。

一、酒店内部场所设计布局的基本原则

（一）明确酒店经营管理的定位，分清并确定酒店的类型

　　要明确所建酒店的类型,分析酒店所处地理位置周围的经济环境、自然环境以及文化和历史环境。预测分析入住酒店的客源情况,得出各类客人所占客源的比例。由于客源不同,对酒店的功能要求上、空间的使用上以及设施安排上的要求也就各有不同。

（二）满足宾客需要，保证酒店宾客的私密性、安全性和便利性

　　必须从满足宾客需要出发,保证酒店宾客的私密性、安全性和便利性。行政管理办公室

和后勤区域应尽量与酒店客人活动的前场区域分开，或者安排布局在不同地带，以免员工过多地影响酒店客人的正常活动。同时还能保证管理和服务工作正常进行。

（三）合理布局酒店各功能部门比例

从经济效益的角度考虑，酒店内部布局必须比例合理。酒店内部场所布局的总原则是，各功能部分所占面积及投资比例应和功能区所能获取的营业收入及客人使用的范围成正比，即客人使用区域或能为酒店带来收入的部门应占据较大的空间且所占投资比例较高。如客房、餐饮、商场、娱乐场所等能获取收入的营业区域，在空间布局时应占用较大空间，而行政及员工活动区域则相对较小。

（四）控制成本，提高投资效益

运营区域是专供客人使用的区域。其合理布局要体现酒店的经营特点和风格形象，酒店运营区域的布局打造须有独特吸引力，装饰装修设计应以美观、舒适为主。后场区域则分为两部分。一部分是行政管理办公室区域，一般包括前台办公室、总经理办公室、营销公关办公室等。为了便于各部门人员之间沟通联络，便于宾客寻找，行政管理办公室应尽量布局在运营区域相邻的位置上。酒店后场区域的另一部分就是员工活动区域和工程设备区域。员工区主要包括员工出入口、打卡室、制服库、员工更衣室、员工活动室、员工餐厅等。酒店后场区域的这些部分的装修设计应以经济实用、整洁干净为主。总之，对酒店前后场区域分开布局及采用不同设计装修标准可降低建造总成本，以求达到较好的投资效益。

二、酒店内部场所"动线"流程设计

合理的室内"动线"流程设计有助于使建筑空间疏密有致，增加情趣气氛，提高服务效率和质量，也有利于设备系统的运行和保养。酒店的"动线"流程是酒店运转的动脉。顺畅的"动线"流程能使酒店的各项功能协调有序、充满活力；反之，则会导致运营不顺畅，从而影响酒店的经营形象和经济效益。

酒店的"动线"流程（以下简称"流线"），从水平到竖向，分为客人流线、服务流线、物品流线和信息流线。规划设计原则为：客人流线和服务流线互不交叉，客人流线直接明了，服务流线、物品流线快捷高效，信息流线快速准确。

（一）客人流线

中、小型酒店的客人流线一般设一个对外出入口，以便于管理。大、中型酒店的客人流线，分住宿客人流线、宴会客人流线和外来客人流线。为避免住宿客人进出酒店及办理手续时与宴会的大量客人混杂而可能引起流线不畅，凡有向社会开放大、中小宴会厅的现代酒店，须将住宿客人的流线与宴会客人的流线分开。

1. 住宿客人流线

住宿客人又分团队客人和零散客人。现代酒店为适应团队客人集散需要，常在主入口旁设专为团队大客车停靠的团队入口，方便大型巴士集中落客办理入住手续，同时设团队客人休息厅。

2. 宴会客人流线

大、中型酒店的宴会厅即多功能厅，承担着相当大的社会活动功能。宴会客人有一定的时间性和集中性，因此酒店须单独设立宴会出入口和宴会门厅，如没单独设计，在宴会客人进入大堂时，要马上引导分流，组织交通，不能使大堂其他功能受影响而造成人员混乱。

（二）服务流线

现代酒店管理及服务质量与我国传统老饭店的区别之一就是客人流线与服务流线分开。服务流线简单来说就是酒店的工作人员在工作中的活动区域的动线。在酒店规划设计中要单独设计专用的员工出入口。在入口设置门禁系统，员工进入区域后集中领制服、洗浴、更衣、换制服、交接班，然后通过员工通道到达各自的岗位，在各自工作的区域通过服务通道到达需要服务的客人的区域，避免客人流线与服务流线交叉。

（三）物品流线

为了保证后勤供应及清洁卫生，大、中型酒店都要设置物品流线，既有水平流线又要有垂直流线。如酒店设有卸货台、货运电梯(有的可以与服务电梯共用)，使大量各类用品和食品饮料顺畅地运入酒店，同时大量干湿垃圾和废弃物品通过物品流线顺畅地运出酒店。物品流线在规划设计中要避开客人流线和服务流线，有独立出入口。例如，酒店餐厅后厨的货物物品流线、厨余流线、酒店客房布草流线等。拿酒店布草来说，须设置竖向两种类型货梯，一个用来运送污物，一个用来运送干净布草，水平流线尽量不交叉，避免二次污染。

（四）信息流线

现在人类社会正以前所未有的速度发展，信息交流量急剧增加。信息、物质、能源成为人类社会的三大资源。在主要工业发达国家，40%以上的工作人员在办公室工作，与信息打交道，这象征着人类已经进入信息时代。这就要求酒店业跟上时代的步伐，根据各酒店信息流线的不同情况，建立、增强、改造信息流线。进入信息时代的钥匙是计算机，因此，酒店信息流线要以计算机管理系统为中心，酒店要通过综合布线通道，建立、增强、改造信息流线。

三、酒店的功能布局

（一）酒店设计中功能布局的方法

1. 根据建筑结构分配空间

这是最简单的方法之一，酒店的功能设计图要根据酒店的具体结构在不影响酒店大体环境的前提下安排。

2. 结合流线设计分配功能空间

在对功能空间的分配上应紧密结合流线设计，要让顾客清晰明了、快速便捷地找到通道。

3. 根据主题勾画布局

此方法适合特点鲜明、时尚前卫的酒店，能够充分反映酒店的主题特色，还能够提高酒店的文化内涵。

酒店的功能布局要结合酒店具体功能要求量身定做，合理的功能分区首先要明确酒店功能定位，然后分析总结各功能空间之间的联系。当然还须结合实际情况，如在建筑结构限制功能时，可以改变现有的墙体结构，要注意在保证承重墙体不变的前提下拆除墙体，再按照酒店功能要求重新划分空间布局。

（二）酒店主要功能布局

酒店是为客人提供休息、娱乐服务的场所，休息需要安静的环境，而娱乐需要热闹的环境，一动一静势必形成矛盾。因此，动静空间合理规划就是解决这一矛盾的最有力武器。

1. 客房布局

客房是酒店的主体,是客人使用效率最高、停留时间最长的地方,其入住率将直接影响酒店的经济效益。因此,客房的艺术效果、硬件设施、装修材料、家具、艺术品的配置将影响酒店的规模和档次。同时客房最能体现酒店对客人的关照和态度,客人入住以后,酒店的规模和档次会使客人留下深刻的印象,决定其是否再次入住。因此,客房的功能布局十分重要,是酒店设计中重点考虑的部位。

在客房设计中,功能构成应以旅客的行为特点为依据,可分解为睡眠空间、书写阅读空间、起居空间、储藏空间、盥洗空间、阳台和露台空间等。睡眠空间:睡眠空间是客房最基本的空间功能,主要的家具是床,而床的摆放、大小、造型都会影响客人的入住舒适度。书写阅读空间:一般客房将书写阅读空间设计在床的对面,同时兼做梳妆台。起居空间:起居空间是反映客房等级最直接的空间。储藏空间:客房的储藏空间一般为壁柜或步入式衣橱,普通客房一般将其设置在入门卫生间对面的墙壁处。盥洗空间:除睡眠空间外客房第二重要的空间,它的空间布置直接影响客人的入住体验。在设计中,酒店应分析入住客人的行为,梳理复杂的管线,提出、比对多种方案,最终得出最佳方案。

根据酒店类型,确定客房功能的最佳布置。确定酒店的类型,分析其是商务酒店、会议展览酒店还是休闲度假酒店。不同类型酒店的客房设计与功能布局有区别。比如,在商务酒店中,由于客人从事商务活动较多,则要强化工作区域,书桌的主椅为标准的专用办公椅,台灯照度适中,配备足够的网络、强电插口、备用电源等。在休闲度假酒店中,客人以度假、观光、旅游、运动为主,客房除有双人床以外,还要有露台、进餐区、储藏间和大浴室。总体来说,客房的功能布局必须针对具体情况合理规划、有序布置,以达到其目的。

随着商务活动增多,为了满足商务客人的要求,不少酒店在普通商务客房的基础上,增设档次较高的商务楼层或行政楼层。商务楼层或行政楼层的位置一般设在较高楼层。在商务或行政楼层有专门为本楼层服务(或2~3个楼层共用)的设施,如办理入住登记、离店手续,提供问讯、留言服务;有商务中心,提供复印、传真及翻译文秘服务;有专用酒吧或供客人用便餐或午茶的场所,有供阅读休息的场所。客房的面积要比普通的客房大一些,套房要多一些,房间内要提供良好的办公条件。

2. 餐厅及厨房布局

餐厅是酒店不可缺少的服务设施。餐厅的规模在一般情况下以客房的床位数作为计算依据,一个床位一个餐位,每一个餐位平均2 m²(不包括多功能厅或大宴会厅)。以此推算出餐厅项目群的面积。根据地理环境,如需对店外餐饮消费者开放,则按照市场需要增加餐饮面积。按照《旅游饭店星级的划分与评定》的规定,四星级、五星级酒店一定要有一个咖啡厅,即快餐厅,咖啡厅与大堂相连,方便客人用餐,并烘托大堂气氛;有中餐厅和宴会单间或小宴会厅,较大的酒店最好还能有多个风味餐厅。在外国客人较多的大城市,酒店最好再配一个规模适当的西餐厅和装饰高雅、具有特色的酒吧。各色餐厅最好集中在一个餐饮区,除特殊需要外,一般放在裙房的一层或二层为宜。

厨房面积一般为餐厅面积的70%左右。厨房与餐厅要紧密相连。从厨房把饭菜送到客人的面前的距离,在没有保温设备的条件下,最好不超过20 m。厨房与餐厅要在一个楼层上,不到万不得已不要错层。

3. 大堂布局

大堂是酒店的中心,是客人对酒店第一印象的窗口,是酒店为客人提供服务项目最多的地方,如办理入住和离店手续服务、财务结算和兑换外币服务、行李接送服务、问讯和留言服务、预订和安排出租车服务、贵重物品保管和行李寄存服务以及客人需求的其他服务,所以大堂的布局一定要精心设计。

大堂的公共面积(不包括总服务台、商场、商务中心、大堂酒吧和咖啡厅等营业面积)取决于酒店的规模和档次以及客源市场定位。国家星级饭店《设施设备评定标准》提出,按客房间数推算大堂面积,共四个档次,分别为每间客房平均不少于 $0.6\ m^2$、$0.8\ m^2$、$1.0\ m^2$、$1.2\ m^2$。而规模大、档次高和大型会议型酒店,大堂面积要大一些,但最好不超过每间客房平均 $2\ m^2$。大堂的各项接待、服务功能的分区和所需要的面积要根据酒店的类型、规模和档次定位精确计算然后选定。

总服务台是大堂活动的中心,要设在主入口进到大堂一眼就能看到的地方,长度与酒店的类型、规模、客源市场定位有关,一般为 $8\sim12\ m$;大型酒店达 $16\ m$,两端不宜封闭,应留活动出入口,便于前台人员随时为客人提供个性化服务。

总服务台后面要有办公室,供前厅部人员办公、财务夜审、存放资料、复印、传真和摆放电脑。销售部也最好设在这里,以便接待业务,面积 $50\sim100\ m^2$ 为宜。贵重物品保险室与总服务台相邻,客人和工作人员分走两个入口,客人入口应尽量隐蔽。

大堂副理的位置设在可以看到大门、总服务台和客用电梯厅的地方。礼宾台的位置设在客房区或客用电梯厅与酒店大门连接的通道中。行李员服务台设在靠近大门同时又能看到总服务台和电梯厅的地方。大堂要有行李间,行李间以每间客房 $0.05\sim0.06\ m^2$ 设定。观光型酒店由于行李较集中,行李间应适当加大。休息区能方便客人等候并起到疏导、调节大堂人流的作用,最好设在总服务台附近并能向大堂吧或其他经营点延伸,以引导客人消费。公共卫生间(包括残疾人卫生间和清洁工具储存室)应设在大堂附近,但门不可直接对着大堂。

4. 会议设施布局

随着我国现代化建设发展和国际经济交往增多,会议旅游已成为不可忽视的客源市场。目前各地除有少量专业化会议型酒店外,大部分是商务型酒店、观光型酒店和部分设有会议设施的度假型酒店。

会议设施包括大型多功能厅、贵宾厅和接见厅以及若干中、小会议厅。多功能厅因为多种用途而得名,其可作会议室召开各种会议,可作宴会厅举办宴会和各种酒会,可作表演厅举行各种演唱会、舞会和服装表演等,还可作展览厅布置一些展板和展示一些体积相对较小的产品。多功能厅要有音响设备、投影设备、宽带网设备,可召开国际会议和多民族的国内会议,还要有同声翻译设备。多功能厅要有良好的隔音和充足的灯光,除固定灯光外还要有活动灯光,以供各种表演和展览使用。多功能厅使用可折叠的活动家具,根据不同需要随时可以拼装成各种类型的台面。一般不设固定舞台,需要时采用拼装式的活动舞台,舞池也用活动地板拼装成。多功能厅的面积要根据市场需要和酒店的规模而定,一般情况下最好不少于 $400\ m^2$,大的可以到 $1\ 000\ m^2$ 或更大。与多功能厅紧相连部位,要设贵宾厅和接见厅,要有适量面积的厨房或备餐间和一个家具周转库房。

按照国务院机关事务管理局对会议定点酒店的要求,除大的多功能厅以外,酒店还要有能容纳 30 人左右的小会议室。这些会议室可以多功能使用,可以开会,也可以作小宴会厅和客会单间。这些会议设施组成一个会议区,最好设在裙房的一层或二层,会议厅要有足够的公共卫生间(包括残疾人卫生间)和清洁用具储藏室。

5. 健身娱乐设施布局

不同类型酒店对健身娱乐设施有不同需求。休闲度假型酒店和会议型酒店的健身娱乐设施需求量大,商务型和观光型酒店则以健身设施为主,如游泳池(北方寒冷的时间长,最好是室内游泳池)、健身房、桑拿浴和按摩室、台球室和棋牌室等,可根据需要设保龄球室。这些设施组合成康乐区或康乐中心。

康乐区一方面与客房相通,便于客人直接到康乐区健身;另一方面又要与客房区分离,以免影响客房区的安静环境。

6. 商务中心和其他营业性服务设施布局

在现代酒店中,特别是商务型和会议型酒店,商务中心十分重要。商务中心要为客人提供打字、复印、文件装订、出租电脑的服务,办理电传、传真、国际长途电话、国内行李托运的服务,代售邮票、代发信件、代购交通票务和代购影剧、参观等票务服务。要有坐式的服务台、封闭式的电话间或洽谈室。可设在一层大堂附近,也可以设在会议区内。

7. 商店布局

商店的大小要根据周围环境确定,如酒店附近有大的商店,则酒店内不要设大的商店,可设一个规模不大的精品店和小商店,小商店出售旅游者需要的生活用品和有本地特色的旅游纪念品。商店最好设在一层,与大堂相通,但不要放在大堂内。

小型书店也是不可少的,为客人购买报纸、杂志和一些图书提供方便。最好设在大堂通往餐厅和客房"动线"的附近,便于客人顺道选购。在现代酒店中鲜花店也是很受客人欢迎的,最好设在大堂靠近门口的地方。

8. 行政和后勤用房布局

行政用房包括总经理办公室、党委、工会、财务、人事、工程、保卫等非营业部门的办公室。现代酒店总经理办公室多数设在便于与客人接触的地方,而不设在客人不易找到的地方。财务办公室最好设在与营业部门相近的地方。党团、工会和人事部门的办公室最好设在便于与酒店职工联系的地方。职工用房包括职工食堂和厨房、职工更衣和洗浴室、职工培训室、文体活动室、倒班宿舍等。职工用房最好集中在一个区域内,一般设在地下一层和地上与主楼相通的裙楼或配楼中。行政用房和职工用房的面积一般控制在总建筑面积的4% ~ 6%。

综上所述,酒店布局时,除业主及经营者的前期正确决策外,还应对酒店的类型、规模、档次做出准确的市场定位,精心设计,合理布置,使各项服务设施的功能布局和交通流线科学合理。

任务思考

1. 酒店内部设计布局应遵循哪些基本原则?
2. 酒店内部场所"动线"流程设计包含哪些环节?
3. 试调研并分析当地某家星级酒店的功能布局。

1-2-5 在线自测题

知识导图

请对本小节知识点进行总结，绘制你的知识导图吧。（可扫描二维码查看参考总结）

1-2-6 知识导图

温故而知新

任务拓展

双语拓展

关键术语

◇ 销售部 SALES & MARKETING DEPARTMENT(S & M)

◇ 商务中心 BUSINESS CENTER(BC)

◇ 人力资源部 HUMAN RESOURCES(HR)

◇ 财务部 FINANCIAL DEPARTMENT(FN)

◇ 工程部 ENGINEERING(ENG)

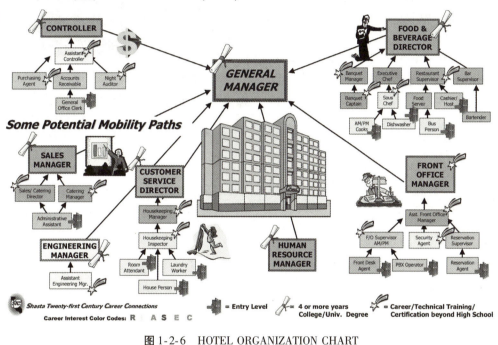

图 1-2-6 HOTEL ORGANIZATION CHART

任务三 了解中外著名酒店集团

照亮酒店人生的道路

从餐饮业起家的万豪国际集团创始人约翰·威拉德·马里奥特先生（图 1-3-1）是个富有开拓精神的实业家，早年常常每天工作 16 小时，并认为"只靠每周工作 40 小时的人，是一辈子也干不出什么大事来的"。（No one can get very far in a 40-hour week.）通过把信仰、梦幻、诚实与苦干杰出结合，他实现了自己的梦想，用自己的行动诠释了"人生就是一个克服困难的过程，面对困难、克服困难，就是进步"。马里奥特的一生是创业的一生，是服务的一生，他照亮了后来人和继任者，为他们的人生指明了道路。

图 1-3-1　约翰·威拉德·马里奥特（John Willard Marriott）万豪国际集团创始人

所思所悟："人生就是一个克服困难的过程"，这句话蕴含的人生哲理给了我们很好的启示，那就是在生活中我们即使遇到了挫折或者困难，也绝不气馁，还要迎难而上，这就是我们每一个人一生中要经历的励志人生。

任务目标

❶ 认识世界知名酒店集团，识别其标志。
❷ 了解酒店集团的经营理念和企业文化。
❸ 熟悉酒店集团的品牌体系，了解主要品牌的特色。
❹ 树立民族品牌意识、知识产权保护意识，坚定文化自信、道路自信。

为应对复杂多变的社会需求,酒店的经营方式在不断转变。从 20 世纪开始,一些有实力的酒店公司形成了"酒店集团"。酒店集团化经营在 20 世纪 90 年代已经发展为酒店经营的主导现象和主要模式。

进入 21 世纪以后,由于集团化经营所具有的酒店形象策划、占有市场份额、规模经营等优势迎合了产业竞争的国际化、经济全球化、商业活动信息化以及随之而来的大规模兼并与重组等发展趋势,集团化经营的趋势进一步加强。

本任务按照学习小组调查汇报的实践形式组织学习,各小组需对世界著名的酒店集团和旗下的知名子品牌知识有初步掌握。

任务 分析

任务操作 ▶▶▶▶▶▶▶▶▶▶

试一试

英国品牌评估机构"品牌金融"(Brand Finance)发布"2022 年度全球酒店品牌价值 50 强"榜单(Hotels 50 2022),50 强品牌总价值为 609 亿美元,美国酒店品牌包揽了前六强(图 1-3-2),总部在中国香港的香格里拉名列第七位,中国品牌锦江、汉庭和全季也进入了 50 强。

以下知名酒店品牌中,你认识哪些? 你对它们了解多少呢?

Top 10 Most Valuable Hotel Brands © Brand Finance Plc 2022

图 1-3-2 部分酒店品牌

一、洲际酒店集团（InterContinental Hotels Group）

"以善为本，以诚待客，让我们为您敞开全新世界。"

洲际酒店集团（IHG）成立于1777年，是全球最大及网络分布最广的专业酒店管理集团，旗下拥有四大系列、17个品牌（图1-3-3），在全球100多个国家和地区经营和特许经营着6 000多家酒店。同时洲际酒店集团是世界上客房拥有量大、跨国经营范围广的超级酒店集团之一。

洲际各具特色的酒店能为顾客提供多样化的选择，既可节省旅行开支，又可纵情品味奢华，让客户尊享宾至如归的体验。洲际的四大系列分别是奢华精品、高端、品质、长住。奢华精品系列结合独具匠心的设计和令人难忘的服务，为每次旅行铸就非凡体验，带来独特感受；高端系列让旅行变得个性十足、充满意义，通过细致入微的服务和优美的环境，向宾客的内心注入归属感和幸福感。"洲际"旗下的知名酒店品牌包括洲际酒店及度假村（InterContinental Hotels & Resorts）、假日酒店及假日度假酒店（Holiday Inn）、皇冠假日酒店（Crowne Plaza Hotels）、智选假日酒店（Holiday Inn Express）、英迪格酒店（Indigo Hotel）。

图1-3-3　洲际集团旗下酒店品牌

（一）假日酒店（Holiday Inn）

凯蒙斯·威尔逊先生于1952年创建第一个假日酒店，不到20年间，他就把假日酒店开到了1 000家，假日酒店遍布全美国高速公路可以通达的每个地方，并走向全世界，从而使假日酒店集团成为世界上第一家达到10亿美元规模的酒店集团。

假日酒店是首批进入中国的国际酒店品牌，自1984年入驻以来，在大中华区已有近120家开业酒店、70余家在建酒店，在品牌形象、酒店管理以及资本运作等方面极具竞争优势。假日酒店品牌的主要客户群包含商务旅客及休闲旅行者，为商旅休闲和家庭度假缔造情感联结。

（二）皇冠假日酒店（Crowne Plaza Hotels）

皇冠假日酒店（全称皇冠假日酒店及度假村），是洲际酒店集团旗下的一个豪华酒店连锁品牌。1983年，首家皇冠假日酒店在马里兰州罗克维尔开业。1990年，洲际酒店集团收购假日酒店。皇冠假日酒店及度假村秉持为新时代的"有志之士"打造高效、优质的商旅新体验，顺应当代商务人士不断转变的商旅需求，为之提供舒适放松、体贴入微的设施和服务。作为全球高端的商务酒店品牌，足迹遍布世界各地的主要城市中心、门户城市及度假胜地，让每一位入住皇冠假日酒店的"有志之士"驾驭工作与生活的融合之道、享受品质商旅。

目前皇冠假日酒店在大中华区总共布局 92 家,还有 39 家在建中,分布在北京、天津、成都、烟台、长沙、三亚、中山、厦门等城市。

（三）洲际酒店及度假村（InterContinental Hotels & Resorts）

洲际酒店及度假村是洲际酒店集团旗下集优雅与品位于一身的高端酒店品牌,是真正意义上的国际奢华酒店品牌,始终以低调的奢华和卓越的智慧打造 21 世纪的行者天堂。

洲际酒店及度假村作为洲际集团的主要品牌拥有 70 多年的历史。自首家店在巴西贝伦开业以来,洲际酒店深具开拓性的酒店业态组合迅速扩展到全世界,已经成为全球旅行常客心目中声望、经典和成功的象征。

洲际酒店及度假村品牌始终致力于为客人提供难忘的下榻体验,丰富客人的人生阅历。除了为全球商务旅客带来豪华、舒适的下榻环境及贴心、周到的服务外,还为寻求梦想和奢华享受的休闲旅客提供独具当地特色的下榻选择。洲际酒店及度假村遍布全球 60 多个城市,通过不断开拓、创新,将为更多枢纽城市及度假胜地引入高品质的酒店。

二、希尔顿酒店集团（Hilton Worldwide Holdings）

希尔顿(图 1-3-4)是创建于美国本土的跨国酒店集团,始创于 20 世纪 20 年代,旗下拥有华尔道夫和康莱德、希尔顿嘉悦里等 18 个子品牌(图 1-3-5),遍及 100 多个国家和地区,拥有 6 000 多家酒店,在全球范围内共设 100 余万个酒店客房,是世界上最大的酒店企业之一。希尔顿致力于实现"让世界充满阳光和温暖,让宾客感受到希尔顿的'热情好客'"的创始愿景,在其百年发展历程中,为超过 30 亿位宾客提供过服务。希尔顿最为著名的品牌特色便是"微笑服务"。

图 1-3-4 希尔顿 Logo 的演变

（一）希尔顿酒店及度假村（Hilton Hotels & Resorts）

作为业内知名的品牌,希尔顿酒店及度假村是时尚、现代并高瞻远瞩的全球酒店业典范。凭借对产品、设施和服务的不断创新,引领着行业的发展方向。该品牌利用智能设计、创新餐厅理念、热情周到的服务以及对全球社区的承诺,让旅行变得更加轻松。

（二）华尔道夫-阿斯托利亚酒店及度假村（Waldorf Astoria Hotels & Resorts）

世界首家华尔道夫酒店位于美国纽约曼哈顿,于 1893 年由威廉·沃尔多夫·阿斯特(William Waldorf Astor)建造。华尔道夫酒店被誉为"奢华酒店的鼻祖",是希尔顿旗下的豪华酒店品牌,是公认的世界著名奢华酒店。历史上,曾有无数名人下榻过纽约华尔道夫酒

图 1-3-5　希尔顿旗下酒店品牌

店,包括英国前首相丘吉尔、法国前总统戴高乐、英国女王伊丽莎白二世等各国政要;它还备受明星、富豪的追捧,玛丽莲·梦露曾常来参加舞会,滚石乐队来表演过节目。

(三)康莱德酒店及度假村(Conrad Hotels & Resorts)

康莱德酒店为希尔顿集团旗下酒店,酒店致力于为客人提供极具特色的顶级设施与服务。作为希尔顿酒店集团旗下的超豪华酒店,康莱德酒店不仅是希尔顿集团的集大成者,更是世界奢华酒店的代名词。其以希尔顿创始人——康莱德·希尔顿(Conrad Hilton)的名字命名,是希尔顿放手世界的又一大品牌标志,高端性溢于言表。康莱德酒店的核心旨在向高品位人士提供独特的体验,打造高品位人士首选的奢华酒店,创造极致个性天地。

(四)欢朋酒店(Hampton by Hilton)

希尔顿欢朋酒店屡获殊荣,主要服务于注重价值及讲究品质的旅客,拥有商务和休闲旅客所需的一切服务和设施。宾客可在此享受到高品质的住宿、客房内设施、具有竞争力的房价以及热情友好的服务。此外,酒店还提供免费 Wi-Fi 和热早餐等众多贴心服务,而且均旨在强化卓越服务这一承诺。

三、万豪国际(Marriott International)

万豪国际集团由约翰·威拉德·马里奥特和爱丽丝·马里奥特于 1927 年创立,在家族式管理的一路引领下,创始人所坚持的原则深植于企业文化之中,清晰引领着酒店的前进方向。集团先后于 1995 年、2016 年收购了著名的丽思·卡尔顿酒店管理公司(Ritz-Carlton)和喜达屋集团(Starwood)。目前拥有 30 个子品牌(图 1-3-6),是全球最大的连锁酒店集团。截至 2022 年底,万豪国际集团拥有 7 795 家酒店,144 万余间客房。

图 1-3-6 万豪集团旗下酒店品牌

（一）丽思·卡尔顿（Ritz-Carlton）

丽思·卡尔顿酒店是全球首屈一指的奢华酒店品牌,由附属于万豪国际酒店集团的丽思·卡尔顿酒店集团(Ritz-Carlton Hotel Company)管理,现雇用超过 38 000 名职员,总部设于美国马里兰州。丽思·卡尔顿酒店集团目前在美洲、欧洲、亚洲和非洲经营着 70 家世界顶级酒店,分布在 24 个国家的主要城市。丽思卡尔顿酒店集团是唯一一家两次获得美国商务部颁发的 Malcolm Baldrige 国家质量奖的服务行业企业,是举世公认的金字招牌。从 19 世纪创建以来,一直遵从着经典的风格,成为名门政要下榻的必选酒店,因为极度高贵奢华,一向被称为"全世界的屋顶",其座右铭"我们以绅士、淑女的态度为绅士、淑女们忠诚服务"在业界被传为经典。不管在哪个城市,丽思·卡尔顿酒店一定是国家政要和社会名流下榻的首选。

（二）万豪酒店（Marriott）系列

首家万豪酒店于 1957 年在美国华盛顿市开业,在公司的核心经营思想指导下,加之早期成功经营的经验为基础,万豪酒店很快得以迅速成长,并取得了长足的发展。新加盟的酒店从一开始就能以其设施豪华而闻名,并以其稳定的产品质量和出色的服务在酒店业享有盛誉。1981 年,万豪酒店的数量已超过 100 家,并拥有 40 000 多间高标准的客房,创下了当年高达 20 亿美元的年销售额。1984 年,以公司创办者的名字命名的 J. W. 万豪(J. W. Marriott)酒店在美国华盛顿市开业。J. W. 万豪酒店品牌是在万豪酒店标准的基础上升级后的超豪华酒店品牌,向客人提供更为华贵、舒适的设施和极有特色的高水准的服务。

（三）喜来登酒店（Sheraton）

喜来登是喜达屋酒店集团中最大的连锁酒店品牌,拥有 80 多年的历史。2016 年,万豪国际集团完成对喜达屋集团的并购,喜来登遂成为万豪旗下高级酒店品牌。自 1937 年创办首家酒店开始,喜来登酒店及度假村一直在旅游业界保持着变革的形象。创新性计划、全球化目的地以及对客人的承诺使得喜来登一直处于行业领先地位。喜来登始终随着时代的演变而不断更新、调整和变革,而唯一不变的就是在多年以前开始发展之旅时所树立的价值观。

四、温德姆酒店集团（Wyndham Hotel Group）

温德姆酒店集团是温德姆环球公司旗下三大子公司之一,总部设于美国新泽西州帕西帕尼。作为全球大规模、多元化的酒店公司,旗下有 22 个品牌 9 000 多家酒店(图 1-3-7),遍及 80 多个国家/地区。

图 1-3-7　温德姆酒店集团旗下酒店品牌

（一）温德姆至尊豪廷大酒店及度假村（Wyndham Grand）

温德姆至尊豪廷大酒店为追求奢华享受的宾客提供高端白金五星级别的酒店体验。这个品牌对于奢华的重新诠释使之成为宾客在高端酒店中的最佳选择。极尽奢华的客房设备与细节的精致处理将使宾客得到舒适的、格调优雅的酒店全新体验。

（二）温德姆豪生酒店（Howard Johnson）

创立于 1925 年的豪生酒店以提供愉悦及恒定品质保证的酒店体验被数以百万计的全球旅行者所认同。如今 500 家豪生品牌酒店遍布全球 17 个国家。豪生品牌自 1999 年进入中国市场后飞速地发展壮大。之所以能在内地快速、有序地成长,源于市场条件与机会、知名品牌、优质的酒店设施、全面质量管理体系以及国际水准的服务。豪生致力于为每一位宾客提供独特且难忘的住宿体验。

（三）速 8 酒店（Super 8 Hotels）

速 8 酒店是世界知名的经济型连锁酒店品牌。自 1974 年发展至今,速 8 酒店在全球范围内运营近 3 000 家酒店,总房间数超过 17 万间,遍布全球四大洲。在中国,速 8 酒店已在 300 多座城市拥有已开业和即将开业的酒店近 2 000 家。

五、凯悦酒店集团（Hyatt Hotels Corporation）

凯悦酒店集团始创于 1957 年,致力于关爱宾客和员工,凭借着不懈创新和远见卓识,半个多世纪以来一直在酒店行业占据着领导地位。凯悦酒店集团旗下拥有 18 个子品牌(图 1-

3-8)，主要品牌包括凯悦、君悦、柏悦等。

图 1-3-8 凯悦集团旗下酒店品牌

（一）君悦酒店（Grand Hyatts）

如同其"Grand"的名称，全球的 Grand Hyatt 即君悦酒店以其服务及设施规模的豪华气派著称。坐落于世界各大城市中最新且繁荣的精华地段，并临近大型会议中心，诉求金字塔中上阶层客源的君悦酒店有着宏伟、壮观的建筑外形，从气派非凡的挑高中庭大厅、雅致温馨的客房/套房、宽敞明亮的浴室/起居空间、先进齐备的会议设施、华丽独特的宴会场地、类型多样且地道的美食餐厅和酒吧，君悦酒店呈现豪华的精致质感生活，映衬下榻旅客慧眼独特的高级品位。

（二）凯悦酒店（Hyatt Regency）

凯悦集团的核心品牌，作为五星级豪华商务酒店，凯悦酒店设计融合西方及所在地的本土建筑特色，从巴黎到加德满都遍布世界各地。凯悦酒店诉求高科技新贵客层，以高效率的专业服务、新颖当代的会议住房设施、精致的餐饮服务、齐全的健身设备及现代的氛围而闻名。凯悦酒店自始至终满足并超越顾客的期望，给予最细致周全的贴心服务。

（三）柏悦酒店（Park Hyatts）

柏悦酒店定位为世界顶级的精品酒店，主要位于全球的时尚之都，如东京、悉尼、墨尔本和马德里等城市最顶尖的建筑区内，其典雅高贵的室内空间设计、体贴入微的管家服务、细腻的精致餐饮及设施，尤其适合小规模的会议或晚宴，为顾客提供独特且精致的卓越体验。

六、雅高酒店集团（Accor）

雅高是来自法国的酒店集团。经过 30 多年的不懈努力，雅高集团建立了一个拥有 18 个品牌（图 1-3-9）、5 000 多间酒店的全球酒店网络，法国雅高国际酒店集团的业务遍布 140 多个国家，聘用逾 150 000 名员工，每年营业额超过 70 亿欧元。

图 1-3-9　雅高酒店集团旗下酒店品牌

（一）索菲特（Sofitel）

索菲特酒店是法国雅高酒店集团旗下的法式豪华酒店品牌。首家索菲特酒店 1964 年于法国特拉斯堡开业,其连锁酒店遍布 40 余个国家和地区,今日索菲特仍在汲取每一处所在地的精华,并结合快乐无忧的法式生活艺术,打造精彩绝伦的美妙体验。从迷人的文化活动和丰富的美食体验（oo-la-la）到奢华的健康和美容护理仪式,加上极致时尚的现代化设计,索菲特每一家酒店均展现最真挚的法式风情。

（二）宜必思（ibis）

宜必思酒店是法国雅高酒店集团旗下的经济型酒店品牌。自 1974 年第一家酒店开业以来,就以其优质的服务和具有竞争力的价格而享誉全球。1997 年起,宜必思酒店的酒店质量获得了 ISO 9001 国际标准质量体系认证。同时宜必思酒店致力于环境保护,是一家较早通过 ISO 14001 国际环境管理体系认证的连锁酒店,品牌旗下接近三分之一的酒店获得了该认证。

（三）美居酒店（Mercure）

美居酒店作为雅高酒店组合中最有价值的品牌,于 1973 年创立,拥有悠久的品牌历史和文化。2016 年,雅高酒店集团与华住酒店集团签订战略联盟协议,成功地推进了其酒店品牌在中国市场的大幅发展,在全球 60 余个国家运营了 800 多家酒店。美居酒店的设计在延续"法式优雅"风格的基础上充分融合了本地特色,使每一家美居酒店的设计都显得独具匠心,既彰显国际化元素又不失本土文化,全方位传递清新、惬意、优雅的品牌风格。

七、香格里拉酒店集团（Shangri-La Group）

"香格里拉"是香港上市公司香格里拉（亚洲）有限公司的品牌。香格里拉一向注重硬件设施的豪华舒适,加上亚洲人的殷勤好客之道,是最适合亚洲人的知名酒店品牌。香格里拉的美名,来自詹姆士·希尔顿的传奇小说《失落的地平线》。书中详述了香格里拉 一个安躺于云南群山峻岭间的仙境,让栖身其中的人感受到前所未有的安宁。时至今日,香格里拉已成为世外桃源的代名词。而香格里拉酒店集团的优秀服务及完美宁静的环境,正与这个弥漫着神秘色彩的名字如出一辙。

（一）香格里拉酒店（Shangri-La Hotel）

"宾至如归"这 4 个字恰如其分地反映了香格里拉酒店宾客的感受。选择入住香格里拉也体现了宾客的眼光,因为在这里可以享受超越以往的服务、宁静的环境以及富于灵感的建筑格调和设计品位。此外,每个酒店都能提供难忘的餐饮体验,确保每位宾客遍尝人间美味、满足味觉享受。但是,让宾客每次入住香格里拉酒店记忆犹新的是能感受到香格里拉非同寻常的热情好客和体贴入微,这是一种发自内心的殷勤待客之道。

（二）嘉里酒店（Kerry Hotel）

嘉里酒店是社区的组成部分。选择了这片社区,就意味着融入其中。通过创造空间和体验,带领宾客感受社区的日常生活,用行动诠释活力、周到和个性化服务。每一家嘉里酒店都洋溢着生活的热情和故事的脉动。酒店设计风格兼具独特性与功能性,真诚热情的员工团队将竭诚为本地居民与旅行者打造豪华舒适、精彩纷呈的入住体验。

八、锦江国际集团（Jin Jiang International Holdings Co.，Ltd.）

锦江国际集团是中国规模最大的综合性旅游企业集团之一,其市场规模位列全球酒店集团第二位,亚洲第一。集团围绕"深耕国内、全球布局、跨国经营"战略,加快传统业态创新转型,着力提升品牌、质量、效益,经济总量、产业规模都取得重大突破。先后收购法国卢浮酒店集团、铂涛集团、维也纳酒店集团、丽笙酒店集团,战略投资法国雅高集团。拥有"J""岩花园""锦江""昆仑""丽笙""郁锦香""锦江都城""康铂""麗枫""维也纳"等高、中端及经济型品牌超过35个(图1-3-10)。

图1-3-10　锦江国际集团旗下酒店品牌

截至2021年9月底,锦江酒店(中国区)拥有已签约酒店规模数近14 000家,约143万间客房,覆盖世界120多个国家和中国31个省(直辖市、自治区)、470多个城市,拥有会员1.8亿人。

（一）锦江酒店

锦江酒店（Jinjiang Hotel）是锦江国际（集团）有限公司旗下品牌，主要从事星级酒店营运与管理、经济型酒店营运与特许经营以及餐厅营运等业务。其前身是董竹君女士在上海开设的"锦江川菜馆"和"锦江茶室"。1951年，锦江饭店正式挂牌。中华人民共和国成立后，锦江饭店成为市政府在上海招待高级干部和外宾的首选接待场所。2003年，锦江国际集团有限公司成立。

（二）7天酒店

7天酒店是锦江酒店（中国区）旗下经济型酒店品牌，成立于2005年，经过快速发展，7天酒店拥有"7天酒店""7天优品""7天优品Premium"等住宿系列，分店已覆盖全国370个城市，规模达到3 000家。2020年，7天酒店已启动全国范围内的创新升级，旨在通过全新7天酒店为广大消费者带来舒适、自在的高性价比旅居体验。7天酒店以一线、新一线和二线城市为核心塑造品牌形象，重点规模化布局于三至六线城市，是高性价比普通型酒店。目标受众为追求高性价比且具备年轻心态和较高文化层次的商务及休闲旅客。

（三）维也纳酒店

维也纳酒店集团创立于1993年，是全球首家以"音乐艺术"为主题的连锁酒店。以"舒适典雅、顶尖美食、品质豪华、安全环保、音乐艺术、引领健康"为产品核心价值。旗下有维纳斯皇家、维也纳国际、维也纳、3好酒店、维也纳智好、好眠国际等品牌。集团品牌宣传语是：致力于为客户提供绅士般品位的产品和淑女般亲切的服务。旗下的维纳斯皇家酒店主打全球高端美食五星级酒店。维也纳国际酒店是中高端商旅酒店品牌，聚焦城市群体，以"新商旅、深睡眠"为核心品牌价值，从嗅觉、听觉、视觉、味觉、触觉五感上打造迎合新时代高端商务体验需要的新生活。

九、首旅如家酒店集团（BTG Homeinns）

首旅如家酒店集团由原首旅酒店集团与如家酒店集团合并后成立。合并后的首旅与如家实现了优势互补、资源整合，达成了产品全系列、信息全覆盖、会员全流通、价值全方位的整合效果，为首旅如家酒店集团的整体业务带来升级，并加速以酒店为主的住宿产品的迭代更新。其位居中国企业500强之一，在中国十大旅游企业集团中名列前茅。

集团旗下拥有以住宿为核心的近20个品牌系列（图1-3-11）、近40个产品。截至2022年底，首旅如家酒店集团在国内600余个城市运营近6 000家酒店，覆盖"高端""中高端""商旅型""休闲度假""社交娱乐""联盟酒店"全系列的酒店业务。

集团专注核心住宿业务，实施"向存量要发展、向整合要发展、向创新要发展"的战略，持续发力中高端酒店市场。同时以开放、包容的心态与方式，积极跨界创新，打造一个面向未来，集吃、住、行、游、购、娱于一体的游客价值生态图。

（一）如家酒店

如家酒店集团创立于2002年，始终以顾客满意为基础，向全世界展示着中华民族宾至如归的"家"文化服务理念和民族品牌形象。如家酒店是国内商务酒店品牌中规模最大的品牌，目前在全国349个城市拥有2 700家酒店。多年获得中国金枕头奖"中国最受欢迎经济

图 1-3-11 首旅如家酒店品牌

型连锁酒店品牌"殊荣。自创建以来,始终满足大众多元化的住宿需求和引领未来趋势,为宾客提供工作与旅途中温馨舒适的"家"。全新迭代升级的如家酒店.neo,着眼于商务出游人士的出行痛点,通过清新淡雅的现代设计诠释经典品牌,以标准化的产品、友善可靠的服务设施,触动每一个宾客的内在灵感。

(二)建国饭店

首旅建国品牌是首旅如家集团精心打造的商务型酒店品牌。建国酒店以"都市绿洲,自在建国"为目标,定位于高端商旅酒店及度假型酒店,致力于提升品牌核心竞争力和品牌内涵。宽敞的厅堂、温馨的大堂吧、绿色人文景观、现代化会议设施充分满足客人的个性化需求;装饰简洁、色调淡雅的客房,丰盛的商务早餐和时尚的健身中心,为繁忙的商务人士提供细致周到的服务。

(三)和颐酒店

和颐酒店是首旅如家酒店集团旗下中高端商旅型连锁酒店品牌。和颐注重设计细节,配套便捷、高效的商务设施与恰到好处的热情款待。和颐酒店提供物超所值的星级酒店住宿服务体验,让消费者在领略通体舒泰的全方位感官享受后重塑和谐、激发活力。

和颐酒店的多功能的软体、木制家具和设备将中端商务居住环境推向接近高星级酒店。"物超所值"在和颐酒店有了新的标准和诠释,和颐酒店满足了商务和休闲旅行中较高的住宿与用餐需求,具备完整的商务会务设备与服务,订房渠道快捷多样、性价比高。

(四)华驿酒店

华驿酒店是一家倡导自由管理模式的酒店,于 2016 年在北京成立。酒店以"定义国民舒适时代"为战略主导,提出"好睡眠"理念,并主推"轻加盟、重运营"的自由管理模式,以打造"舒适型酒店"为核心,将"好睡眠"理念融入酒店运营的每一个环节。以推动中国大众住宿业良性发展为己任,针对房间、睡具、装修、服务等全方位革新和升级。

十、华住酒店集团（HUAZHU Group Ltd.）

华住集团是中国领先的多品牌酒店集团,自2005年创立以来,华住始终以专业而高效的智能化管理系统,专注于为客户提供高品质和多元化的出行体验,成就美好生活。截至2021年12月31日,华住集团在17个国家经营7 830家酒店,拥有753 216间在营客房,拥有近14万名员工。华住集团旗下经营29个酒店及公寓品牌(图1-3-12)。覆盖从豪华到经济型市场。

图 1-3-12　华住酒店集团品牌

（一）汉庭酒店

汉庭酒店是华住酒店集团的创始品牌,属于标准经济型酒店。华住创始人季琦先生,在连续成功创办了"携程旅行网""如家快捷酒店"两家纳斯达克上市公司之后,于2005年第三次创业,以"人在旅途,家在汉庭"为品牌标语,推出汉庭酒店,并曾一度以"汉庭"命名集团。2012年,"华住"正式作为集团名称。

（二）全季酒店

全季酒店成立于2010年,隶属于华住集团,是中国领先的中档酒店品牌,目前已覆盖中国31个省级行政区,开业超过1 300家。从东方智慧中汲取人文精神,从当代生活中提炼价值内涵,全季通过亲朋服务创造优质体验。在东方土地上,让更多人感受东方的自然得体,为4亿中产人群提升旅途生活品质。品牌宗旨:感受东方的自然得体。品牌理念:东方、适度、人文。

（三）禧玥酒店

禧玥作为华住旗下传承中国世代风雅的高端酒店品牌,致力于打造一座更懂中国人的理想府邸。禧玥立足于中国一、二线城市核心区域,以宋、明美学为参,汲取"静、空、少"设计精髓,形成"出入世,不离市"的整体概念。以新中式的设计理念、多元的服务特色打造更符合中国人思维体系和生活方式的酒店空间,共享源于东方文化的雅致生活。

酒店收益管理系统

"Brand Finance"是英国一家受监管的会计师事务所,评估全球数千个品牌的财务价值。每一年,Brand Finance 都会对 5 000 个全球最大的品牌进行调研并发布近 100 份报告,对所有行业与国家的品牌进行排名,评出年度 Brand Finance 全球品牌价值 500 强排行榜。其中包括"全球酒店品牌价值 50 强"榜单。

1-3-1 阅读资料: Brand Finance 世界酒店品牌价值排名 2022

任务思考

1. 梳理完善世界著名酒店集团的发展历程、里程碑事件。
2. 总结著名酒店集团的品牌体系、主要子品牌特色、经营理念与管理特色。
3. 了解著名酒店集团有哪些企业文化。

1-3-2 在线自测题

知识导图

请对本小节知识点进行总结,绘制你的知识导图吧。(可扫描二维码查看参考总结)

1-3-3 知识导图

温故而知新

任务拓展

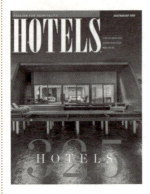

图 1-3-13　*HOTELS*
杂志封面

阅读材料：*HOTELS* 杂志介绍

　　HOTELS 杂志是国际酒店与餐厅协会的会刊，创刊发行已经 40 年，是全球酒店行业领导媒体，全面报道全球酒店行业的发展开发和商业运营等信息。*HOTELS* 杂志针对全球 170 多个国家的酒店业的开发、经营管理、酒店科技、酒店产品动态、酒店设计和餐饮服务等报道发行。2006 年开始出版 *HOTELS* 中文版，中文版针对中国内地和港澳地区的酒店行业全面报道，内容涉及酒店开发与融资、酒店开业经营和酒店日常经营。

　　HOTELS 杂志每年公布酒店业内权威的《世界酒店（集团）300 强排行榜》，中文版将每年公布中国酒店业《中国酒店 100 强排行榜》，这部分群体收入占全球酒店行业总收入的 76%。

双语拓展

阅读资料

INTRODUCING J. W. (BILL) MARRIOTT, JR.

Chairman and Chief Executive Officer, Marriott International

Bill Marriott is the son of J. W. Marriott, founder of Marriott International, a company that began as a nine-stool root beer stand in Washington, D.C., in 1927. Bill was an Eagle Scout and recipient of the Distinguished Eagle Scout Award who, during and after high school, worked various positions in his parents' Hot Shoppes restaurant chain. He graduated from the University of Utah with a Bachelor of Science degree in finance and served as an officer in the Navy before joining the Marriott Corporation in 1956.

Bill Marriott has had an enormous influence on the hospitality industry with years of dedicated service. He is an example of the Spirit to Serve, the title of his well-worth-reading book. Under Marriott's lead, Marriott International has grown from a family restaurant business to a global lodging company of over 4,000 managed and franchised properties of 18 brands, ranging from economy limited-service brands up to full-service luxury hotels and resorts, as well as executive apartments, conference centers, and golf courses in 80 countries and territories.[21]

Mr. Marriott continues his father's tradition of visiting two to three hundred hotels a year. He is passionate about quality and service and can quickly tell how good a general manager (GM) is by the reaction of associates to him or her when the GM is walking the halls of the property. If the associates smile and greet the GM with a cheerful good morning, he knows he has a great GM, but if the associates look down and don't say anything, he knows that there is a problem.

Bill Marriott also cares passionately about Marriott associates by giving them the best possible working conditions, competitive wages and salaries, and excellent benefits. Marriott also provides outstanding training programs to help associates do a great job and to retain the best associates. One of the often used quotes from Mr. Marriott is, "I want our associates to know that there really is a guy named Marriott who cares about them."[22] A central part of Marriott's core values is that attention to detail, quite simply, leads to high customer satisfaction, to repeat business—and to good profits and attractive returns for stockholders and property owners.[23]

图 1-3-14　Bill Marriott 简介

模块二

溯源酒店业的历史脉络

📝 模块导读

作为外出旅游的重要一环,酒店已经成为旅行中重要的休闲场所,除了提供夜晚住宿外,还承载着美食、艺术、社交、健康、娱乐等休闲需求。消费者对美好生活的追求,成为酒店产品追求品质和多元化创新的动力。

让我们一起溯源酒店业这一古老而又新兴的产业,探寻她的前世今生。在旅游消费不断升级迭代的发展态势下,酒店产品如何创新发展? 现代酒店业如何成为商业全球化发展的主力军? 未来将走向何方? 本模块将从酒店的基本概念和类型、中西方酒店业发展历史、酒店集团化发展趋势等问题着手,探索上述问题的答案。

📝 学习导图

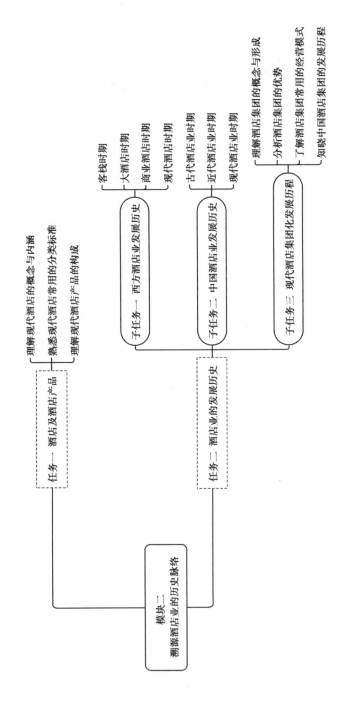

模块二
溯源酒店业的历史脉络

任务一 酒店及酒店产品
理解现代酒店的概念与内涵
熟悉现代酒店常用的分类标准
理解现代酒店产品的构成

任务二 酒店业的发展历史

子任务一 西方酒店业发展历史
客栈时期
大酒店时期
商业酒店时期
现代酒店时期

子任务二 中国酒店业发展历史
古代酒店业时期
近代酒店业时期
现代酒店业时期

子任务三 现代酒店集团化发展历程
理解酒店集团的概念与形成
分析酒店集团的优势
了解酒店集团常用的经营模式
知晓中国酒店集团的发展历程

任务一　酒店及酒店产品

拓宽酒店人生的宽度

假日酒店创始人凯蒙斯·威尔逊一贯的主张就是，在任何时候对任何行业、任何经营都愿意试试。他说："幸福的奥秘并不在于喜欢什么就干什么，而在于干什么就喜欢什么。"在酒店这一特殊的领域，从立项规划、筹建设计、筹备试业到企业生命周期之后的每一个时期均有很多机会、平台、岗位，服务、技术、销售都可能达到与管理一样的高度，问题是是否愿意拓宽自己的职业宽度。

图 2-1-1　凯蒙斯·威尔逊
（Kemmons Wilson）
假日酒店创始人

　　所思所悟： 现实生活中的每一个人不可能都很幸运地干着自己喜欢的事情和工作，但我们一定要拓宽自己的职业宽度，培养更多兴趣爱好，并学会孔子的"在其位谋其政"的智慧哲学，努力地在工作和生活中找到快乐，并幸福、愉快地享受生活。

任务目标

❶ 理解酒店的内涵，能定义现代酒店的含义。
❷ 熟悉现代酒店常用的分类标准及应用场景。
❸ 理解酒店产品的含义，能准确区分酒店产品的层次。
❹ 领悟现代酒店及其产品是如何满足人们美好生活需要的。

酒店在住宿业中占据着举足轻重的地位,在不断发展过程中,其内涵逐渐完善,其类型逐步丰富,与其他替代性产品共同满足着人们外出旅行时的住宿需求。

在实践中,民宿是近年来伴随着人们消费需求升级出现的一种新兴非标准住宿业态,它和酒店既有共性也有区别,但在行业中却存在概念混淆的现象。那么何为酒店?其内涵与民宿等住宿产品一样吗?酒店到底销售什么?只有准确理解酒店的内涵,厘清酒店产品的构成,才能掌握酒店的本质特点,从而准确定位和营销。

任务操作 ➤➤➤➤➤➤➤

以下中英文称谓中,哪些是表示酒店的?

招待所、客栈、酒店、饭店、旅店、旅馆、宾馆、大厦、农家乐、民宿。Hotel,Motel,Inn,Grogshop,Tavern,Resort,Lodge,House,Guesthouse,Homestay.

表示酒店的称谓很多,这些名称在中文里是可以通用的。现在生活中惯用"酒店"一词,本书也使用了"酒店"这一普遍的称谓。

一、理解现代酒店的概念与内涵

(一)酒店的含义

酒店(Hotel)一词来源于法语 Hostel,原意为法国贵族招待贵宾的乡间别墅,后来被欧美的酒店业沿用,指代商业性的住宿设施。酒店演变、发展至今,已成为城市中的"城中城",旅游者的"家外之家"。

国外一些权威的辞典对酒店的定义如下。

①酒店是装备完好的公共住宿设施,一般提供膳食、酒水及其他服务。

——《美利坚百科全书》

②酒店是在商业性的基础上向公众提供住宿,也往往提供膳食的建筑物。

——《大不列颠百科全书》

③酒店是人们通常短时期内停留并支付报酬以获取住宿和膳食的建筑物。

——《牛津词典》

国内对酒店的定义主要有以下观点。

①酒店是较大而设备较好的旅馆。

———《辞海》

②酒店是主要为旅游者和临时居住人员提供住宿、食品、饮料以获取报酬,也经常为其他使用者提供餐饮服务、设施设备、商务服务等的企业。

———《旅行、旅游与接待业大字典》

③旅游饭店是以间(套)夜为单位出租客房、以住宿服务为主并提供商务、会议、休闲、度假等相应服务的住宿设施,按不同习惯可能也被称为宾馆、酒店、旅馆、旅社、宾舍、度假村、俱乐部、大厦、中心等。

———《旅游饭店星级的划分与评定》(GB/T 14308—2010)

(二)现代酒店的概念与内涵

郑向敏教授认为,现代酒店指向各类旅游者提供食、宿、行、娱、购等综合性服务并具有涉外性质的商业性公共场所。

魏卫教授认为,现代酒店指通过有形的空间、产品、设备和无形的氛围、服务等为顾客提供一段涵盖吃、住、行、游、购、娱等方面的住宿体验与经历。

从上述定义可知,现代酒店的内涵主要包括以下4个方面。

1. 现代酒店服务的对象是公众

主要是外地旅行者,同时也包括本地居民。

2. 客房及其服务是酒店最基本的必备功能

现代酒店提供的产品服务日益多样化,除了住宿服务,还包括餐饮、商务、会议、休闲、娱乐、度假等相应服务,为顾客提供全方位的住宿体验和高水准的标准化服务。

3. 现代酒店是商业性服务企业

以服务社会为前提,以营利为目的,使用者要支付一定费用。客房费用收取一般按照"以(间)套夜为时间单位"计算。

4. 现代酒店是由建筑物及装备完好的设施组成的接待场所

以建筑物及场所为基础,具备完善的基础设施,对设施、设备有较强的依赖性。

本书将现代酒店定义为,现代酒店指为公众提供住宿、餐饮、商务、娱乐、休闲、购物等产品和标准化服务,是满足住宿者多样化体验和需求的现代化商业性接待场所。

二、熟悉现代酒店常用的分类标准

试一试

讨论一下,当你到外地旅游需要预订酒店时,你会参考什么标准来寻找符合你需要的酒店?

打开酒店官网、OTA 平台、酒店集团 App 预订页面,你会发现酒店企业推荐的搜索条件主要是什么标准呢?

消费者的住宿需求呈现多样化、个性化的趋势，这促使酒店业态呈现多元化发展。对酒店进行分类，既便于顾客选择，也有利于酒店准确定位和市场营销。

（一）按位置区域分类

1. 城市中心酒店（City Center or Urban Hotels）

城市中心酒店是酒店业中最为重要的部分，往往是当地商业、政治、文化、社会活动中心所在地。酒店多为高层建筑的高楼大厦，如商务型、会议会展型酒店。

2. 城市郊区酒店（Suburban Hotels）

城市郊区酒店多为中低层建筑，有露天停车场，有一定娱乐、休闲以及会议、宴会设施。

3. 度假酒店（Resorts Hotels）

度假酒店以自然景观、人造景观或阳光、沙滩、温泉等旅游资源吸引游客，这类酒店往往称为度假村、度假俱乐部。酒店内有多种娱乐和餐饮设施，一般也都有完善的会议与宴会设施。

4. 高速公路沿线酒店（Highway Hotels）

高速公路沿线酒店从汽车旅馆（Motel）起步，主要分布在高速公路沿线，为自备汽车的旅游者提供食宿等服务，一般配备充足的停车空间以及舒适、便捷的客房和餐饮服务。从汽车旅馆起步诞生了国际最早的酒店集团——假日集团，也是目前洲际集团最核心的酒店品牌。

5. 机场酒店（Airport Hotels）

机场酒店分布于机场附近，是随着近年来航空事业发展而产生的，是为适应大型国际机场过境游客的需要而设的，专供他们作短暂住宿、用餐之用，同时它也有普通酒店的综合服务设施。机场离城市、商业中心越远，这类酒店的作用也就越大。

（二）按酒店等级分类

酒店等级指一家酒店的豪华程度、设施设备水平、服务范围和服务质量。全世界有近100种等级评定系统，目前国际上主要采用星级制度、字母表示法、数字表示法等，见表2-1-1。

表2-1-1　世界部分国家酒店等级及评定机构

	国家	酒店等级名称	酒店等级评定机构
星级制度	中国	五星级、四星级、三星级、二星级、一星级	中华人民共和国文化和旅游部
	美国	五星级、四星级、三星级、二星级、一星级 五颗钻、四颗钻、三颗钻、二颗钻、一颗钻	美孚石油公司美国汽车协会
	英国	五皇冠、四皇冠、三皇冠、二皇冠、一皇冠 五星级、四星级、三星级、二星级、一星级	英国国家旅游局皇家汽车俱乐部
字母表示法	奥地利	A1，A，B，C，D	饭店协会
	希腊	A，B，C，D，E	政府
	爱尔兰	A1，A，B，BC，C，D	政府
	阿根廷	特别豪华，A，B，C，D	政府
数字表示法	意大利	豪华，第1，第2，第3，第4	政府
其他	挪威	乡村，市镇，山区，观光	政府
	葡萄牙	观光，商业	政府

知识链接

中国星级饭店标志的含义

我国星级饭店的标志由长城与五角星图案构成,一星至五星级的酒店铜牌上以镀金五角星为符号,而"白金五星级(Platinum5-Star Hotel)"酒店的标牌上缀有的五颗星将选用白金色(图2-1-2)。与普通五星级相比,白金五星对酒店的硬件和软件都提出了更高要求,作为标杆,引领着行业发展的标准和资质。自2007年创建试点以来,我国目前有北京中国大饭店、上海波特曼丽嘉酒店、广州花园酒店三家白金五星级酒店。

图2-1-2
中国星级饭店标志

(三)按计价方式分类

价格是消费者挑选酒店时较为直观且敏感的因素。根据酒店向客人收取的房费中是否包含餐费的标准,可以分为以下5种类型。

1. 欧式计价酒店(European Plan,EP)

房价仅包括客房住宿费,不含餐食费用,是酒店最常用的计价方式。

2. 美式计价酒店(American Plan,AP)

房价包括住宿费以及一日早、中、晚三餐的费用,多用于交通不便的度假型酒店。随着交通的发展,旅客流动性增强,美式计价形式逐渐被淘汰了。目前,偏远的度假酒店及会议中心仍然使用美式计价形式,却被赋予一个更现代的名称:全包价方案(An All-Inclusive Plan)。

3. 修正美式计价酒店(Modified American Plan,MAP)

房价包括住宿费以及早餐和一顿正餐。这种计价形式既便于客人灵活安排日程,又可以为酒店提供餐饮带来良好效益,是一种精明的折中方法。

4. 欧陆式计价酒店(Continental Plan,CP)

房价包括住宿费以及一顿简单的欧陆式早餐。这种计价方式较多地被不设餐厅的家庭旅馆、经济型酒店采用。

5. 百慕大计价酒店(Bermuda Plan,BP)

房价包括住宿费以及一顿丰盛的西式早餐。这种计价形式对商务旅客具有较大的吸引力。

(四)按酒店特色及客源特点分类

1. 商务型酒店(Commercial Hotels)

商务型酒店多位于城区,靠近商业中心,以接待商务、观光旅行者为主。该类酒店的设施配备和服务项目符合大部分消费者的需求,在酒店业中所占比例最大,商务需求所需的设备设施一应俱全。例如,可直拨海外的国际长途电话,互联网及传真设施,投影仪、放映机,以及各种规模的谈判室和会议室等。商务中心(Business Center)要提供打字、复印文件等服务。高档酒店还设置专门的行政楼层(Executive Floor),为高级行政人员服务。

2. 会议型酒店（Convention Hotels）

会议型酒店指那些能够独立举办会议的酒店，一般位于城市的中心商务区，一些酒店与度假结合，位于风景区。该类酒店除了拥有基础的住宿和餐饮设施以外，还必须具备足够数量的会议室和会议厅，并且配备会议设备，如先进的通信、视听设备等，接待国际会议的酒店还要求具备同声传译设备。会议型酒店一般会设专门的部门负责协调、组织和跟进会议的各项事务，包括跟进会议的整个流程、会场布置、参会人员接待、提供会议纪念品、食宿安排、接送机等。

3. 度假型酒店（Resort Hotels）

度假型酒店一般位于风景优美的海滨、山区、温泉、草原、森林附近，其环境优美，客人不仅可以享受周到的服务，而且可以尽情欣赏大自然的景色。相较于其他酒店，该类酒店最突出的服务项目便是它的康乐中心，配备完善的娱乐设备为度假客人提供多种多样的娱乐项目，如保龄球、网球、游泳、滑雪、骑马、水上游艇、高尔夫等。近年来，在许多酒店业发达的国家，度假型与商务型相结合的酒店即所谓改良的度假型酒店已出现，被认为是当代酒店设施发展的方向之一。

4. 公寓型酒店（Apartment Hotels）

公寓型酒店也称长住型酒店（Resident Hotels）。此类酒店一般采用公寓式建筑的造型与布局，适合住宿期较长、在当地短期工作或休假的客人或家庭。公寓型酒店的设施及管理较其他类型酒店简单，一般只提供住宿服务，并根据客人的需要提供餐饮及其他辅助服务。酒店与客人之间签订租约，确定租赁的法律关系。客房多采用家庭式布局，以套房为主，配备适合宾客长住和自理饮食的家具、电器设备和厨房设备。在服务形式上讲究家庭式氛围，在服务特点上突出亲切、周到和针对性。

5. 汽车酒店（Motor Hotels /Motels）

汽车酒店最初建在公路旁边，有明显的标记，旅馆不大，一楼做车库，二楼做客房、餐厅，有的还有健身房、游泳池等综合服务设施。随着酒店业发展，这种汽车酒店逐渐打入城市周围和市内。它和一般酒店不同的地方在于，建有较大规模的停车场，且价格便宜，一般采用自动化服务，设有商店和餐厅。

三、理解现代酒店产品的构成

讨论话题：酒店到底卖什么？

卖客房、餐饮、娱乐？卖美食、睡眠？卖体验、情怀？如若酒店出售的最大产品是服务，那么服务该如何定义和体现？

2-1-1 阅读资料：
酒店到底卖什么？

酒店产品兼具有形产品和无形产品，而无形的服务在消费者体验满意度中起着越来越重要的作用。新时代，酒店不仅仅是宾客满足吃住需求的场所，还应是生活场景化的、情感的、可体验的场所,是"硬件"+"软件"+"心件(生活场景化的、情感的、可体验的)"的聚合体。只有正确理解酒店产品,才能更好地满足宾客的需求。

(一)酒店产品的含义

从不同角度看,酒店产品可以有多种理解。从宾客角度讲,酒店产品是一段住宿经历与体验,是由物质产品、感觉上的享受、心理上的感受 3 部分构成的组合产品。

①物质产品,即顾客实际消耗的物质产品,如食品、饮料等。

②感觉上的享受,是通过住宿设施的建筑物、家具、用具等来传递的。顾客通过视觉、听觉、嗅觉领略物质享受。

③心理上的感受,即顾客在心理上所感觉到的利益,如地位感、舒适感、满意程度、享受程度等。

另外,从经营者的角度讲,酒店产品是酒店有形设施和无形服务的综合,具体包括酒店的位置、设施、服务、气氛、形象、价格等。

1.酒店的位置

酒店的位置指酒店与机场、车站的距离,周围的风景,距游览景点和商业中心的远近等。这些是顾客选择酒店的重要因素。

2.酒店的设施

一方面指酒店的建筑规模,即酒店的各类客房、各类别具特点的餐厅、康乐中心、商务中心等;另一方面包括酒店提供服务与管理所必要的其他设施、设备,如电梯、扶梯、自动消防系统、自动报警系统、备用发电机、闭路监控系统、停车场等。齐全的设施是酒店提供服务、提高顾客满意度的基础保证。

3.酒店的服务

服务是酒店产品中最重要的组成部分之一,是顾客选择酒店的主要依据之一。酒店服务通常包括服务项目、服务内容、服务方式、服务速度、服务效率、服务态度等。

4.酒店的气氛

气氛是顾客对酒店的一种感受,它取决于酒店设施的条件,取决于酒店空间与距离感,更取决于员工的服务态度与行为。合理的布局结构、优美的环境、舒畅的音乐、热情的服务等都会形成顾客对酒店气氛的最佳感受。

5.酒店的形象

酒店通过销售与公关活动在公众中所形成的良好形象,涉及酒店的历史、知名度、经营思想、经营作风、产品质量与信誉度等诸多因素,是最有影响力的活广告。

6.酒店的价格

酒店的价格不仅体现酒店产品的价值,还是酒店形象与产品质量的客观反映,价格是顾客选择酒店的重要标准之一。

(二)酒店产品的层次

从营销学的角度,酒店产品包括 3 个层次:核心产品、形式产品和延伸产品。

1.酒店的核心产品

核心产品指宾客从产品中得到的基本服务或根本利益,如酒店的客房产品。

2.酒店的形式产品

形式产品指从物质上能展示产品核心利益的多种因素和基本形式,如客房产品中的床、浴室、毛巾、衣柜、卫生间等。

3.酒店的延伸产品

延伸产品指宾客在购买其产品和服务时所得到的各种附加利益,如酒店客房中的电视机、网络接口、鲜花、结账快捷、美味的晚餐、优良服务等。

任务思考

1. 现代酒店的内涵包括哪些要素?

2. 选取某家酒店,判断其属于哪种类型。

3. 你是如何理解酒店产品的?

2-1-2　在线自测题

知识导图

请对本小节知识点进行总结,绘制你的知识导图吧。(可扫描二维码查看参考总结)

2-1-3　知识导图

温故而知新

任务拓展

　　我国于1988年首次制定了《中华人民共和国旅游涉外饭店星级标准》,先后于1993年、1998年、2003年、2010年、2022年进行了5次修订。现行星级饭店评定标准更加注重饭店核心产品、突出绿色环保的要求、强化安全管理要求、提高饭店服务质量评价的操作性、引导特色经营等,但客房面积不再作为普通五星级(含以下级别)的必备条件。

2-1-4　阅读资料:旅游饭店星级的划分与评定

　　请扫描二维码,浏览资料,思考并讨论:我国酒店星级评定标准包括哪些内容?

热点讨论：民宿与酒店的关系

　　什么是民宿,一直是争论的热点。我国自古就有"宾馆、驿站、客栈、客舍"等概念,随着中国台湾民宿文化、日本民宿文化等概念进入,中国大陆逐渐吸收并使民宿的概念流行起来。我国工商企业注册经营范围中并没有民宿的概念,民宿是对应"住宿业"和"餐饮业"的一种混合业态。早期的"民宿"只是一种农民将自己家的部分起居室出租给游客的住宿设施,但随着民宿不断发展,其定义逐渐得到完善,即在原有的基础上增加了许多限定条件,使其与传统的酒店分开来。

　　不少学者认同"民宿"一词源于日语的"Minshuku",20世纪60年代,欧美发达国家出现了类似的"Bed & Breakfast",也称为"Family Hotel,Family Inn,House Hotel,House Stay,Guest House"等,其含义接近"民宿"的概念。

　　部分学者认为民宿是酒店的一个类型,其实不然。实际上,民宿可以算是酒店的鼻祖,早在古希腊和罗马时期,赶来朝圣的人群,经常到当地居民家中短住,这是民宿的雏形,而根据现阶段民宿的发展,它和酒店之间既有共性也有区别(表2-1-2)。

　　民宿的崛起与传统酒店的发展不断产生碰撞,它们各自从自身熟悉的领域出发,不断扩展业务范围。民宿与酒店在某一部分有直接竞争,但在旅游业飞速发展、旅游住宿需求旺盛的现状下,两者之间相互依存。民宿与酒店能满足不同人的住宿要求,并以不同形式与方式推动着住宿业与旅游业的发展。

表2-1-2　民宿与酒店的区别

比较项目	比较主体	
	民宿	酒店
共性	提供临时住宿点	
使用空间	使用住宅空余的空间;建筑多为自用或租用的民宅改造而来	专用营业空间
客房数量	相对比较少	没有数量多少的限定,一般较多
与周边环境的关系	常借用附近自然及人文资源,与周边社区共荣共生	拥有充足的商业产品,通常不主动提供与周边社区的交流活动,较少利用周边资源
与当地社区关系	与当地居民、团体互动性较高	通常少与当地居民、团体互动
硬件设施	在满足基本需求的情况下,一些设施可与主人共用	提供相应标准要求的设施

续表

比较项目	比较主体	
	民宿	酒店
服务人员	服务由主人或当地管家提供,强调风土人情和家庭氛围,注重主人与客人间的交流互动	服务由专业人员提供,追求标准、高效
附属设施	少,基本满足需要	多,有较多增值服务

(资料来源:杨彦锋,刘丽敏,李林霏,等.民宿管理与运营[M].北京:中国旅游出版社,2021.)

双语拓展

关键术语

◇　现代酒店　Modern Hotel

◇　商务型酒店　Commercial Hotels

◇　会议型酒店　Convention Hotels

◇　度假型酒店　Resort Hotels

阅读资料

Best Western Merry Manor

Greg Goforth is the general manager of the Best Western Merry Manor in South Portland, Maine. The Merry Manor is a full-service hotel with 151 guest rooms, six meeting rooms, and a restaurant. Guest amenities include a year-round outdoor heated pool, an 18-foot indoor hot tub with atherapeutic waterfall, and a kiddie pool. Mr. Goforth has a degree in hotel and restaurant management from the University of New Hampshire. He says that guests are looking for the basic comforts of home-clean, comfortable, well-equipped rooms with everything in working order. He hasnoticed a trend toward added amenities in the rooms. Irons, ironing boards, and hair dryers are now considered necessities and having breakfast available is a must. Business-friendly rooms with a large desk, in-room fax machine, and easy and fast Internet access are also vital to attracting a corporate clientele.

Mr. Goforth indicates that occupancy in the Portland market has remained fairly consistent. Growth in occupancy has barely kept up with the constant increase in supply. The average daily rate has been rising faster than inflation; however, increased guest demands and increased payroll expenses have added to the challenge of making a profit. According to Mr. Goforth, the greatest challenge for hospitality in the next few years will be attracting and retaining qualified help.

任务二 酒店业的发展历史

挖掘酒店人生的深度

凯宾斯基酒店是欧洲最古老的豪华酒店。凯宾斯基家族自1862年以来就已经在葡萄酒业务领域获得成功。1872年开办葡萄酒商号并取得了极佳的发展,后来成为凯宾斯基酒店集团的母公司,开启了酒店帝国的历史起点。基于为永恒的欧洲优雅气质和奢华服务,凯宾斯基为酒店业新标准的制定奠定了基础。从葡萄酒商号到酒店帝国的兴起,凯宾斯基家族用自己的经历告诉大家,创业、创新是引领发展的第一动力,企业要把创新与发展摆在全局发展的核心位置,营造出一种"大众创业,万众创新"的积极氛围。

图 2-2-1　伯托·凯宾斯基
（Berthold Kempinski）
凯宾斯基酒店创始人

所思所悟:文化的传承必须建立在创新的基础上,这样才能发挥出巨大的潜能,而凯宾斯基酒店的成功案例则很好地诠释了创新是引领社会经济发展的第一动力。事实证明,我国目前倡导的"大众创业,万众创新"的基本国策绝对是正确的,且正在社会中掀起一股巨大的创新创业的浪潮。

· 任务说明 ·

酒店是社会发展的产物,酒店业是人类最古老的产业之一。在长达3 000多年的历史发展进程中,随着社会生产力提升,酒店业规模不断扩大,为了满足消费者的需求变化,功能不断升级。当下,现代酒店业作为生活服务行业,在人们的生活中发挥着不可或缺的作用,已成为全球旅游热不可缺少的一部分,是商业全球化发展的主力军,行业潜力无限。

回顾酒店业的发展历史,有助于我们了解酒店业何以产生、她有着怎样的文化底蕴、体现着酒店人哪些经营管理智慧。本任务共分成3个子任务,分别是西方酒店业发展历史、中国酒店业发展历史、现代酒店集团化发展历程。

子任务一 酒店经营理念的演变

 任务目标

❶ 理解影响酒店业发展的主要因素。

❷ 能区分西方酒店业的四大发展阶段,描述其特征。

❸ 了解各阶段重要人物、事件,从酒店经营者干事创业的故事中体会其创新精神、家国情怀。

❹ 完成西方酒店业发展情况总结表。

 任务分析

西方的酒店业是从古罗马的棚舍(小酒店)、欧洲的路边旅馆及美国的驿站、马车客栈演变而来的。酒店业正是在这种厚重的文化背景下产生的,并在社会上占据着特殊的地位。西方酒店业大体经历了客栈时期、大酒店时期、商业酒店时期、现代酒店时期4个发展阶段。通过比较各阶段的发展特征,理解影响酒店业发展的三大主要因素;在了解西方酒店业重要人物、事件中,感悟凯撒·里兹开创的酒店个性化时代、埃尔斯沃思·斯塔特勒开创的酒店标准化时代;思考酒店未来将进入什么样的时代。

 任务操作 ▶▶▶▶▶▶▶▶▶▶▶▶▶▶▶

试一试

预习课本,尝试完成表 2-2-1。

表 2-2-1 西方酒店业发展情况总结表

发展阶段	时间	社会经济状况	市场需求状况	酒店经营管理特点	代表性的酒店和人物
🐎					
🚂					
🅿					
🏨					

酒店是社会发展的产物,在长达数千年的发展进程中,其功能不断完善、服务不断提升、规模不断扩大。酒店业的发展演变主要受社会经济和生产力发展水平、市场需求以及酒店经营管理水平等因素影响。西方酒店业大体经历了客栈时期、大酒店时期、商业酒店时期、现代酒店时期4个发展阶段。

一、客栈时期（Inn，公元12—18世纪末）

客栈(Inn)是现代意义上酒店的雏形,作为一种住宿设施早就存在。西方酒店业的起源可以追溯到古罗马时期的客栈,在意大利南部旅游胜地庞贝和赫库兰尼姆,还留存着客栈遗迹,从中可以对古罗马时期客栈的面貌有一个基本了解。

在西方,客栈时期一般指12—18世纪这一历史时期,盛行于15—18世纪。客栈主要设在古道边、车马道路边及驿站附近,主要为了满足人们外出时吃、住等基本生活需要。当时能加入旅行行列的人主要是传教士、信徒、外交官吏及商人,其旅行目的主要是朝圣、经商、观光、求学等。1452年,英国著名的天鹅客栈和黑天鹅客栈开业,至今已有600多年的历史。1794年,第一座美国式旅馆——城市旅馆(City Hotel)在纽约开业,拥有73间普通房间,是当时美国最大的旅馆,也是纽约著名的社交中心。

客栈规模小、设施简陋、价格低廉,服务项目少,只提供简单的食、宿服务,安全、卫生条件差。然而,客栈的发展为豪华酒店的出现和管理提供了条件和经验。

二、大酒店时期（Grand Hotel，19世纪初—20世纪初）

大酒店时期指19世纪初至20世纪初这一历史时期。18世纪末,受英国工业革命影响,欧美等国家的工业化进程加快,人们出行方式多样化,民众消费水平提高。工业革命摧毁了封建王朝,却丝毫没有影响上流社会高雅奢侈的生活方式,并且这种生活方式从宫廷转移到社会,大酒店成为新富裕阶级的社交场合。为方便王公贵族、上层人士及公务旅行者,在繁华的大都市里,一座座豪华酒店拔地而起,酒店业有了较大的发展,西方国家进入大酒店(Grand Hotel)时期即豪华酒店时期。

1829年,世界上第一家豪华酒店——特里蒙特酒店(Tremont House,图2-2-2)在美国波士顿落成。酒店一共4层,设175间客房,能够容纳200多人。为了看起来气派,酒店设置了宏伟的大堂,并使用了古希腊柱式、彩色玻璃穹顶和大理石马赛克。在硬件之外,特里蒙特酒店率先给每个房间配备了私密的门锁和钥匙、私人卫生间、天然气暖气以及报警装置,还配备了专业的酒店服务人员,这在当时尚属首次。特里蒙特酒店是酒店业历史的里程碑,推动了美国酒店的蓬勃发展,为现代酒店设立了基本标准。

图2-2-2　特里蒙特酒店
（Tremont House）

瑞士人凯撒·里兹(1850—1918)是这个时期酒店经营者的代表人物,被誉为"豪华酒店之父""酒店之王"。1898年,他与"厨师之王"奥古斯特·埃科菲(Auguste Escoffier)一起创立了巴黎丽思酒店(Ritz Hotel),开创了豪华酒店经营之先河,Ritz一词也成为豪华的代名词。在服务理念上,凯撒·里兹提出的"客人永远都不会错(The guest is never wrong)"成为著名的酒店经营格言,定义了欧洲以及后来影响全球的顶级奢华酒店的管理思想,创立了丽思卡尔顿酒店品牌。1983 年,霍斯特·舒尔茨(Horst Schulze)等人联合创立了丽思卡尔顿酒店集团。

2-2-1 视频: 酒店管理大师 凯撒·里兹

此外,美国纽约阿斯特酒店(Astor House,1832)、英国伦敦萨伏伊酒店(Savoy Hotel,1889)也是大酒店时期极具代表性的酒店。这时期的酒店设施豪华、讲究排场、服务一流、讲求礼节,但价格昂贵,酒店投资者、经营者为了取悦社会上流,求得社会声誉,往往不太注重经营成本。

三、商业酒店时期(Business Hotel,20 世纪初—20 世纪 50 年代)

商业酒店时期是从 20 世纪初到 50 年代这一历史时期。20 世纪初期,随着西方资本主义经济迅速发展,交通运输工具不断更新,商务活动在世界范围内频繁举办,商务、游览旅游者日益增多,他们不愿意住设施简陋、卫生条件和舒适度较差的客栈,又住不起价格昂贵的豪华酒店,因此,以前建造的食宿设施均无法满足他们的需求,这中间似乎存在着一个空白,于是,大众化商业酒店(Business Hotel)应运而生。

首先发现这一空白市场并着力开发的是被称为"商业酒店之父"的美国人埃尔斯沃思·斯塔特勒(Ellsworth Statler,1863—1928),他凭着自己多年从事酒店经营的经验及对市场需求的了解,立志要建造"一般公众能负担的价格之内提供必要的舒适与方便、优质服务与清洁卫生"的酒店。1908 年,他在纽约布法罗城(Buffalo,又称水牛城)建成了一家以他自己名字命名的酒店,开创了酒店平民化、标准化时代,推动了酒店业的革命。斯塔特勒酒店的特点是专为商务旅行者设计、按统一标准管理。300 间客房均配备浴室、电话、收音机、梳妆台;提供免费报纸、洗衣熨衣服务等;供应可口的饭菜;房价明码标价,一天只收费 1.5 美元。由于设备舒适、服务周到、价格低廉,斯塔特勒酒店为旅行者提供了良好的住宿条件,一经建成就受到广泛欢迎,名声大振。斯塔特勒不仅强调了位置是酒店经营成功的根本因素,还提出了"顾客永远是对的""酒店所销售的唯一商品是服务"等至理名言。1954 年,斯塔特勒酒店公司被希尔顿酒店集团收购。

商业酒店主要分布在城市中心及公路沿线,经营特点表现为:接待对象面向大众,主要是商务旅行者;服务设施讲求舒适、方便、清洁、安全与实用,不刻意追求豪华与奢侈;通过削减投资额、节约管理费用、降低了成本,价格合理;注重质量标准化管理,追求高质量服务。这一时期是世界酒店历史上最重要的阶段,也是世界各国酒店业最活跃的时期,全面奠定了现代酒店业的基础。

四、现代酒店时期(Modern Hotel,20 世纪 50 年代至今)

从 20 世纪 50 年代开始,西方酒店业就进入了现代酒店时期(也称为酒店连锁经营时期)。第二次世界大战后,各国都致力于战后复苏经济。科技的发展使交通日益便捷,经济的繁荣促进了旅游业的蓬勃发展,从而引起了对酒店需求的剧增。

现代酒店时期的主要特点是,市场竞争激烈,接待对象大众化、酒店类型多样化、服务功能综合化、经营规模扩大化、管理日趋科学化和现代化,管理理论不断发展成熟。具体而言,在接待对象上,已不再局限于商业旅行者,日益增长的游客群体成为酒店的一大客源市场。在服务功能上,除了基本的食宿功能外,还包括商务、会议、娱乐、休闲、度假、购物等多种功能,满足美食、艺术、社交、健康、娱乐等休闲需求。在酒店类型上,越来越多满足不同市场需求的酒店出现,会议酒店、度假酒店、经济型酒店、精品酒店、客栈民宿、分时度假、共享住宿等类型酒店不断兴起,酒店朝着多元化方向不断发展。

同时,酒店资本迅速积累,许多国际酒店集团又称国际酒店联号出现,其成立是通过公司所有制或出售特许经营权实现的,美国万豪、希尔顿、温德姆等酒店集团使世界酒店业发生了巨大的变化,也引领着酒店业走向繁荣发展,成为国际性的经营项目和许多国家的重要经济成分。

根据全球酒店行业权威媒体美国 HOTELS 杂志发布的"2021 年度全球酒店 225 强排行榜",全球酒店集团前 10 强的排名以及各集团房间数和酒店数情况见表 2-2-2。

表 2-2-2 2021 年度全球酒店集团 10 强排行榜

排名	酒店集团	总部所在地	房间数	酒店数
1	万豪国际 (Marriott International)	美国	1 446 600	7 795
2	锦江国际集团 (Jin Jiang International Holdings Co. Ltd.)	中国上海	1 239 274	11 959
3	希尔顿 (Hilton Worldwide Holdings)	美国	1 065 413	6 032
4	洲际酒店集团 (IHG,InterContinental Hotels Group)	美国	885 706	6 032
5	温德姆酒店集团 (Wyndham Hotels & Resorts)	美国	810 051	8 950
6	雅高酒店集团(Accor)	法国	777 714	5 298
7	华住酒店集团 (Huazhu Group Ltd.)	中国上海	753 216	7 830
8	精选国际酒店集团 (Choice Hotels International)	美国	575 735	7 139
9	北京首旅如家酒店集团 (BTG Homeinns)	中国北京	475 124	5 916
10	贝斯特韦斯特国际酒店集团 (BWH Hotel Group,Best Western)	美国	348 070	4 659

任务思考

1. 阐述影响酒店业发展演变的因素。其是如何影响的?
2. 描述西方酒店业四大阶段的主要特征。
3. 你如何评价里兹、斯塔特勒先生对酒店业做出的贡献?

2-2-2　在线自测题

知识导图

请对本小节知识点进行总结,绘制你的知识导图吧。(可扫描二维码查看参考总结)

2-2-3　知识导图

温故而知新

子任务二　中国酒店业发展历史

❶ 能区分中国酒店业的三大发展阶段，描述其主要特征。

❷ 提炼、总结中国现代酒店业时期各阶段经营管理的特点，了解改革开放 40 多年来我国酒店业所取得的成就，坚定"四个自信"。

❸ 了解各时期最具代表性的酒店及其意义，从酒店经营者干事创业的故事中体会其创新精神、家国情怀。

任务分析

　　中国最早的酒店设施可追溯到春秋战国时期或更古的时期，之后在唐朝、明朝和清朝均得到了较大的发展。在古老传统的基础上，伴随着社会变迁，中国的酒店业在曲折中前进摸索，不断发展完善。学习本节内容，须思考中国酒店业各阶段的经营管理有什么特点？ 在中西方文化交融互鉴中，我国酒店业传承了哪些本土文化，吸收了哪些先进管理经验？

任务操作 ▶▶▶▶▶▶▶▶▶▶

　　中国酒店业是一个古老而又新兴的行业，最早的酒店设施可以追溯到 3 000 多年前的商周时期，唐、宋、明、清朝代被认为是酒店业发展较快的时期。随着社会经济发展变迁，中国酒店业大致历经了古代的驿站、客栈时期，近代的中西方酒店融合发展时期，以及改革开放后迅速发展的现代酒店时期。

一、古代酒店业时期（商周时期—19 世纪末）

　　在中国古代，食宿设施主要分为官办设施和民间旅店两种类型。

（一）官办设施

　　官办设施有驿站和迎宾馆两类，它们在古代酒店史上占居重要地位。驿站是中国历史上最古老的一种官办住宿设施，始于商代中期，止于清光绪年间"大清邮政"的兴办（1896年），沿袭 3 000 余年，以专门接待往来信使和公差人员并为其提供车、马交通工具和食宿设施。驿站的规模比较大，一般都有几十个房间。厩栏里养着马，供过往信使使用，过往旅客可以将自己携带的牲畜拴在厩栏里喂料、饮水。

　　迎宾馆是古代官方用来款待外国使者、外民族代表及客商并安排他们食宿的舍馆。在春秋战国时期有"四夷馆""四方馆"等称谓，"迎宾馆"的正式得名最早见于清末。作为一种官办接待设施，迎宾馆满足了古代民族交往和中外往来的需要，在国内外政治、经济、文化交流中发挥着不可忽视的作用。

（二）民间旅店

中国古代民间经营的食宿设施有很多，古人将专门供人在旅途中休息、食宿的场所称为"逆旅"。后来，逆旅成为对旅馆的书面称谓。

民间旅店的产生和发展与商贸活动的兴衰及交通运输条件密切相关。秦、汉两代是中国古代商业较兴旺发达的时期，远程贸易的商人也越来越多，一些位于交通运输要道和商贸聚散枢纽地点的城邑逐步发展成商业中心，旅店业随之繁荣发展。唐代，经济繁荣、社会安定，民间旅店进入商业都市，遍布于繁华街道。

明清时期，中国封建科举制度发展，在各省城和京城专门接待各地赴试学子的会馆出现，也成为当时住宿业的一部分。

二、近代酒店业时期（20世纪初—1949年）

近代酒店业时期是从20世纪初到1949年中华人民共和国成立这一历史时期。包括西式酒店、中西结合式酒店、城市旅店。

（一）西式酒店

西式酒店是对19世纪初外国资本侵入中国后兴建和经营的酒店的统称。这类酒店在建筑式样和风格、设备设施、内部装修、经营方式、服务对象等与中国传统的旅舍不同，是中国近代酒店业的外来部分。

鸦片战争后，西方列强入侵，大批外国的资本家、冒险家、商人、传教士和军人涌入我国，在租借地和势力范围兴办银行、邮政、铁路和各种工矿企业。为了适应来华外国人的需要，西方各国在我国各大城市特别是沿海城市建立了酒店，这些酒店习惯上被称为西式酒店。与当时中国旧式酒店相比，西式酒店建筑规模宏大，设备豪华舒适，服务项目多，采用西方管理理论和方法。

2-2-4　视频：北京饭店

当时代表性的西式酒店有英国人开设的天津利顺德大饭店（始建于1863年）、北京六国酒店（始建于1905年，1949年改建为华风宾馆）；法国人开设的北京饭店（始建于1900年）等。

（二）中西结合式酒店

从民国开始，中国的民族资本家也相继投资酒店业，兴建了一大批具有"半中半西"风格的新式酒店。受西方酒店影响，中西结合式酒店不仅在建筑上趋于西化，而且在设备设施、服务项目、经营体制和经营方式上积极向西式酒店效仿。建筑风格上一改传统以庭院式或园林式平房建筑为主的风格特点，多数改为楼房建筑，有的纯粹是西式建筑。设施方面，设有高级套间、卫生间、电灯、电话等现代设备。饮食上除供应中餐外，还以供应西餐为时尚。

中西结合式酒店的出现和仿效经营，是西式酒店对近代中国酒店业产生很大影响的一个重要方面，并与中国传统的经营方式形成鲜明对照。从此，西方酒店业的经营观念和方法不仅输入了中国，并且逐渐被本土化，成为中国近代酒店业中引人注目的篇章。

当时比较著名的中西结合式酒店有北京的长安春酒店（1912年）、东方饭店（1918年）、西山饭店（1920年）等；天津的国民饭店（1923年）、惠中饭店（1926年）、世界大楼（1941年）

等;上海的华懋大厦(始建于 1929 年,1956 年更名为上海和平饭店)、上海国际饭店(1934 年)。20 世纪 30 年代为鼎盛时期,全国达几百家。

2-2-5 视频:
和平饭店

(三)城市旅店

除了西式、中西结合式等高档酒店,早期的民间旅店在这一时期也得到了保留和发展。一些大型旅行社如中国旅行社(现中国旅游集团的前身)还在各城市建立了招待所,成为中国旅游饭店的雏形。这些旅店和招待所也成为中国近代酒店业的重要组成部分。

三、现代酒店业时期(1949 年至今)

我国现代酒店业的发展阶段可以追溯到中华人民共和国成立初期,但真正开始走向现代酒店经营管理道路则始于 1978 年我国实行改革开放政策之后。

(一)行政事业单位阶段(中华人民共和国成立初期—1978 年)

行政事业单位阶段是我国酒店管理演变过程中的特殊阶段。中华人民共和国成立初期,我国建设了一批高级招待所,并接管了部分高档酒店,如上海锦江饭店。这时的酒店属于全民所有的行政事业单位而不是企业组织,以完成外事或者政治接待任务为主,这对加强国际交往,促进中外政治、经济和文化交流,提高我国国际地位和国际声誉起到了很好的作用。

这个阶段的招待所、高档酒店的服务对象主要是国际友好人士、爱国华侨和国内高级会议参加者,政治要求高,注重服务质量。在员工内部管理上,重视思想政治工作,注重发挥酒店职工的主人翁责任感,有民主作风,积累了一定的管理经验。但由于没摆脱小生产方式的束缚,以经验管理为主,缺乏科学的理论指导,尚未形成科学的管理制度体系,缺乏对客源市场的开发和研究,使我国酒店管理水平长期处于落后的局面。

阅 读 资 料

董竹君与上海锦江饭店

图 2-2-3 董竹君
(1900—1997 年)

1935 年 3 月,董竹君女士在上海法租界开办了"锦江小餐",后更名为"锦江川菜馆"。锦江在当时是四川非常著名的地标之一,用"锦江"的名字来推销川菜是一个很聪明的选择。锦江饭店凭借着特殊的背景和"锦江"的老牌子、职工们过硬的业务水平,很快火起来,营业额直线上升。在管理锦江饭店的时期,董竹君严格遵循饭店的各项规定,反复叮嘱工作人员必须细心、周到,按照满意、礼貌的原则并奉行"顾客至上"的工作方针。董竹君提出的"君若满意,请告诉朋友;君若不满,请告诉我们"这句话一直被广泛引用。

锦江饭店建立的诸多服务细节使人温暖。顾客既可以在餐厅用餐,也可以在客房用餐,侍应生随时送餐,遵从顾客吩咐;写好的信件、要购买的报纸顾客既可自己去邮局投递、购买,又可由侍应生代劳,悉听顾客方便。锦江川菜馆凭着可口的菜肴、装饰的高雅和体贴周到的服务赢得了中外众宾客。

1936年1月，董竹君在上海复兴公园附近开办了当时颇具小资情调的"锦江茶室"。为了提供优质的服务，开业前，锦江茶室专门登报招聘女服务员。因当时很少有让女性工作的职业，因此，这种做法受到《大公报》记者的专门赞扬。

1951年初，上海市委和上海市公安局决定，在上海设立一个接待中央首长、高级干部及外宾的安全而有保卫工作的高级食宿场所。董竹君的"锦江"以其菜肴可口、服务优良、声名远播而被幸运地选中。考虑到这是为党和国家做事，董竹君毫不犹豫地将自己经营了十六年、当时价值十五万美金的"锦江"两店悉数交给党和国家，并遵照上海市公安局和市委的指令，以锦江两店人员为班底，创立了锦江饭店。锦江饭店成为上海第一家可以接待国宾的酒店。

董竹君的朋友和老员工们都对她的果敢和利落表示不解。"这可是你自己辛辛苦苦创下来的事业啊，怎么说交就交呢？你总得为自己和孩子们考虑一下吧……"他们有些替董竹君心疼。

董竹君坚定地回答道："我一生支持革命，这是一个大目标。我从来没有把这些东西当成自己的财产，更不会把财产遗留给我的孩子们，我没有这个观念。现在中国解放了，很多好事情要做，就怕你做不来。""其实，我把'锦江'上交对我自己、对孩子们都是很有好处的。第一，我一直坚持认为，思想必须正确，上交'锦江'说明我的思想跟上历史潮流了。第二，孩子们没有这份巨额财产是有利的。这样，他们便可以刻苦学习，练就本事。"董竹君的言行举止让旁人刮目相看。

1951年，锦江饭店正式挂牌，成为市政府在上海招待高级干部和外宾的首选接待场所。锦江饭店是之后半个世纪内上海最有名的酒店，接待了近500位国家元首和政府首脑，见证了众多重大历史事件。

1984年，锦江集团成立。当时上海市政府接待办拥有数十家涉外宾馆组建成锦江集团，并通过输出管理的方式将业务拓展到北京、昆明等地。

思考：董竹君女士的创业故事带给你什么启发？

思 政 链 接

从酒店经营者干事创业中体会其家国情怀。

（二）现代酒店业迅速发展阶段（1978年至今）

我国现代酒店业阶段是从1978年对外开放至今。1978年，我国开始了工作重点转移，大规模的经济建设逐渐起步。党的十一届三中全会以后，我国实行改革开放的政策，经济领域发生了变化，商品观念进入酒店行业，为了满足不断发展的国际旅游业和大规模经济建设的需要,我国采取多种渠道的集资形式,利用国家资金、集体资金和外资等,改建、扩建和兴建了大批现代化酒店。这一时期,我国酒店业基本完成了由事业单位向企业单位的转变;解放思想,引进外资和外方管理,迅速走上了科学管理的轨道;积极与国际化酒店业接轨,逐步朝着专业化、集团化、特色化经营管理发展。

我国现代酒店业经历40余年,虽然发展历史不算长,但无论从酒店数量、酒店规模、行业结构,还是从管理理念、管理规范和管理水平,都有着飞跃式的提升。根据其经营管理水平的特点,可分为以下4个阶段。

1. 企业单位经营型管理阶段(1978—1983年)

这一时期的酒店,很大部分是从以前政府的高级招待所转变而来的,其性质从行政事业单位转化成企业单位,管理模式从接待型转向经营管理,其标志性事件是1982年北京建国饭店开业。建国饭店是我国第一家中外合资酒店,也是第一家聘请海外酒店管理集团管理的酒店,在经营管理方面取得了前所未有的成功,积累了丰富的经验。继建国饭店之后,北京丽都酒店、长城饭店等相继引进外资和外方管理。1983年,广州白天鹅宾馆开业,这是我国改革开放后第一家引进境外资金投资建设的酒店,也是第一家挂牌的五星级酒店。

这些酒店开业后迅速走上科学管理的轨道。这对于我国其他酒店来说,在硬件和软件方面都起着很好的示范作用,合资和外方管理的酒店有力地冲击我国酒店业,使我国旅游酒店业向新的台阶迈进。

北京建国饭店

北京建国饭店(图2-2-4)是中国第一家合资酒店,也是北京CBD唯一的花园式酒店,酒店位于东长安街建国门国贸商务区内,紧邻秀水街、赛特购物中心、中国大饭店及美国大使馆等,靠近国贸中心。酒店开业时间为1982年,新装修时间为2006年,楼高9层,客房总数452间(套)。

图2-2-4　建国饭店

2-2-6　视频:建国饭店

建国饭店的建立,还经历了一段波折。

1979年6月7日,庄炎林签发了旅游总局送呈国务院的一份报告——中外合资、合营建一座旅游饭店的方案,因为饭店拟建在建国门内,名字就叫建国饭店。建国饭店贷款 2 000 万美元，国务院办公会议议而不决，谷牧再做一个决定：矛盾上交，报告送中央高层决定。于是，在这样一份建不建一个饭店的报告上，就有了 17 位高层领导批示或划圈。邓小平态度鲜明，陈云、李先念也都画了圈，最后党中央主席兼国务院总理华国锋拍板：建合资饭店我们没有经验，但可以试一试，成功了可以推广，不成功就这一个！

1980 年，饭店终于动工。但施工并不顺利。工地上白天竖起的篱笆，晚上就被人拆掉，甚至连笨重的搅拌机也被掀翻。庄炎林心里很清楚是什么人干的，但这些不是普通居民，几次交涉，毫无效果。庄炎林只好打一份报告，直接送交邓小平。邓小平看了报告，提笔批了 11 个字：有理也不得取闹，何况无理！批示让秘书传下去，捣乱者销声匿迹。

建国饭店的最后一次理念冲突，是饭店的管理权问题。谈判由北京市旅游局原副局长侯锡九和项目合资者、美籍华人陈宣远进行。从中方看来，在中国建饭店当然是中国人来管理。但陈宣远不同意，他说不行，中国没有饭店。他一说中国没饭店，侯锡九急了，伤了自尊心。"中国没有饭店"这句话，虽然听起来刺耳，但庄炎林不得不承认，我们的确闹过许多笑话。经过激烈争论，最终双方达成协议，建国饭店前 5 年由香港半岛酒店管理集团来管理。结果，第一年盈利 150 多万美元。为什么都说要亏本的饭店结果赚钱了？这是因为在合资合作的同时，引进了先进的管理观念。比如，法国总统的招待会圆满成功，答谢宴一结束，饭店这边马上查漏补缺。廖承志听说后，赞不绝口："如果按我方管理人员的设想，在过道漏水处放只脸盆或痰盂，那叮叮咚咚不绝于耳的滴水声势必影响人的情绪，破坏整个晚上完美高雅的气氛。事后，还将落下质量很差的印象。"

建国饭店只用了 4 年的时间，就连本带息全部还清了从汇丰银行贷的 2 000 万美元。1984 年 7 月 24 日，国务院发出通知，号召全国学"建国"。10 年后，中方用象征性的 1 美元取得了建国饭店所有股份，而此时它所创的利税已经等于赚了七八个建国饭店。

（资料来源：《福建党史月刊》,2015 年第 8 期）

思 政 链 接

1. 中西文化交流与碰撞。

2. 了解我国改革开放 40 多年来酒店行业所取得的成就，坚定道路自信、文化自信。

2. 现代酒店企业管理阶段(1983—1988 年)

政府招待所等中国内资酒店以往在管理上以完成接待任务为目标,不搞经济核算,不讲经济效果,采用传统的经验管理方式,然而受外资、合资酒店经营理念和管理方式影响,这一阶段我国酒店业逐步从经验管理向科学管理转变。

其标志性事件是,1984 年,国务院指示,在全国推行建国饭店的经营管理模式,引进国外先进管理经验和企业化运作机制,并在全国 102 家酒店试点。这对内资酒店的改革起到了推动作用,通过推行这套管理方法,酒店业在管理、经营、服务等方面都发生了深刻的变化,促使中国酒店业朝着现代酒店企业管理阶段发展,中国酒店业迈上了科学管理之路。

3. 国际现代化管理新阶段(1988—1994 年)

1988 年,我国酒店业已拥有旅游涉外酒店 1 496 家、客房 22 万间。为使中国迅速发展的酒店业能规范、有序地发展,中国吸取国际通行做法,推行星级评定制度,与国际酒店业接轨。在世界旅游组织的专家指导下,参照国际通行标准并结合中国实际情况,原国家旅游局制定并颁布了第一部《中华人民共和国旅游涉外饭店星级标准》,开始对旅游涉外酒店进行星级评定。1993 年对该标准进行了修订,使酒店的服务和管理符合国际惯例,大大提高了管理水平,促进我国酒店业进入国际现代化管理新阶段。

4. 专业化、集团化、特色化经营管理阶段(1994 年至今)

20 世纪 80 年代以来,国际上许多知名酒店管理集团纷纷进入中国酒店市场。目前,国际前十位的高端酒店集团全部进入中国,如英国的洲际酒店集团,法国的雅高酒店集团,美国的万豪国际集团、希尔顿集团、温德姆酒店集团、精选国际酒店集团、最佳西方酒店集团。同时一批中端酒店品牌也将投资重点转向中国。这些外资国际酒店集团向中国酒店业界展示了专业化、集团化管理的优越性,带来了先进的酒店管理团队和管理理念。

20 世纪 90 年代以来,中国酒店业通过资产重组和体制创新、建立酒店管理公司等方式,逐步向专业化、集团化、特色化经营管理迈进。我国经济型酒店异军突起,取得了令人刮目相看的成绩。如今,跻身国际前十位的酒店集团有锦江国际集团、华住酒店集团、首旅如家酒店集团,这 3 个酒店集团被誉为“中国酒店集团的三巨头”。

2021 年 6 月,中国饭店协会发布了“2021 年中国酒店集团 TOP50 报告”。报告对全国酒店集团进行分析,从各大集团的客房总数综合排序,最终确定了 50 强集团(表 2-2-3)。其中,锦江国际集团以 946 496 间客房蝉联榜单榜首,华住酒店集团和首旅如家酒店集团位列榜单第二、第三名。2021 中国酒店连锁品牌排行榜显示,上榜 50 强酒店集团的客房总数约为 369 万间,与 2019 年底相比增长约 46 万间,增幅为 14.2%。50 强上榜门槛为 6 345 间客房,同比 2020 年增加了 618 间,增幅为 10.8%。

从客房规模来看,中国酒店集团 50 强中 7 家酒店集团客房数突破 10 万间,34 家集团客房数在 1 万~10 万间,其余 9 家集团客房数在 1 万间以下。从门店数量来看,中国连锁酒店集团排行榜中 8 家集团门店数突破 1 000 家,21 家集团门店数为 100~1 000 家,其余 21 家集团门店数为 10~100 家。以客房数计算,高端、中端两个细分市场中连锁酒店数量都实现了正增长,增速分别为 43.01% 和 6.28%。

表 2-2-3 2021 年中国酒店集团 TOP50 排行榜

排行	集团名称	总部	客房数	门店数
1	锦江国际酒店集团	上海	946 496	9 494
2	华住酒店集团	上海	652 162	6 789
3	首旅如家酒店集团	北京	421 497	4 638
4	格林酒店集团	上海	315 335	4 340
5	东呈国际集团	广州	189 168	2 153
6	尚美生活集团	青岛	186 561	3 835
7	都市酒店集团	青岛	122 599	2 025
8	亚朵集团	上海	66 618	570
9	开元酒店集团	杭州	59 231	311
10	逸柏酒店集团	上海	57 509	915
11	凤悦酒店及度假村	佛山	42 169	137
12	住友酒店集团	杭州	40 064	675
13	雅斯特酒店集团	深圳	33 561	274
14	君澜酒店集团	杭州	33 415	125
15	恭胜酒店集团	上海	31 968	703
16	南京金陵酒店管理公司	南京	27 720	124
17	富力集团	广州	27 409	91
18	旅悦集团	天津	27 143	1 124
19	万达酒店及度假村	北京	25 473	94
20	丽呈酒店集团	上海	23 902	168
21	瑞景商旅集团	合肥	21 850	263
22	银座旅游集团	济南	21 403	242
23	美豪酒店集团	上海	19 234	135
24	荣盛酒店经营管理有限公司	廊坊	18 341	75
25	途窝酒店集团	深圳	18 159	325
26	中国中旅酒店集团	香港	16 842	53
27	绿地酒店旅游集团	上海	15 107	61
28	晗月酒店集团	西安	14 959	159
29	中青旅山水酒店集团	深圳	12 495	105
30	广州岭南国际酒店管理有限公司	广州	12 113	43
31	河北香宿酒店集团	石家庄	12 051	227
32	岷山集团	成都	11 553	93

续表

排行	集团名称	总部	客房数	门店数
33	山东蓝海集团	山东	11 424	49
34	清沐酒店集团	南京	11 173	203
35	华天实业控股	长沙	10 950	50
36	世茂酒店与度假村	上海	10 658	35
37	城家酒店管理有限公司	成都	10 534	72
38	珀林酒店集团	长沙	10 428	113
39	尚格酒店集团	武汉	10 364	215
40	凯莱酒店集团	北京	10 350	48
41	世纪金源酒店	北京	10 093	20
42	青藤酒店集团	宁波	9 907	136
43	浙旅投集团	杭州	9 566	62
44	格兰云天酒店集团	深圳	9 286	38
45	粤海国际酒店管理集团	香港	7 844	37
46	尊茂酒店集团	上海	7 841	54
47	中州国际集团	郑州	7 799	51
48	汉爵酒店集团	上海	6 831	13
49	江西沁庐酒店资产管理集团	江西	6 537	29
50	浙江君亭酒店管理股份有限公司	杭州	6 345	45

任务思考

1. 简述中国酒店业经历的三大发展阶段。其有何主要特征?
2. 总结中国现代酒店业时期各阶段经营管理的特点。
3. 你如何评价北京建国饭店对中国酒店业的历史贡献?
4. 了解中国酒店业各时期最具代表性的酒店及其意义。

2-2-7 在线自测题

知识导图

请对本小节知识点进行总结,绘制你的知识导图吧。(可扫描二维码查看参考总结)

2-2-8　知识导图

温故而知新

任务拓展

阅读材料:《2020 中国酒店业发展报告》

　　我国酒店业产业规模巨大,但区域、规模和档次、产品结构等方面分布尚不均衡,在管理、服务、品牌建设、连锁发展、投资回报、价值驱动等方面尚有较大的提升空间。

2-2-9　阅读材料:《2020 中国酒店业发展报告》

　　2020 年,突发的新冠疫情充分暴露了我国酒店业存在的根本性问题,在高质量发展走向纵深的关键阶段,我们希望通过此报告,摸清家底,理顺现状,充分研究我国酒店业的现状,包括产业规模、结构、连锁化程度等,为下一步的结构调整、投资转型、管理提升奠定基础。

　　我们相信,经过疫情洗礼的中国酒店业,必将迎来数智化、绿色化、多元化、品牌化、连锁化转型,产业结构将不断优化、区域分布更加合理,创新发展模式、增加体验服务、丰富产品结构、健全运营渠道、变革组织结构、升级供应链、满足健康消费需求、拓展新兴消费市场、提升资产管理能力等将成为酒店业进一步高质量发展的新方向。期待中国酒店业的再次扬帆起航!

资料来源:中国饭店协会

子任务三 现代酒店集团化发展历程

 任务目标

❶ 理解并定义酒店集团的含义。

❷ 了解酒店集团的起源及成因,理解酒店业的创新与发展。

❸ 结合酒店企业实践,理解酒店集团的优势和经营模式,领悟新发展理念。

❹ 从中国酒店集团发展历程中,领悟实施科教兴国和人才强国战略的意义,牢固树立品牌意识、知识产权保护意识。

任务分析

在 2020 年 *HOTELS* 杂志的主编寄语中,Jeff Weinstein 特别提到:"正如过去十年的整体趋势,中国的酒店公司持续崛起,在全球榜单里奋力上升,我们通过中国这个沉睡巨人,持续发掘到了新入局者。"(As has been the case for the last 10 years, China-based companies continue to work their way up the charts and we keep uncovering new additions from the Sleeping Giant.)21 世纪酒店市场的激烈竞争会逐步吞噬单体酒店的生存空间,组建或加盟酒店管理集团并充分发挥其规模经济与范围经济的优势,是我国酒店业跻身国际市场的唯一出路。

学习本节内容时,学习者须理解酒店集团的含义、酒店集团的优势和经营模式,了解中国酒店集团的发展现状,思考未来的发展目标。

 任务操作

试一试

观看洲际酒店集团、上海锦江国际酒店集团介绍视频,思考并讨论他们如何形成今天的规模和成就,对你有何启发?

2-2-10 视频:洲际酒店集团介绍　　2-2-11 视频:上海锦江国际酒店(中国区)介绍

我国酒店大多为单体酒店且较分散,这种分散化特征使得酒店既没有规模经济优势,也没有品牌优势,难以与国外酒店集团相抗争。面对各类挑战、集团化或战略联盟,做大、做强酒店集团已成为我国酒店的重要经营战略。

一、理解酒店集团的概念与形成

（一）理解什么是酒店集团

酒店集团又称连锁酒店或联号酒店,指以酒店企业为主体、以经营酒店资产为主要内容并通过产权交易、资产融合、管理合同、人员派遣以及技术和市场网络等形式而联合经营的经济实体。它在本国或世界各地以直接或间接形式拥有或控制两家或两家以上酒店,使用统一的名称、标志,并实行统一的经营管理规范与服务标准。

酒店集团一般具有以下两个方面特征。

一是酒店集团具有企业属性。在经营过程中按照企业的要求,自负盈亏,具有独立的经营权。

二是酒店集团是一种企业集群。它是拥有多家分公司的现代化公司,例如,如家酒店在我国的绝大部分城市都有连锁店。但是与一般企业不同的是,酒店集团往往只是对各分酒店承担有限的责任。

（二）了解酒店集团的起源

1. 雏形期(19世纪末—20世纪40年代)

酒店集团发源于美国。19世纪末,美国里兹集团将酒店从欧洲扩展至非洲、美国,开始了酒店联号的经营形式,出现酒店集团的雏形,但这一时期连锁经营规模并不大。20世纪初,现代酒店之父斯塔特勒先生开启了现代意义上的连锁酒店集团经营。从1908年到1927年,他先后在美国克利夫兰、底特律、圣路易斯等城市开了数十家斯塔特勒酒店,还在纽约市建起了当时最大的、拥有2 002间客房的宾夕法尼亚酒店(Hotel Pennsylvania)。

2. 形成期(20世纪40年代至今)

现代酒店集团产生于第二次世界大战以后。当时国际旅游业迅速发展,其他行业广泛的联营对酒店业产生了极大影响。特别是航空公司以购买酒店股份的方式参与酒店业,并逐步扩大股权,形成对酒店企业的控制。20世纪40年代,美国泛美航空公司率先购买了洲际旅馆的产权,通过控制洲际旅馆而打入酒店业,把酒店业的发展推向一个新的高潮。此后,为了自身的发展、为了开辟新的市场,许多酒店以及参与酒店股份的企业纷纷在各地建造酒店、购买酒店产权或以其他形式控制酒店。

美国是世界上连锁酒店集团出现最早、规模最大和数量最多的国家,孕育了假日、喜来登、希尔顿等当今世界上知名的酒店集团。其中,希尔顿酒店集团最早使用酒店管理合同的方式,促进了酒店管理业务的发展。洲际酒店集团的创始人凯蒙斯·威尔逊最早使用酒店特许经营权,扩大酒店集团规模。

20世纪90年代,酒店集团化已发展成酒店经营的主导现象,远远超出了传统意义上的酒店公司,向庞大而复杂的跨国集团公司发展,在世界酒店业中起着支配作用。当下,世界酒店集团发展趋势加强、竞争激烈,已走向国际化、多元化发展道路。

（三）思考酒店集团形成的原因

酒店集团的产生和大规模发展的原因主要有以下几个方面。

1. 经济的发展为酒店集团的形成奠定基础

第二次世界大战后，酒店业成为一些实力雄厚的大资本财团资本投资的方向和领域，促使酒店发展迅猛，为酒店集团的形成提供了资金上的保证。20 世纪 50 年代，全球大量组建的跨国公司为酒店集团的形成提供了组织上的保证。

2. 交通工具发达，旅游业迅猛发展，促进了酒店集团的形成

第二次世界大战后经济复苏，人们生活水平不断提高，交通工具的立体化发展，促进旅游业空前发展，为酒店业带来了丰厚的利润，同时也使酒店业成为投资的热点。例如，航空业和其他行业对酒店行业的介入和渗透，使航空业及其他行业的公司拥有多家酒店，这些酒店是构成酒店集团或多元企业集团的基本要素。

3. 酒店业的激烈竞争是形成酒店集团的直接因素

其他行业广泛的联营对酒店业产生了极大影响。在国际酒店业的激烈竞争中，许多酒店相互吞并和转让产权，酒店的企业主认识到，单体酒店独立经营的形势难以应对竞争的局势，而扩大经济规模、联合经营则容易在竞争中获胜。因此，酒店间通过互相联合、兼并、资本重组等途径促使酒店集团形成，从而增强了单体酒店的竞争实力，争取了更多市场份额。

4. 酒店专业化管理需求进一步促成酒店集团的形成

20 世纪 60 年代到 70 年代，美国银根松动，很多房地产投资公司开发并建立了大量酒店，但投资公司不善于也不愿意经营酒店，只好将酒店交给酒店管理公司，这也促成了酒店集团的形成。

二、分析酒店集团的优势

（一）经营管理优势

酒店集团一般具有较为先进、完善的管理体制以及行之有效的管理方法和高标准的规范，能为所属的酒店制订统一的经营管理方法和程序；为酒店的硬件建设和服务制定严格的标准；为酒店的服务和管理制定统一的操作规程。这些标准、规范和程序被编写成经营手册以指导所属酒店，使得各连锁酒店的经营管理达到集团所要求的水平。同时，酒店集团根据经营环境的变化，还会对这些标准和程序经常更新、改进，以确保经营管理的先进性，在市场中提升竞争力。

酒店集团对下属酒店的服务质量控制较为严格，定期派遣巡视人员到所属的酒店中检查，不断提出建议和指导，对不合格的服务提出建议并指导，从而提高酒店的经营管理水平。例如，假日集团每年对下属酒店进行 2~4 次突击质量检查，检查出问题时检验员直接向总部报告，总部决定如何对酒店采取整改措施。

北京首旅酒店集团的"建国"品牌

1996 年,首旅酒店集团成立之初,建国饭店等十几家酒店归于旗下。其特点之一是所属酒店已各自经营多年。这些酒店在管理上各有千秋,各具特色,有的还小有名气,在首都各项重大政治接待任务和旅游业务中立过汗马功劳。然而,首旅酒店集团要想在短时间内在国内本行业中达到"上游"甚至龙头地位并在全球化跨国酒店集团对峙抗衡中取胜,就必须在现有众多品牌中选出最优,并将其作为集团的统一品牌。这样,一是省去创建新品牌时间成本和资本投入;二是能够迅速占领市场,争取市场的主动权,并以此品牌统一市场运作。

北京建国饭店作为首旅酒店集团的旗舰店,开业 20 年来取得了良好的经济效益和社会效益,"建国"这一品牌得到了业内认同,在国内外享有高知名度,曾获得 26 枚国际大奖,累计利税费相当于投资总额的 27 倍。

首旅酒店集团的决策层决定采用"建国"品牌作为集团的统一品牌、北京建国饭店的经营管理模式为集团的基础管理模式,将"建国"品牌纳入系统的市场化运作中。"建国"标志以"建"字的第一个拼音字母"J"为中心,将一个圆划分成大小两个半圆,分别填以红色和黄色,代表中国第一家中外合资的酒店,中方和外方共同努力托起"建国"的宏伟基业。"建国"的中文表意——"创新求实,共建祖国"则体现了中国人浓厚的爱国情绪和民族自豪感;集团坚持以发展作为永恒的主题,倡导"以人为本"的经营管理理念,培育"客源+资本"的核心竞争力,打造市场认可的"建国"品牌,注重提升集团价值,以信息化和网络化经营为基础,目标是发展成为经营规模更大、实力更雄厚、品牌竞争力更强、在国际旅游业中具有影响力的企业集团。

借助"建国"品牌已经取得的品牌知名度和美誉度,对集团的全部产品使用统一的"建国"品牌标识,集团的所有印刷品、小册子、客用品、宣传品和建筑物标识都印上了"建国"字样和标识;集团及下属酒店的对外宣传推广活动均冠以"建国"品牌,增加"建国"向公众展示的频率和覆盖面,使酒店产品获得了统一的市场形象和整体优势,避免品牌过多、信息泛滥、难以真正吸引消费者的注意力的弊端;将集团的所有信息资源浓缩到"建国"的统一品牌中,突出集团的产品,即突出集团的整体品牌,集中宣传公司对多元化细分市场提供的利益,获得采用整体化品牌营销策略的强化效应。

牢固树立品牌意识和知识产权保护意识,致力于打造和谐的营商环境。

（二）技术优势

酒店集团有能力向所属的酒店提供各种技术上的服务和帮助,在酒店开发阶段和更新改造阶段,酒店集团可以为其提供可行性研究、建筑设计、装潢等服务和咨询,但这些服务和帮助通常根据所属酒店的需要有偿提供。例如,假日集团有自己的建筑公司、建筑师和设计方面的专家,可以为所属酒店提供建筑方面的服务。又如,万豪国际集团美国总部就专门设置了一个名为"创新实验室"的部门,负责为万豪旗下不同品牌的酒店研发客房的样板房,该部门将各领域精英集结到一起,尝试各种新事物、新发明,运营人员和设计人员一起碰撞,设计并搭建酒店客房的原型,方案通过后便会推广到全球的万豪酒店应用。

（三）财务优势

酒店集团规模庞大、实力雄厚,具有财务优势。首先,加入酒店集团公司后,酒店往往会得到集团公司的一部分投资。集团公司以入股、控股、合资、合作、贷款、集资等形式在资金上支持酒店。酒店集团总部能够统一调配资金,能够使用储备金帮助资金周转困难的成员酒店。其次,一家单一的小酒店不容易得到金融机构的信任,但酒店集团自身的规模和信誉为所属酒店筹措资金提供了可信度,在筹集资金方面较为有利。最后,酒店集团还为所属酒店提供金融机构的信息,有的还帮助介绍贷款机构。酒店集团总是千方百计通过各方努力来帮助酒店实现盈利,以防止财务危机。

（四）市场营销优势

单体酒店通常没有资金大力开展广告宣传,而酒店集团能集合各酒店的资金在世界范围内进行大规模的广告宣传,它有能力每年派代表到各地参加旅游交易会、展览会,推销各所属酒店的产品并与旅游经营商直接交易。这种联合广告能提高集团所属每一家酒店的知名度。

世界知名酒店集团基于本公司长期积淀的声誉、科学的会员体系,在市场上树立了良好的品牌形象,具有很强的品牌优势和客源优势,这对酒店集团的发展有着极大的推动作用。集团内各酒店使用统一的名称和标志,经营管理模式和规范化服务标准,在品牌优势的影响之下逐渐融合成了一个有机整体,由此提升酒店品牌的知名度和附加值,从而使得酒店在发展的过程中可以建立起统一的营销系统,针对客源细分市场,满足不同消费群体的消费偏好,使酒店集团获取更多经济收益。

万豪国际集团总部有一个名为 MLive 的市场营销部门,该部门负责集团旗下酒店品牌的推广活动。该部门的数字信息制作人会实时关注全球新闻热点话题、网红视频、热搜信息、酒店客人的热议话题以及员工的心声,观察并分析这些信息如何与酒店品牌关联,创作营销方案,然后通过社交媒体推送信息,给客人制造意外的惊喜。在信息共享的时代,从不缺乏营销素材,关键是如何利用信息。

万豪酒店会员体系——万豪旅享家

图 2-2-5　万豪旅享家 Logo

登录万豪国际集团的网页,查看万豪旅享家的相关礼遇。看看哪些会员福利是你感兴趣的? 你愿意成为万豪酒店会员吗?

万豪旅享家(Marriott Bonvoy)是万豪国际集团于 2019 年 2 月 13 日正式启用的全新的会员计划。此前,该计划由三大品牌共同组成,分别是"万豪礼赏""丽思卡尔顿礼赏"以及 SPG® 俱乐部。

基于此计划,万豪国际集团在市场的宣传推广活动以"让所享,超越所想"(Rewards Reimagined)为主题,着重突显"万豪旅享家"作为一项旅行计划,将更好地整合万豪国际旗下 30 个酒店品牌资源,并为会员提供众多独特旅行项目和丰厚的会员礼遇。

万豪国际携手体育、娱乐等领域的合作伙伴并通过电视、视频、手机、平面、社交媒体、户外、影院、落地活动等一系列平台,为"万豪旅享家"展开全媒体营销推广。此外,在万豪国际集团的网站与手机 App、品牌联名信用卡、客房电视宣传片及电子出版物等品牌相关原创内容上,"万豪旅享家"这一新名称都已正式启用。

"万豪旅享家通过强大的酒店阵容、独特的酒店文化和非凡的会员福利使'美妙的旅行'成为可能。"万豪国际集团全球市场营销官 Karin Timpone 表示,"营销推广活动的目的便是扩大'万豪旅享家'旅行计划的知名度,激发更多宾客的旅行灵感。"

(五)采购优势

酒店集团内标准化程度高与其规模大的特点,使之便于发挥集中采购的优势。酒店设备标准化,便于维修;酒店消费品如床单、毛巾、香皂与其他卫生用品、文具、餐具、家具标准化,便于更换与补给。这两方面标准化,使酒店集团可以集中、大批量地向生产商订购或采购,增强与供应商讨价还价的能力,既保证采购物资的质量和供货的稳定性,又可以得到优惠价格或其他福利,使得所属酒店的分摊经营成本大大降低,这比中小批量的交易要经济得多。

酒店集团为所属酒店提供集中采购服务,一些集团下设专门负责酒店物资供应的分公司。部分酒店集团总部设有采购部门,由其向所属各酒店提供统一规格和标准的设备与经营用品。例如,锦江全球采购平台(Global Purchasing Platform,GPP),由锦江在线、锦江酒店、红星美凯龙等共同投资成立,是锦江国际集团旗下重要创新平台之一,通过整合锦江国际集团旗下实体资源优势,深入实施产业互联网战略,严格甄选了 2 000 多家供应商,为全球超过 40 多个品牌、14 000 多家酒店提供了全年全天候的优质、专业的供应链平台服务,注册资金 30 000 万元人民币。为酒店从筹建到运营的全生命周期提供智能化、数字化、平台化全过程服务。围绕酒店业主、行业供应商、酒店客户以及酒店品牌公司等相关利益方,打造酒店业发展的共赢生态圈。

2-2-12　视频:锦江 GPP,全球酒店供应链服务平台

（六）预订优势

酒店集团在世界各地建立起自己独立的全国乃至全球性的客房预订中央控制系统,或与其他集团联合,使用共同的预订系统。这一系统有高效率的电脑中心和直拨订房电话,为集团中的成员酒店处理客房预订事宜,并从事集团中各酒店间推荐客源的业务。酒店集团在各地区的销售办公室有一支精明的销售人员队伍,可在各大市场区为各酒店拓展销售团队和会议业务,并及时为各酒店提供市场信息,这大大有利于酒店增加客源和开发国际市场。

假日酒店集团从 1965 年开始建立自己独立的电脑联网预订系统 Holidex Ⅰ;到 20 世纪70 年代又开发了第二代预订系统 Holidex Ⅱ;1973 年,为完善这一通信系统,该集团铺设了30 万英里电缆并使用卫星传导信息。现在假日集团拥有的 Holidex Ⅲ 是世界上规模较大的民用电子计算机网络,它同时拥有美国最大的私用卫星图像接收网络。先进的电脑预订系统与信息传输技术给假日饭店集团带来的回报体现在,高效快捷的预订业务方便顾客购买,赢得了全球范围内的忠诚顾客群体;集团内部成员信息、资源共享,不仅降低了信息成本,而且扩大了集团整体客户网络,提高了整体盈利水平。

试一试

你还知道其他酒店集团有哪些中央预订系统吗? 上网搜索并分享。

（七）人才优势

酒店集团可以从整个酒店集团的实际需要出发,集中聘请各方面的专门人才。如工程技术、装潢、会计、促销、经济分析、人事管理、电脑技术、食品技术等方面的专家,为酒店集团内的各酒店服务。他们有专门的技术,了解集团整体的战略与经营状况,处理事故快,解决问题合理。

酒店集团拥有丰富的人力资源储备,能够对所属酒店提供管理输出、人员输出等人力资源支持。在酒店集团内部,各级管理人员定期在各酒店岗位间调动,不仅可以防止人员的知识老化和酒店服务内容风格的老化,而且可以相互交流管理经验。在酒店人员的调动过程中,集团公司既能把一批有真才实干的人员选拔到合适的管理岗位上去,又能给集团员工提供更多提升的机会。

随着酒店集团经济效益的提升,酒店集团在不断发展的过程中逐渐建立和发展起完善的人才培养和培训系统,并且在培养人才的过程中逐渐提高了相关人才专业化水平。酒店集团公司利用自己的实力,能建设适合本集团需要的人才培训基地,接受所属酒店派遣的员工到集团的酒店或培训基地实习。例如,假日集团在美国孟菲斯设立假日旅游大学,假日集团的经理们都得在这里进行 2~5 周的学习;希尔顿酒店在休斯敦设立希尔顿酒店管理学院等,通过系统科学的培训,酒店集团公司的人员素质就有了基本的保证。

近年来,我国酒店集团非常重视人才培养,例如,锦江国际集团以“德才兼备、脚踏实地、善作善成、共同发展”人才理念为指导,创办锦江酒店大学、云学堂,开设了多品牌门店训练体系、数字化学习平台、经理培训班等项目。为酒店运营持续培养管理人才,塑造出一批能打仗、敢打仗、打胜仗的职业经理人。

（八）抗风险优势

经营较好的酒店集团，特别是大型国际酒店集团，由于所属酒店分布地域广、产品品种多，不同品牌针对不同市场份额的经验多元化，因此，有较强的应变能力与抗风险能力，能够降低整个集团的经营因某地季节和市场需求量等因素的不利变化而产生的风险。

2020年的新冠疫情给每个行业带来的影响可见一斑，对酒店业等服务产业的冲击更为直接，部分酒店要么脆弱地消亡，要么在危机中加速成长、坚韧存活。而酒店存亡取决于酒店本身的现金流稳定性以及它所依靠平台的抗风险能力。在后疫情时代以及产业升级与消费升级的背景下，连锁酒店集中度提升加快，行业进入存量优化阶段，中高端酒店展现出了强劲的复苏能力。聚焦中高端酒店赛道的亚朵集团的业务恢复程度在中高端酒店行业中处于领先优势，其经营体现出较强的韧性。2020年亚朵旗下中高档酒店客房规模以9.4%的市占率位列各大酒店集团之首，未来或将持续享受行业成长中的红利。

三、了解酒店集团常用的经营模式

2020年全国5.9万家酒店关停，连锁酒店扩张速度却不断加快

2020年的新冠疫情对很多行业造成了冲击，很多现金流较差的单体酒店就没有扛过这一关。但一些连锁酒店逆势扩大规模。《2021年中国酒店业发展报告》显示，2020年，我国内地共减少5.9万家15间房以上的酒店类住宿设施，酒店客房减少229.4万间，其中经济型酒店客房减少数量最多，达207.2万间。

与此同时，连锁酒店客房数却增长了16.6万间。连锁酒店的扩张速度不断加快。2020年，A股上市公司锦江酒店净开店892家；华住集团新增1053家管理加盟酒店及特许经营酒店；首旅酒店则在2020年上半年就新开店250家，已签约未开业和正在签约店为784家。酒店连锁化成为行业发展的主要趋势之一。

（资料来源：@央视财经）

讨论：酒店集团是如何在短时间规模扩张的？有哪些连锁化发展的经营模式？

（一）直接经营模式（Independent Management）

直接经营模式是现代酒店集团采用的基本经营模式，即由酒店集团作为投资方，采取投资兴建或者购买、并购其他酒店等方式进行直接管理的经营方式。各酒店所有权都属于同一个酒店管理集团，同属于一个企业法人，这是最简单的隶属形式。该模式有助于确保酒店所提供产品与服务的品质，使酒店集团更好地实施品牌经营，为国际酒店后期的品牌扩张起到了至关重要的作用。对于许多国际酒店集团来讲，其往往还会成立全资子公司，从而实现跨国经营的商业策略。对于国际酒店集团来讲，在实施直接经营模式的过程中必须对东道

国的政治、经济、文化全面了解，从而分析在东道国政治、经济、文化等方面发生变化时的经营风险。

其优势在于，同一集团中的各酒店资源共享，有利于酒店节约运营成本。例如，在立法上节约注册费用；经营上节省人工费用，如几个酒店可以合用采购员、财会人员、维修人员等。管理更直接，更容易形成独立的风格。

其劣势在于，各酒店隶属于同一法人，在集团的经营过程中，由于资产的连带关系，集团投资经营风险较大。若旗下一家酒店经营失败而该酒店的资产不足以清偿债务，各家酒店的资产都不能得到保护，可能被动用来偿付债务。此外，由于数家酒店同属于同一公司，在计算所得税时若采用递进制计算，集团投资大、利润大，往往税率较高。

直接经营模式是酒店集团必须采用而又不宜多用的形式。

（二）控股经营模式（Holding Corporation）

控股经营模式指母公司酒店集团为控股公司，它在子公司酒店中拥有的股份超过半数，即51%以上，这样它就控制了子公司。子公司酒店属于母公司酒店集团的成员，但本身是一个独立的企业，具有独立的法人地位。母公司在子公司的全部财产是在子公司中的股份，母公司可按股份分享子公司的盈利。这种结构的优越性是风险小，一旦某一个子公司酒店经营失败，母公司的最大损失是投资于子公司的股份。另外，每一家酒店是一个独立的企业，所得税是以每一家酒店单独的利润计算的。

许多酒店集团之间通过收购股权的方式，完善自身品牌和市场结构，整合资源优势，形成抱团发展。如锦江酒店于2016年完成对铂涛集团81.003 4%股权的交割，2018年初进一步完成了对其12.000 1%的股权收购交割，2019年初再次完成对其3.498 25%股权的交割，并于2021年完成铂涛100%的股权收购。通过股权结构调整，有利于锦江酒店持续整合内部资源、提升管理效率、降低管理成本，从而加速推动锦江酒店的内部整合进程，有利于公司组织架构、业务划分的清晰化，有助于为公司未来战略发展规划。

（三）租赁经营模式（Leasing Management）

租赁经营模式指酒店管理集团与酒店业主（拥有酒店所有权的企业或个人）签订租约，租赁业主的酒店、土地、建筑物、设施设备等，取得该酒店的经营权，该酒店加入集团公司，由酒店管理集团作为法人直接经营管理。如国际知名酒店集团万豪酒店集团、希尔顿酒店集团常常采用这种经营方式来开辟新的市场，同时通过良好的经营业绩来获取最大的经营利润。

租赁经营模式的具体形式主要有以下3种。

1. 直接租赁

酒店集团使用业主的酒店的建筑物、土地、设备等，负责经营管理，每个月交纳定额租金。酒店要经营成功需要一段时间，因而集团采取直接租赁形式时一般在合同内要规定租赁的年限以保护集团的利益，避免在经营成功之际业主将财产收回。

2. 盈利分享租赁

在酒店业中，许多公司采用分享经营成果的租赁方法，酒店业主愿意将租金与营业收入和利润挂钩。因为各国都存在通货膨胀现象，土地和建筑物的价值也会随之增长。根据营业收入或利润收取租金可以消除通货膨胀的因素，不须在合同中规定租金与通货膨胀率之间的条款。

以该种形式计算租金,具体算法有以下3种。

(1)按营业总收入的一定比例作为租金。

(2)按经营利润的一定百分比作为租金。

(3)按营业总收入和经营利润混合百分比计算。

3. 出售—回租式租赁

出售—回租式租赁形式指企业将酒店产权转让给他方后再将酒店租回继续经营。企业将酒店产权出售往往处于各种不同动机,一些企业拥有酒店产权但急需大量现金周转,便将酒店资产转变成现金;一些企业想减少风险而不愿在经营某酒店的同时拥有这家酒店的产权;一些企业依靠贷款建造了酒店,负债太大因而不想拥有产权。这些企业将产权出售给另一公司时如要求继续经营该酒店,双方则签订出售—回租协议,承租经营的公司必须定期向买方缴纳租金。对于产权的卖方来说,这也是一种筹措资金的方法,这种租赁形式在国际上相当流行。

万豪酒店集团委托管理的基本流程

首先,对被委托管理的酒店项目考察评估,并出具市场分析报告和可行性分析报告。

其次,根据市场分析报告和可行性分析报告,明确该酒店市场定位和星级标准,并结合万豪酒店管理集团各酒店品牌的相关标准,确定该酒店所适用品牌。

再次,与酒店业主签订国际标准的酒店全权管理合同。

最后,万豪酒店管理集团任命和委派以外籍总经理为首的管理团队,并依据《万豪酒店管理标准手册》对被托管酒店实施全面管理。被托管酒店将遵循万豪酒店管理理念,按照国际化标准建立酒店营销、运作和控制等系统,以保证酒店高效地运营管理,确保酒店资产的增值,使得酒店业主能够获得合理的投资回报。

(四)委托管理模式(管理合同模式)(Mandatory Administration)

委托管理模式也称管理合同模式,指酒店管理公司或酒店管理集团与酒店业主签订合同,根据酒店管理集团的经营管理规范和标准,接受业主委托经营管理业主的酒店。一些业主公司建造或购买了酒店,但缺乏管理经验或者不打算自己经营,于是就聘用酒店集团或管理公司,以签订管理合同的形式把酒店委托给酒店管理公司或酒店集团公司来经营,使酒店成为酒店集团的一员。

在合同期内,合同经营的酒店使用该酒店管理集团的名称、标识、管理标准等,加入该集团的市场推销和客房预订系统。合同经营期间,酒店管理集团收取经营管理费的方法很多,一般由基本报酬和奖金两部分组成。基本酬金按全年经营收入(2%～5%)或净利润的一定比例收取(10%～25%)。

委托管理模式是一种投资规模小、扩展速度快的方法,可使酒店集团不直接投资建设酒店或购买股份就能向世界各地发展酒店网点。使酒店集团的投资方更好地利用酒店集团品牌的优势,从而获得更高投资回报,对于酒店集团来讲,可以获得一定管理费,有效降低酒店集团的人力资源成本和投资新酒店项目的风险,同时扩大酒店品牌的数量,提升酒店集团品牌的知名度。

目前许多国际酒店集团在实施经营的过程中采用该种经营模式。如雅高集团、洲际集团通过合作的方式经营管理了一些独立的酒店品牌,不断扩大国际酒店集团在我国酒店市场的占有率。

试一试

比一比委托管理模式与租赁经营模式的相同之处与不同之处。

委托管理模式与租赁经营模式有某些相同之处,例如,酒店的占有权和经营权分开,酒店经营公司收取管理费和收取租金方法相似。但这两种形式的性质不同,在租赁经营模式中,承租的经营公司在法律上完全独立于业主企业,酒店职工属于经营公司,必须对职工负责。经营公司还必须承担经营酒店的风险,如果经营亏损,则亏损由经营公司承担。

在委托管理模式中,经营公司是酒店业主的代理人,它代替业主经营酒店,不承担经营风险。酒店的职工是业主公司的职工,业主应该向职工负责。经营公司代表业主公司管理企业和职工。

表 2-2-4　租赁经营模式与管理合同模式的区别

比较项	模式			
	租赁经营模式		管理合同模式	
经营管理实体	酒店集团	业主	酒店集团	业主
所有权	经营权	占有权	经营权	占有权
法律关系	独立		业主的代理人,代替业主经营酒店	
职工所属	属于酒店集团	—	—	属于业主公司
经营风险	酒店集团承担	—	—	业主承担

（五）特许经营模式（Franchise）

特许经营模式是酒店集团常常使用的经营模式,指拥有特许经营权的酒店集团向有需要的其他酒店出售、转让本集团的品牌使用权、日常经营管理模式等特许经营权利并从受特许经营权的酒店获得相应回报的一种经营形式。一般情况下,酒店集团必须有强大实力及良好的知名度和声誉,才可能向其他酒店出售特许经营权。

酒店集团有责任对授权酒店在经营管理中给予技术上的指导和监督。如建设前选址、设计、可行性研究、资金筹措以及开业后的经营。采取相应的监督措施,确保各连锁酒店的经营管理模式和酒店集团的品牌保持一致性。

获得特许经营权的酒店可以使用该酒店集团或公司的名称、标识、经营程序、操作规程、服务标准,并加入该集团预订系统、市场营销,成为该酒店集团的一员。同时有责任明确企业达到酒店集团所要求的标准,包括设备、设施的规格及设备维修保养质量、服务项目和服务质量标准等,并且交纳特许经营权转让费以及使用费。

该模式的优势在于,对于许多知名的国际酒店集团来讲,通过特许经营使自身的经营规模不断扩大,快速占领东道国市场。洲际酒店集团的假日品牌就是成功的例子,其允许会员酒店参与联合采购的计划,同时享受数量上的折扣,这使洲际酒店集团下属的假日品牌成为了深受我国消费者信赖的品牌。

其不足之处在于,在实施特许经营的过程中,酒店集团的品牌拥有者和使用者之间常常会因为酒店的经营业绩、品牌效益等产生矛盾。

(六)战略联盟模式(Management on Alliance)

战略联盟模式指一些独立经营的酒店通过契约的形式自愿组织起来的酒店联合体模式。各成员酒店使用统一的公认标记、统一的预订系统,执行统一的质量标准,为组织成员提供有限的营销服务,目的是创造总体形象,增加推销的效果和互荐客源,与那些庞大的集团和 OTA 相抗衡。该模式是一种较为松散的集团形式,酒店之间保持独立,各企业在经营管理上、财务上互不相关。

战略联盟模式是基于特许经营模式的新型经营模式,促进酒店集团快速占领市场,有效降低市场经营过程中的不确定因素的影响,更好地满足多样化的市场需求。对于各家酒店来说,其由原来的相互竞争关系转变为现在的相互补充、相互支持、相互促进的关系。

国际知名酒店品牌——精选国际酒店集团在 1998 年就采取了战略联盟的经营模式,在 10 个欧洲国家选择了 250 家酒店组成一个战略联盟,从而有效开创了国际酒店集团战略联盟关系的新形势。

(七)第三方管理模式(The Third-party Management)

第三方管理模式是指接受业主(投资方)委托,独立于酒店品牌和业主关系之外,由第三方专业酒店管理公司负责酒店日常运营的管理模式。该模式涉及 3 个不同实体:酒店业主、所选的国际或当地酒店品牌、独立的第三方酒店管理公司。业主取得某酒店品牌的特许经营权,然后与第三方酒店管理公司签订酒店管理合同。酒店业主向品牌持有人支付品牌费,第三方酒店管理公司依据管理合同收取管理费。第三方酒店管理模式在美国等市场已经非常成熟,如希尔顿、万豪、喜达屋、洲际、凯悦等国际大品牌酒店集团多数已将部分旗下酒店交由第三方酒店管理公司管理,例如,希尔顿旗下 91% 的酒店由第三方酒店公司管理,万豪这一比例则达到 66%。

例如,锦江集团于 2010 年收购的美国州际酒店集团是一家独立的酒店管理公司。州际全球管理着包括万豪、希尔顿等品牌在内的近 400 家酒店,分布于全球 10 个国家。此"州际"非彼"洲际",它没有自己的品牌,而是向万豪等国际酒店品牌提供管理服务。

(八)时权经营模式(Timesharing Operation)

时权经营模式指酒店集团购买某一特定度假资产每年某一特定时期的使用权,即对某度假区域在某度假时间拥有使用权,且这种使用权在交易体系内可流通和交换。

时权酒店起源于欧洲 20 世纪 60 年代。第一家时权酒店的概念是在法国阿尔卑斯山脉地区的一家名为"Superdevoluy"的滑雪度假村诞生的。其卖点是该度假村能保证每一个购买该度假村某一时段的消费者在预订的时间内来此滑雪度假。

在我国,自 2001 年 4 月底首家时权酒店在深圳大梅沙雅兰酒店投入使用以来,时权酒店纷纷在中国各大城市落户,甚至在一些发达的中小城市也可被见到。这种时权酒店作为一种兼顾投资与休闲的全新投资形式,解决了中国房地产的空置率,开辟了投资的新渠道,从而受到旅游业和房地产业的青睐。

四、知晓中国酒店集团的发展历程

讨论话题:锦江是如何成为酒店业全球第二的?

2020 年,锦江国际集团对外发布,提前实现了"十三五"规划确定的 10 000 家酒店 100 万间客房的目标,布局世界 120 个国家,并在全球酒店集团排行榜上排到了第二位。从 2003 年旗下 105 家酒店位居全球第 47,到如今的全球第二、旗下 10 000 余家酒店,锦江是如何实现这样的高速发展?

2-2-13 视频:锦江是如何成为酒店业全球第二的?

思 政 链 接

创新是引领发展的第一动力。从"锦江"这一品牌的发展历程中,深刻领悟深入实施科教兴国和人才强国战略的重大意义。

1982 年,北京建国酒店首次引进了香港半岛酒店管理集团,这标志着我国酒店集团管理发展的开始。随后假日集团、喜达屋酒店集团等国际知名酒店管理集团纷纷入驻我国。我国酒店集团的发展是在不断引进学习的基础上,在国家宏观政策引导下通过市场行为日益发展起来的。我国酒店管理集团的发展经历了 4 个阶段。

(一)引进学习阶段(1978—1988 年)

20 世纪 70 年代末,酒店业通过合资、独资、合作等方式引进了一批国际知名酒店管理集团。到 1988 年,共 30 多家国际酒店管理集团引进相关品牌,其中包括假日、希尔顿、喜来登、香格里拉等酒店品牌,这些国际酒店管理集团为我国酒店业现代管理体制建设、市场经营模式变革以及服务操作标准化、规范化作出了重大贡献,在很大程度上推动了我国本土酒店管理业的发展。同时在各级政府优惠政策的引导下,全国掀起了建设高星级酒店的高潮,但这一阶段酒店投资主体多为国内优势垄断行业,对酒店管理不了解,一般采取聘请国际酒店管理集团代为管理的方式运营酒店。高昂的酒店管理费和其他差旅、经营费用,使得许多酒店业界人士逐渐意识到发展本土酒店管理公司的重要性。

（二）创立兴建阶段（1988—1998 年）

为鼓励我国本土酒店管理业的发展,国务院及文化和旅游部相继出台鼓励建立酒店管理公司的相关文件。这一阶段,伴随宏观经济的腾飞,我国又掀起了新一轮酒店建设高潮,加之政府政策的大力扶持,我国本土酒店管理集团应运而生,如 1984 年锦江集团的"锦江酒店管理公司"、1988 年的"广州白天鹅酒店管理公司"、1993 年的"南京金陵国际酒店管理公司"等。本土酒店管理集团凭借了解国情、收费适中、成本低廉、沟通便利、崇尚人和等优势,逐渐巩固了在中国沿海大中城市和内地部分城市的酒店市场地位,行业业态和空间格局基本形成。但该时期,国际知名酒店管理集团看好我国潜在酒店市场,不断加大市场的扩张力度,并凭借其强大的市场开拓能力进入中国内陆大中城市和低星级酒店市场,本身经验不太丰富的本土酒店管理集团的生存空间越来越小,市场竞争进入白热化状态。

（三）开拓发展阶段（1998—2013 年）

自 1998 年起,针对我国酒店管理激烈竞争的状况,我国酒店业的行政主管部门、学术界的专家学者共同探讨酒店管理业的发展问题和出路,认为我国酒店管理业必须依照强强联合、公平竞争、优势互补的市场规律打破原有市场分割格局,突破现有体制和模式的禁锢,早日组建一批跨越地域、行业、国际的品牌多元化、管理规范化的现代酒店管理集团。于是本土许多酒店管理公司纷纷二次重组,如 1998 年成立的"北京建国国际酒店管理有限公司"、1999 年建立的"北京首都旅游国际酒店集团有限公司"、2005 年成立的"广州岭南国际企业集团"等。一些地方民营企业不断加入酒店管理行业中来,如浙江世贸君澜酒店管理有限公司、华天酒店管理公司、开元旅业集团旗下的开元酒店集团等。新一批酒店管理公司的成立标志着我国酒店管理业正式步入集团化发展的开拓创新阶段。

（四）调整创新阶段（2013 年至今）

受益于中国经济快速发展、大众旅游需求持续增长,近十年来,我国酒店业发展迅速。但从 2013 年开始,由于多重因素的影响,市场格局更加复杂多变,我国酒店业随之进入了理性调整的关键时期。酒店集团之间的兼并收购日益频繁,例如,锦江在 2015 年以人民币 102 亿元的价格收购了法国卢浮集团 100% 股权;2016 年,锦江国际以 17 亿元收购维也纳酒店 80% 股份;2018 年 11 月,锦江国际完成了对比利时丽笙酒店集团（Radisson Blu）的收购;2021 年,锦江酒店完成铂涛 100% 股权收购,进一步提升了锦江酒店集团的国际化和竞争力。

此外,国家对旅游业的关注和重视、国内酒店集团发展日益成熟、中国出境旅游的强势推动等因素,使得中国酒店集团的跨国经营活动日益频繁。锦江、华住纷纷采用走出去战略,促进中国酒店集团的国际化运营。2020 年 5 月,锦江酒店（中国区）成立,设立上海、深圳双总部。锦江酒店（中国区）在锦江国际集团全球品牌战略的指引下,以国际化的视野,满足新的消费需求,以赋能为路径、以创新为动力,加强业态创新转型、加快资源共享建设、着力创新运营模式、提升市场敏捷反应能力,致力于实现锦江酒店"质量、效益、品牌、规模、市值、人才"的全球第一,把"锦江"民族品牌建设成为具有国际影响力的全球知名酒店品牌。

任务思考

1. 酒店集团与单体酒店相比,其优势表现在哪些方面?
2. 调查了解当地或区域有哪些酒店集团?它们采用了哪些经营模式?
3. 对中国酒店集团的未来发展提出建议。

2-2-14　在线自测题

知识导图

请对本小节知识点进行总结,绘制你的知识导图。(可扫描二维码查看参考总结)

2-2-15　知识导图

温故而知新

任务拓展

阅读资料：酒店人且行且深思——改革开放 40 年的摸爬滚打

　　2018 年是中国改革开放 40 周年,酒店随着中国经济发展实现了飞跃式发展。中国酒店的数量从 1978 年的 200 多家达到现在注册的 14 000 多家;中国酒店的管理模式在过去的 40 年里面发生了很大变化,现在委托管理、特许经营、自主管理等各种方式层出不穷;酒店商业模式也发生了很大变化,从原来的标准化酒店到现在的各种非标酒店,如客栈、民宿、主题酒店等。此外,酒店的业主从最开始的国有企业、国有资产占 80% 的比例到 1978 年的房改之后房地产企业纷纷进入,再到现在各行业纷纷跨界进入酒店这个行业。

　　在过去的 40 年里,中国的酒店行业在不断发展,中国的酒店集团、中国的酒店从业人员在品牌打造道路上渐行渐远。

　　扫描二维码资料,了解我国酒店和酒店集团是怎样摸爬滚打的? 各大集团如何深耕酒店品牌?

2-2-16　阅读资料:

酒店人且行且深思:

改革开放 40 年的摸爬滚打

双语拓展

关键术语

◇ "客人永远都不会错"　The guest is never wrong
◇ 大酒店时期　Grand Hotel
◇ 商业酒店时期　Business Hotel
◇ 酒店集团　Hotel Chain
◇ 直接经营模式　Independent Management
◇ 租赁经营模式　Leasing Management
◇ 委托管理模式　Mandatory Administration
◇ 特许经营模式　Franchise
◇ 战略联盟模式　Management on Alliance

阅读材料

The Kempinski History

Kempinski Hotels is Europe's oldest luxury hotel group with a history of more than 120 years.

- 1872—started from a wine store in Berlin, Germany.
- 1889—opened a restaurant, which was the biggest in the whole of Berlin.
- 1897—The Hotelbetriebs-Aktiengesellschaft (HAG), which eventually purchased the Kempinski name, was founded in Berlin, making this **the founding year of the company**.
- Post WWI—sold products of own manufacture under the brand name Kempinski, invented concepts: Entertainment dining, wine by glass, half portions.
- During WWII—All properties were destroyed in fire and the family emigrated to the USA.
- Post WWII—restarted a hotel on the site of the ruined restaurant under the name Hotel Kempinski in Berlin.
- 1953—Kempinski name was sold to hotel management co.
- Currently—Kempinski Hotels operates a total of 79 five-star hotels in 34 countries, including 20 in China.

模块三　探究酒店管理的秘诀

✎ **模块导读**

　　酒店管理,实际上是酒店经营管理的简称,包括经营和管理两个方面。为了有效实现酒店的经营目标,酒店管理者必须了解市场需求,运用科学的管理方法,对酒店所拥有的人力、物力、财力、时间、信息等资源进行一系列管理活动。过去几十年,酒店行业一直在研究如何做标准化,思考如何打造最好的功能性产品,让客人入住酒店后可以睡好吃好。但在"酒店不该只是睡觉的地方"等新思潮的影响下,酒店业"必须演进,以迎合生活方式的改变"。

　　本模块将从酒店市场营销、人力资源管理、服务质量管理、收益管理、工程管理、安全管理六个方面探讨酒店经营与管理中的相关理论、经验与方法,一起探究酒店的经营管理如何迎接改变,满足宾客对酒店产品和服务的高品质要求。

✎ **学习导图**

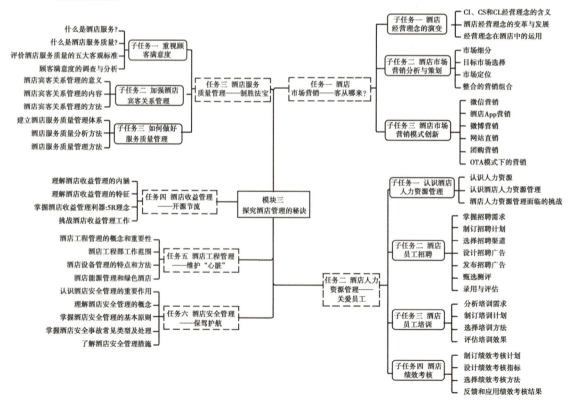

任务一 酒店市场营销——客从哪来？

丈量酒店人生的长度

希尔顿酒店集团的创始人康拉德·希尔顿先生（图3-1-1）从 20 岁开始与家人一同经营作坊式家庭旅馆，后来独霸美国酒店业，成为当之无愧的美国酒店之王。他说："完成伟大事业的先导是伟大的梦想"。在酒店业奋斗了近 70 年，他那句"你今天对客人微笑了没有？"成为服务业的一项标杆。他凝练的"7 条金科玉律"至今被行业所奉行。直到晚年他还在不停忙于酒店的投资、管理、经营业务，其酒店人生的长度可谓前无古人。

图 3-1-1 康拉德·希尔顿（Conrad Hilton）希尔顿酒店集团的创始人

所思所悟："完成伟大事业的先导是伟大的梦想"，这是希尔顿酒店集团成功的经验之谈，也是它的成功之路。而中华民族有伟大的梦想，那就是实现中华民族伟大复兴的中国梦，相信只要中国坚持走中国道路、弘扬中国精神、凝聚中国力量，国家富强、民族振兴、人民幸福的中国梦一定能实现。

子任务一 酒店经营理念的演变

任务目标

❶ 理解 CI、CS 和 CL 经营理念的含义。

❷ 了解现代酒店经营理念的演变过程，对比它们在理念上的进步，理解与时俱进的精神。

❸ 理解以顾客为中心的服务导向，满足人们日益增长的美好生活需要。

❹ 了解 CI、CS 和 CL 经营理念在酒店管理中的运用，并掌握一些具体的方法。

·任务说明·

互联网经济高速发展时代,也是市场营销盛行的时代,营销已渗透到我们的日常生活中。在商品交易活动之中,营销不是企业成功的唯一因素,却是企业创就辉煌的关键因素,因此市场营销变得越来越重要。

随着各地酒店数量不断增加,酒店产品同质化加剧,同行之间的竞争也变得更加激烈。在卖家经济模式向买家经济模式转换的时代,消费者有了更多的选择权和话语权。酒店如何在众多营销战线中脱颖而出,吸引有效的用户流量? 如何在数字经济时代,基于"互联网+",充分发挥新营销模式的功能? 本任务将从酒店经营理念演变、市场营销分析与策划、市场营销模式创新3个子任务展开学习。

> 现代酒店企业营销最基本的要素,不再是看得见的产品,而变为看不见的企业经营理念和思想。这是酒店营销管理的核心和灵魂,是企业经营的出发点和归宿。正确的经营理念有助于达成预期的目标。
>
>
>
> 酒店的经营理念变革的轨迹,从企业形象(CI)到顾客满意(CS)再到顾客忠诚(CL),这一变化轨迹使酒店适应市场经济发展规律需要。本任务带领大家了解演变过程,理解其具体含义,明白这些理念提出的进步性。为实现这些经营理念,有哪些具体的理论与方法。了解这些经营理念在酒店管理中的作用,掌握一些具体的营销管理方法。

 任务操作

试一试

> 回忆最近一次外出旅行,你是如何选择酒店的? 你还记得是通过哪种渠道预订的吗? 你是根据什么标准来选择适合你的酒店? 入住酒店后你满意吗?
>
> 假如你是一位酒店经营者,你是如何看待顾客满意的? 你认为怎样才能使顾客满意?

一家企业的形象如何,会影响顾客对其产品的选择。当顾客使用该产品后是否满意,会影响顾客是否会重复购买该产品。多次重复购买,展示出的是顾客对该产品的忠诚度。

一、CI、CS 和 CL 经营理念的含义

(一) CI (Corporate Identity) ——企业形象

企业形象指企业为了使自己的形象在众多竞争对手中让顾客容易识别并留下好的印

象,通过对企业的形象进行设计,有计划地将企业自己的各种鲜明特征向社会公众展示和传播,从而在市场环境中形成企业的一种标准化、差异化形象的活动。

这是一种以塑造和传播企业形象为宗旨的经营战略,成型于 20 世纪 50 年代,风靡于 70 年代,80 年代中后期进入中国企业,被国内酒店业所接受。

案例再现

上海宾馆的 CI 战略

CI 战略风靡全球,国际著名的酒店集团都不同程度地应用了 CI 战略,受益良多。上海宾馆建于 20 世纪 80 年代,但在其周围一批现代化大酒店相继建成,使得"上宾"形成"鸡立鹤群"之势。

为重振上海宾馆的形象,决策层于 1995 年借宾馆硬件改造之机,果断导入 CI 战略,以此"重塑形象,增加宾馆的市场竞争力"。

上海宾馆设立了三大理念要素:服务(Service)、诚恳(Sincerity)、满意(Satisfaction),以诚恳态度和顾客满意度来保证宾馆的服务品质。宾馆以三大理念要素的英文字首"S"为创意原点,塑造图形标志"S"。该标志首尾相连,不可分割,既蕴含其服务理念,又象征上海、上海人、上海宾馆的特定意义,并采用统一的"上宾红"暖色调,非常醒目。

上海宾馆的具体做法是采用系统分支法,将宾馆内部分成十大系统,赋予其装饰个性,令其既相对独立,又严格统一于 CI 之中。如巧妙地利用标志的外形变异,构成分支系统的装饰纹样;利用标准"上宾红"的色彩,搭配成分支上的独立色彩。另外,采用辅助色彩,作为各系统的分隔,让具有各自特点的各部门显示独特风格,如餐饮、咖啡厅均具有饮食特征,前者设计注重中国文化气氛,而后者则显得西洋化。

分析提示: CI 对酒店企业加强市场营销及公共关系发挥了非常直接的作用。

(二)CS(Customer Satisfaction)——顾客满意

顾客满意指企业为了不断满足顾客的要求,通过客观地、系统地测量顾客满意度,了解顾客的需求和期望,并针对测量结果采取措施,一体化改进产品和服务质量,从而获得持续改进业绩的一种企业经营理念。

20 世纪 90 年代中期,CS 理念被中国企业界认识和接受。CS 经营战略关注的焦点是顾客,核心是顾客满意。其主要方法是通过顾客满意度指数的测定来推进产品和服务,满足顾客的需求;目标是赢得顾客,从而赢得市场,赢得利润。

在 CS 理念中,顾客满意从横向和纵向层面包含以下几个方面。

1. 横向层面

(1)理念满意:企业经营理念带给顾客的满意状态,包括经营宗旨满意、经营哲学满意和经营价值观满意等。

（2）行为满意：企业全部的运行状况带给顾客的满意状态，包括行为机制满意、行为规则满意和行为模式满意等。

（3）视听满意：企业以其具有视听性的外在形象给顾客的满足状态，包括企业标志（名称和图案）满意、标准字满意、标准色满意以及上述3个基本要素的应用系统满意等。

（4）产品满意：企业产品带给顾客的满足状态。包括产品功能满意、产品质量满意、产品包装满意、产品品位满意、产品价格满意等。

（5）服务满意：企业服务带给顾客的满意状态，包括服务的态度、服务的质量、服务的完整性满意等。

3-1-1
阅读资料：酒店服务难？3个技巧让客户满意

2.纵向层面

（1）物质满意：顾客对企业产品的核心层，如产品的功能、质量、设计和品种等所产生的满意感。

（2）精神满意：顾客对企业产品的形式层和外延层，如产品的包装、形状、色彩、装潢、品位和服务所产生的满意感。

（3）社会满意：顾客整体的社会满意程度。企业在产品提供和顾客消费过程中，要体现符合社会整体利益的道德、政治和生态价值观。

（三）CL（Customer Loyal）——顾客忠诚

企业以满足顾客的需要和期望为目标，有效地消除和预防顾客的抱怨和投诉，不断提高顾客满意度，在企业与顾客之间建立起一种相互信任和依赖的"质量价值链"。

通常可以将顾客忠诚划分成以下4个层次。

最底层是顾客对企业没有丝毫忠诚感。他们对企业漠不关心，仅凭价格、方便性等因素购买。

第二层是顾客对企业的产品或服务感到满意或习惯。他们的购买行为受到习惯力量的驱使。一方面，他们怕没有时间和精力去选择其他企业的产品或服务；另一方面，转换企业可能使他们付出转移成本。

第三层是顾客对某一企业产生了偏好情绪，这种偏好是建立在与其他竞争企业相比较的基础之上的。这种偏好的产生与企业形象、企业产品和服务体现的高质量以及顾客的消费经验等因素相关，从而使顾客与企业之间有了感情联系。

最上层是顾客忠诚的最高级阶段。顾客对企业的产品或服务忠贞不二，并持有强烈的偏好与情感寄托。顾客对企业的这种高度忠诚，成为企业利润的真正源泉。

二、酒店经营理念的变革与发展

（一）从"CI"到"CS"的演变

在CI理论基础上形成的CI战略，其运作过程按照企业的意志自我包装，反复向公众进行展示，强化顾客对企业形象的识别并对企业形象和促销产品产生一致的认同感或价值观。整个经营战略还停留在"企业生产什么，顾客接受什么"的传统经营理念上。随着市场竞争日益激烈和人们对市场经济规律认识深化，这种通过企业形象让顾客买单的CI战略暴露出了它的局限性。

当市场从推销时代进入营销时代，在CI理论的基础上产生了CS理论。CS关注的焦点是顾客，核心就是顾客满意，CS战略主要的方法是通过顾客满意度指数的测定来推进产品和服务，满足顾客的需求；目标是赢得顾客，从而赢得市场，获得利润。实现从"企业生产什么，顾客接受什么"转向"顾客需要什么，企业生产什么"的变革。

（二）从"CS"到"CL"的延伸

20世纪90年代末，随着市场竞争的不断加剧，CS经营理念向更高的境界延伸，于是出现了CL理念，企业从追求市场份额转向追求质量。

1. 培养忠诚顾客的意义

（1）有利于增加酒店经营利润

3-1-2
阅读资料：什么是酒店客户忠诚计划？

美国哈佛大学调查数据显示，顾客的忠诚度对企业的利润是一个不可忽视的重要因素。开发一个新客户的成本一般比维系一个老顾客的成本高出5到10倍；而维系一位老顾客给企业带来的价值却比开发一个新顾客带来的价值大很多。意大利经济学家和社会学家帕累托（Pareto）的20/80营销法则表明，企业经营利润的最大来源是占企业顾客群体中20%的忠诚顾客的重复购买。

（2）有利于降低酒店运营成本

老顾客的购买可以缩短产品的购买周期，拓宽产品的销售渠道，控制销售费用，从而降低酒店的营运成本。挖掘一个新顾客需要时间和精力，而且获得顾客的成本在很长时间内会超出其基本贡献。

（3）有利于酒店新产品的推广

在面对酒店推出新业务或服务时，忠诚的客户会基于对企业的认同感和信任感产生消费欲望，甚至持续不断地重复消费，能够给酒店带来更大收益。同时，客户的口碑效应，是酒店可以获取更多客户的重要途径，加速了新产品推广应用的进程。

（4）有利于增加酒店的竞争力

酒店企业之间的竞争在于顾客群体。基于CL战略可以有效防止顾客转移，忠诚的顾客就是酒店强有力的竞争力，不断扩充忠诚顾客群体，形成酒店活字招牌，有助于酒店企业内生良性循环的发展。

2. 顾客忠诚度的衡量标准

顾客忠诚度的高低是由许多因素决定的，而且每一个因素的重要性以及影响程度都不同，因此，在判断一个顾客的忠诚度时，一定要综合多方面因素。一般可从下面6个方面进行衡量。

（1）顾客重复购买的次数

顾客针对某一品牌的产品重复购买的次数越多，对该品牌的忠诚度就越高。

（2）顾客购买挑选的时间

顾客对产品的挑选时间是由其信任程度所决定的，挑选时间越短，说明他对该品牌的产品信任度和满意度就越高，也就是说，他对该品牌产品的忠诚度越高。

（3）顾客对价格的敏感程度

顾客对企业的产品价格都非常重视，但这并不意味着顾客对各种产品价格的敏感程度都相同。事实表明，对喜爱和信赖的产品，顾客对其价格变动的承受能力较强，即敏感度较低。反之亦然。

（4）顾客对竞争产品的态度

人们对某一品牌的态度变化，在大多数情况下是通过与竞争产品的比较而产生的。所以根据顾客对竞争产品的态度，能够从反面判断其对某一品牌的忠诚度。如果顾客对某一品牌的竞争产品有好感、兴趣浓,就说明顾客对某一品牌的忠诚度低;反之,购买指向比较稳定。

(5)顾客对产品质量问题的承受能力

顾客对某一品牌的忠诚度高,则对出现的质量问题会以宽容和同情的态度对待,不会因此而拒绝购买这一产品。若顾客对某一品牌的忠诚度不高,产品出现质量问题(即使是偶然的质量问题)时,顾客会非常反感,很有可能从此不买该产品。

(6)产品的购买周期

两次购买同一品牌产品间隔的时间称为购买周期。间隔的时间越短,顾客的满意度就越高,忠诚度就越高;反之,越低。

3. CL 与 CS 的关系

CL 看重的是企业的长远发展,重点在于营造一批忠诚的顾客,通过忠诚顾客群体影响和带动更多潜在的消费者认同企业的产品和服务。CS 到 CL 是量到质的延伸,从"顾客满意"到"顾客忠诚",突破了从"顾客都是上帝"到"不是所有顾客都是上帝"的思想转变。CL 战略更有利于找准目标消费群体,企业的首要目标是以顾客忠诚度为标志的市场份额的质量取代市场份额的规模。

试一试

　　在酒店中,有这样一类客人,他们非常积极地对酒店提出各种各样的意见,当然包括向酒店投诉、发表信息到网络上等。往往酒店会对这一类客人作出赔偿,以求解决问题,但是这样就会增加经营成本。

　　思考一下,我们未来应该怎样对待这样的客人? 和你的同伴讨论一下。

三、经营理念在酒店中的运用

(一)CS 理念在酒店中的应用——"让客价值"理论

CS 着力于从顾客的角度开展企业的一切经营活动,来达到顾客满意和企业目标实现的目的。现代酒店企业怎样使顾客满意呢?

1."让客价值"理论的提出

美国市场营销学家菲利普·科特勒提出了"让客价值"(Customer Delivered Value,CDV)的概念。其主要含义是,顾客购买一种商品或服务,要付出的是一笔"顾客总成本",而获得的是一笔"顾客总价值"。顾客总价值与顾客总成本的差值,就是让客价值,即

让客价值=顾客总价值-顾客总成本

2."让客价值"的构成要素

(1)顾客总价值

顾客总价值指顾客购买和消费产品或服务时所获得的一组利益,它主要由产品价值、服务价值、人员价值和形象价值构成。

产品价值指由产品的功能、特性、品质、种类与款式等所产生的价值。产品价值是由顾客需求来决定的,不同顾客对产品价值的要求不同;在不同时间,顾客对产品价值的要求

不同。

服务价值指企业伴随产品或服务实体向顾客提供的各种附加服务,即为满足顾客对产品或服务的外延需求所提供的服务,包括产品介绍、售后服务以及其他各种承诺等所产生的价值。

人员价值指企业员工的价值观念、职业道德、质量意识、知识水平、业务能力、工作效率以及对顾客需求的应变能力和服务水平等所产生的价值。

形象价值指企业及其产品或服务在社会公众中形成的总体形象所产生的价值。良好的形象,是酒店的一种战略资源,是酒店的无形资产。

(2)顾客总成本

顾客总成本指顾客购买和消费产品或服务时所耗费的时间、精神、体力以及所付的货币资金等,包括货币成本、时间成本、精神成本和体力成本等。

货币成本指顾客购买和消费产品或服务的全过程中所支付的全部货币。顾客在购买产品或接受服务时首先考虑的是货币成本的大小,因此,货币成本是构成顾客总成本大小的最主要、最基本的因素。

时间成本指顾客在购买和消费产品或服务时所花费的时间。随着人们工作和生活节奏的逐步加快,尽可能减少时间成本越来越成为普遍的要求。

精神成本指顾客购买和消费产品或服务时在精神方面的耗费与支出。如顾客在购买和使用产品或接受服务时,购物环境、服务态度、产品和服务功能等方面原因。

体力成本指顾客购买和消费产品或服务的过程中在体力方面的耗费与支出。凡需顾客付诸体力的活动,就会使顾客支付体力成本。

3.提高"让客价值"的途径

酒店企业可从以下 3 个方面设法提高让客价值。

(1)降低顾客成本

酒店要吸引顾客,首先要评估顾客的关键要求,然后设法降低顾客总成本,提高让客价值。因此,分析和控制成本,不能只站在酒店的立场,还要从顾客的角度,全面、系统、综合评价,得出正确的答案。

(2)理顺服务流程

认真分析酒店的业务流程,重新规划和整理,加强内部协作,建立保证顾客满意的企业经营团队。要实现这种业务流程重组,必须首先以顾客需求为出发点,确定服务规范和工作流程,让酒店所有经营活动都指向一个目标,使顾客获得更多让客价值。

(3)改进绩效考核

以顾客满意度作为考核的绩效指标,便使顾客与员工双方的关系发生了微妙的变化。他们的共同点都在于"满意"。利益的一致性使双方变得亲近,员工服务更发自内心,酒店的销售量自然会不断提升。

3-1-3

阅读资料:复购率从哪里来?客户管理系统的诞生

(二)CL 理念在酒店中的应用——顾客关系管理

在当今竞争激烈的市场环境中,越来越多酒店企业通过"顾客关系管理"(Customer Relationship Management,CRM)来赢得更多顾客,并且提高顾客忠诚度。

1. 顾客关系管理的概念

顾客关系管理即一个通过详细掌握顾客有关资料，对酒店企业与顾客之间关系实施有效控制并不断加以改进，以实现顾客价值最大化的协调活动。顾客关系管理源于"以顾客为中心"的新型经营模式，是一个不断加强与顾客交流、不断了解顾客需求、不断对产品及服务改进和提高以满足顾客需求的持续过程。它要求向酒店的营销、服务等部门和人员提供全面的个性化顾客资料，并强化跟踪服务和信息分析能力，与顾客协同建立起一系列卓有成效的"一对一关系"，以使酒店企业得以提供更快捷和更周到的优质服务，提高顾客满意度，吸引和保持更多顾客。

2. 顾客关系管理的运作流程

要做好顾客关系管理，首先要形成完整的运作流程。其流程主要包括以下几个环节。各环节必须环环相扣，形成一个不断循环的运作流程，从而以最适当的途径在正确的时间点上将最适当的产品和服务传递给真正有需求的顾客。

（1）收集资料

利用新技术与多种渠道，将收集到的顾客个人情况、消费偏好、交易历史资料等储存到顾客资料库中，并将不同部门的顾客资料库整合到单一顾客资料库内。整合各部门的顾客资料库，有助于将不同部门产品销售给顾客，也就是交叉销售。这样不但可以扩大企业利润，减少重复行动和营销成本，而且可以巩固与顾客的长期关系。

案例再现

只吃一碗面的客人

一天中午，餐厅里来了一位老先生，这位老先生自己找了一个不显眼的角落坐下，对面带笑容前来上茶、点菜的服务员小秦说："不用点菜了，给我一份面条就可以，就三鲜面吧。"服务员仍然微笑着对老先生说："我们酒店的面条口味不错，您请稍等，喝点茶，面条很快就会煮好的。"说完，小秦为老先生添了茶后离开。十分钟后，热气腾腾的面条端上了老先生的餐桌，老先生吃完后，付了款，就顾自离开了。

晚上六点多，餐厅里已经很热闹了，小秦发现中午的那位老先生又来了，还是走到老位置坐下，小秦连忙走上前去，笑语盈盈地向老先生打招呼："先生，您来了，我中午没来得及向您征询意见呢？面条合您的口味吗？"老先生看着面带甜美笑容的小秦说："挺好的，晚上我换个口味，吃炒面，就肉丝炒面吧。"小秦给老先生填好单子，顺手拿过茶壶，给老先生添好茶，说："请您稍候。"老先生看着微笑着离开的小秦，忍不住点了点头。

用餐完毕，小秦亲切地笑着询问："先生，炒面合您口味吗？"老先生说："好，好，挺好的。我要给我侄子订18桌标准高一些的婚宴，所以到几家餐厅看了，我觉得你们这儿服务真好，决定就订这儿啦。"小秦一听只吃一碗面的客人要订18桌婚宴，愣了一下，马上恢复了笑容，对老先生说："没问题，我这就领您到宴会预订处去办理预订手续。"

分析提示： 服务员小秦自始至终面带微笑地为老先生提供优质的服务，并没有因为其消费低而冷眼相看。酒店能否让客人满意不全是因为其豪华的装修，其细致温馨、设身处地为客人考虑，有时更能让人感动，可见优质的服务才能为酒店带来良好的经济效益。

（2）对顾客分类

凭借分析工具与程序，将顾客按消费特征分类，这样可以预测在各种营销活动情况下各类顾客的反应。例如，凭借分析可以知道，哪些顾客对哪一类的促销活动有所偏好，哪些潜在顾客已经不存在了。这些前期工作能够找到适当的营销目标，降低营销活动成本，提高营销效率。

（3）规划与设计营销活动

根据对顾客的分类，为各类顾客设计相应的服务与促销活动。传统上企业对顾客通常一视同仁，而且定期与顾客交流，但在顾客关系管理实务中，这是不经济的。钱要花在刀刃上，以产生更大效益。

（4）例行活动的管理

由于酒店与顾客之间建立并保持长期关系，双方越相互了解和信任，交易越容易实现，并可节约交易成本和时间，由过去逐次、逐项的谈判交易发展成为例行的程序化交易，酒店与顾客间的交易活动便是例行活动。要利用过去营销活动资料的分析结果，结合电话与网络服务中心的服务及时调整活动。

（5）建立标准化分析与评价模型

通过对顾客资料的综合分析，建立一套标准化模型，对经营状况与绩效进行分析和评价。目前顾客关系管理的技术，已经可以对顾客关系的每一项活动或过程作出评价，而在出现差错时，标准化模型可自动、实时地显示出问题发生在哪个部门、哪个人员、哪个环节，以便迅速采取措施加以解决。

3. 顾客关系管理的重点

现代酒店企业要提高顾客关系管理的水平，应重点抓好以下 4 个方面的工作。

第一，不断识别顾客，分析顾客的变化情况。可以将顾客资料输入数据库、采集顾客信息、更新顾客信息、研究顾客消费行为的规律等。

第二，识别不同顾客对酒店的影响，抓住重点顾客或金牌顾客。按重要程度分为 A、B、C 三类，分类进行管理。

第三，加强与顾客接触，分析联系渠道的质量和接触效果。

第四，根据分析结果，提出改善顾客关系的对策。

推行顾客关系管理，可以使现代酒店企业在培育顾客忠诚的同时促进企业组织变革适应新的现代企业管理的需要。

任务思考

1. CI、CS 和 CL 经营理念的演变过程是怎样的？它们分别有什么样的进步？与时俱进的精神在这之中是如何体现的？

2. CS 经营理念的主要理论是什么？这一理论对管理实践做出了什么样的指导？

3. CL 经营理念在酒店管理中是如何运用的？具体方法有哪些？

4. 以顾客为中心的服务导向是怎样的？如何满足人们日益增长的美好生活需要？

3-1-4
在线自测题

知识导图

请对本小节知识点进行总结，绘制你的知识导图吧。（可扫描二维码查看参考总结）

3-1-5
知识导图

温故而知新

子任务二 酒店市场营销分析与策划

任务目标

❶ 了解市场细分(S)、目标市场选择(T)和市场定位(P)的含义。

❷ 运用 STP 战略进行营销分析。

❸ 了解营销组合的含义,运用 4P 等营销组合理论进行营销策划,培养知行合一的职业能力。

任务分析

顾客满意和顾客忠诚是两类营销经营理念,而一个好的营销需要细致入微的顾客分析。这一过程包括市场细分(S)、目标市场选择(T)和市场定位(P)。

本任务将了解 STP 战略的概念,运用 STP 战略分析酒店营销。明确市场细分的主要变量,能选择合适、具体的变量进行市场细分;会评估和选择合适的目标市场;运用合适的定位策略来区分竞争对手。在决定了整体的营销战略之后,酒店须开始制订 4P 等营销组合策略并加以运用,策划营销活动。

 任务操作 ▶▶▶▶▶▶▶

试一试

如果对顾客分类,可以从哪些方面进行分类? 尝试想出所有你能想到的标准,并和你的伙伴们对照。

年龄、性别、家庭规模、收入、国籍、生活方式……

市场营销分析过程中有 3 个步骤。第一步是市场细分,将市场划分成不同购买群体,这些群体可能需要不同产品组合或营销组合。第二步是目标市场选择,先对每个细分市场的吸引力作评价,然后选择一个或几个细分市场。第三步是市场定位,即对产品进行竞争性定位,并制定适当的营销组合策略。

一、市场细分（Market Segmentation）

市场由不同类型顾客、产品和需要构成。营销人员必须找到能提供最佳机遇的细分市场。可以根据地理区位、人口统计特征、心理特征和行为特征等将消费者进行群组划分。由于具有不同需要、特征或行为的消费者所需要的产品和营销方案并不相同,以此为基础将消费者划分为不同群体的过程称为市场细分。

(一)市场细分的依据

市场细分并没有单一的方法。营销人员必须使用不同变量,或单独或联合,以找到认识市场结构的最好途径。

1. 地理细分

地理细分须将市场划分为不同的地理单元,如国家、州、地区、郡县、城市或邻里,见表3-1-1。

表3-1-1 地理细分依据

变 量	典型分类
世界国内地区	北美、西欧、东欧、环太平洋地区、印度、加拿大、墨西哥
城市规模	5 000人以下、5 000~2万人、2万(不含)~5万人、5万(不含)~10万人、10万(不含)~25万人、25万(不含)~50万人、50万(不含)~100万人、100万(不含)~400万人、400万人以上
密度	城市、郊区、远郊、乡村
气候	北部气候、南部气候

2. 人口统计细分

根据人口统计变量,如年龄、性别、家庭生命周期、收入、职业、教育、宗教、种族和国籍,把市场分割成一些群体,见表3-1-2。

表3-1-2 人口统计细分依据

变 量	典型分类
年龄	6岁以下、6~11岁、12~19岁、20~34岁、35~49岁、50~54岁、55岁以上
性别	男性、女性
家庭规模	1~2人、3~4人、5人及以上
家庭生命周期	单身青年、已婚青年无子女、年轻已婚且最小孩子6岁以下、年轻已婚且最小孩子6岁以上、中年已婚且最小孩子18岁以上、老年、其他
年收入	20 000元以下、20 001~30 000元、30 001~50 000元、50 001~10万元、10万(不含)~25万元、25万元以上
职业	行业技术人员、经理、官员和企业主、职员、推销员、操作员、农民、退休人员、学士、家庭主妇、失业人员
教育	初中或以下、高中肄业、高中毕业、大学肄业、大学、研究生及以上
宗教	无宗教信仰、佛教、道教、基督教、伊斯兰教、其他
代际	70后、80后、90后、00后
国籍	美国、英国、韩国、日本等

3. 心理细分

心理细分是将购买者按照其生活方式和个性特征划分为不同群体,见表3-1-3。

表 3-1-3　心理细分依据

变量	典型分类
生活方式	墨守成规、赶时髦者、嬉皮士
个性	冲动型、交际型、独裁型、雄心勃勃型

4. 行为细分

行为细分指根据购买者的知识、态度、产品使用情况以及对产品的反应将其划分为若干群体,见表3-1-4。

表 3-1-4　行为细分依据

变量	典型分类
时机	普通时机、特殊时机、季节性
利益	质量、服务、便宜、效率
使用者身份	非使用者、以前的使用者、潜在使用者、首次使用者、经常使用者
使用频率	偶尔使用者、一般使用者、经常使用者
忠诚度	不忠诚、一般忠诚、很忠诚、绝对忠诚

（二）有效市场细分的条件

尽管市场细分的方法有很多,但并非都同样有效。因此,一个有用的细分市场必须具有以下几个特点。

1. 可衡量性

可衡量性指细分市场的规模和购买力能够予以衡量的程度。一些市场细分变量很难衡量,像出于反抗父母的目的而饮酒的青少年细分市场的规模就很难予以衡量。

2. 可进入性

可进入性指细分市场可以进入并为之服务的程度。研究发现,20%的大学生餐馆顾客属于常客。但是,常客没有任何共同的特征。他们中既有大学生教职员,也有学生,在学生的兼修、全修或年级方面,并没有实质性的区别。尽管该细分市场已经被识别出来,但是这个经常使用者市场却无法被进入。

3. 实效性

实效性指细分市场在规模和可盈利性方面值得作为目标市场的程度。一个细分市场应该是一个最大的同质群体,并且从经济的角度上看值得为它制订专门的营销计划。例如,在大都市地区,可以开办各种不同种族所喜欢的餐馆,但在小城镇中,泰国餐厅、越南餐馆和墨西哥餐馆就都难以规模化发展了。

4. 可行动性

可行动性指能设计出吸引目标市场并为之服务的有效计划的程度。

3-1-6
阅读资料:社交型酒店不跌反涨,疫情后或将聚焦市场细分例如,一家小型航空企业识别出 7 个细分市场,但企业的人员力量和资金能力都不足以制订出能分别为每个细分市场服务的营销计划,因此,若针对 7 个细分市场同时服务就不具可行动性。

二、目标市场选择（Market Targeting）

在市场细分后,企业可以进入一个或多个细分市场,目标市场选择包括评估每个细分市场的吸引力并进入一个或多个细分市场。企业应该选择那些有利可图的、能够创造和保持最大顾客价值的细分市场。

另外,企业可以同时服务于几个相关的市场——顾客或许不同,但基本的欲求相同。大多数企业在开始时为单一的细分市场提供服务,如果获得了成功,则可能增加细分市场,大企业最终会追求覆盖整个市场。

（一）评估细分市场

在评估不同细分市场时,企业必须考虑 3 个因素:细分市场的规模和增长率、细分市场的结构性吸引力以及企业目标和资源拥有状况。

1. 细分市场的规模和增长速度

企业必须搜集和分析各细分市场的当前销售额、增长率和预期获利能力。企业的兴趣在于那些有适当规模和增长特征的细分市场。但"适当的规模和增长率"是一个相对的说法,一些企业可能想把销售额巨大、增长速度快和边际利润高的市场作为目标市场。可是,最大的、增长最快的细分市场并非对所有企业都是最具有吸引力的市场,一些小企业会发现,他们没有足够的技能和资源去为大市场服务,或者这些市场竞争太激烈、难以应对。这样的企业就会选择一些从绝对意义上说较小而且不太具有吸引力的市场,而这样的市场从前景上看却对他们来说更加有利可图。

2. 细分市场的结构性吸引力

几个细分市场可能在规模和增长率上都很理想,但在利润方面缺乏吸引力。企业必须考察几个重要的、影响细分市场长期吸引力的结构因素。例如,如果一个细分市场中已经有许多强大的、好斗的竞争者,那么,这个市场就没有什么吸引力。如果存在许多现实的和潜在的替代品,那么产品的价格就会受到限制,从而影响从该市场所能得到的利润。最后,如果一个细分市场中有几个强有力的能够控制价格、减少订购产品的数量或降低其质量的大供应商,那么这个市场也没有多少吸引力。

3. 企业目标和资源

所有企业都必须考虑其目标和资源是否与现有的细分市场匹配。一些颇有吸引力的细分市场,由于与企业长期目标不吻合,因此应立即排除。

如果一个细分市场符合企业的目标,企业接下来就必须确定它是否拥有足以使它在该市场获得成功的技能和资源,如果企业缺乏在该市场成功竞争的优势,而且不可能轻易获得这种优势,那么它就不要进入这个细分市场,只有当企业在某个细分市场上能够提供超过竞争者提供的价值并拥有多种优势时,它才能进入该市场。

（二）选择细分市场

假日酒店的差异化策略

　　自 20 世纪 50 年代创建假日酒店以来,在半个多世纪的成长过程中,威尔逊先生创造了酒店业的神话,假日酒店成了世界上第一家达 10 亿美元规模的酒店集团。该集团将酒店定位于中等价位并提供高标准服务,为顾客提供了一个有着家一般感觉的休闲场所。在为旅客提供"假日标准"的服务和设施基础上,他们针对不同目标市场推出不同服务项目或强调不同服务重点。

　　"皇冠假日酒店"位于世界各大主要城市,主要为旅客提供较为舒适的服务和设施。

　　"智选假日酒店"不设餐厅、酒吧和大型会议设施,但提供"假日标准"的舒适和价值。

　　"庭院假日酒店"在提供"假日标准"的同时更体现出酒店所在地的特色和风情。

　　"阳光度假村"比较注重为旅行者提供较多休闲、娱乐设施,强调舒适的享受和全面的酒店服务。

　　分析提示: 酒店依据自身条件,选定最适合酒店发展的目标市场,采用差异化经营手段,对酒店产品准确定位,在顾客心目中占据一定位置。充分发挥酒店的经营特色与个性,敢于创新,就一定能在日益激烈的市场竞争中获得最大的收益。

　　对不同市场评估之后,企业要决定,该选择多少和哪些细分市场来提供服务,这就是目标市场的选择问题。目标市场由一些具有相同需要或特征的购买者构成,他们是企业决定为之服务的对象,企业可以采取 3 种市场覆盖策略——无差异营销策略、差异营销策略和集中营销策略中的任何一种。

　　1.无差异营销策略

　　无差异营销指企业不考虑细分市场的差异性,对整个市场只提供一种营销组合。这种营销策略的焦点是消费者需求的共同性而非差异性,它所涉及的营销计划力图吸引最多购买者,大批量分销和大众广告是最基本的营销工具。广告的目的是要在消费者头脑中创造一种良好的形象。

　　2.差异性营销策略

　　差异性营销指企业选择几个细分市场作为目标市场并分别为每个目标市场设计营销方案的一种策略。差异性营销策略一般会比无差异营销产生更多的总销售额。

3.集中性营销策略

集中性营销对那些资源有限的企业尤其具有吸引力。运用这种策略的企业不是要去占领一个大市场中的小份额,而是要追求一个或几个小市场中的大份额。

四季酒店集团和瑰丽酒店集团把目标市场集中在高价位的酒店客房市场上,通过集中性营销策略,企业在自己所服务的细分市场上获得了很强的市场地位,原因皆在于他们更加了解这些细分市场的需要。如果细分市场选择得当,企业就能得到很高的投资回报率。

集中性营销蕴含着较高的风险。被选中的细分市场可能变质。由于这个原因,许多企业更喜欢同时在两个或多个市场上经营。

(三)选择市场覆盖策略考虑因素

企业在选择市场覆盖策略时须考虑许多因素。

1.企业资源

当企业资源有限时,最适合的策略就是集中营销策略。

2.产品同质程度

对于同质性产品,比较适合的策略是无差异营销策略。还必须考虑到产品所处的生命周期阶段,当企业生产一种新产品时,比较可行的是只推出一种型号产品,并且无差异营销或集中性营销策略可能是最合适的策略。在产品的成熟期,差异性营销变得更加可行。

3.市场的同质性

如果购买者有同样的品位,购买同样数量的产品,对营销策略做出同样的反应,那么,无差异营销策略就是适合的。

4.竞争者策略

当竞争者采用市场细分策略,那么自身采用无差异营销策略不啻自杀。相反,倘若竞争者采用无差异营销策略,则采用差异或集中策略就能赢得某种优势。

三、市场定位(Market Positioning)

企业一旦选定其目标市场,就要决定如何为每个选定的目标市场差异化自己的产品以及在市场上占据什么样的位置。产品的市场定位是指在消费者心目中该产品与竞争者相比所占据的位置。市场定位是为了使产品与竞争者相比在目标市场的消费者心中占据一个清晰的、与众不同的和诱人的位置。

(一)定位策略

1.产品的具体属性

价格和产品特征可以用来定位产品。产品的属性必须为顾客创造利益。如果选择的产品特质在通常情况下并不被视为一种好处,那么这种好处就需要明确宣传。

2.能满足的需要或能提供的利益

营销人员可以通过产品所能满足的需要或能提供的利益来对其定位。例如,一家餐馆把自己定位为一个娱乐场所。

3.某些阶层的使用者

营销人员可以通过产品使用者的特定阶层来对产品进行定位,如一家酒店在广告中强调自己是一家女性酒店。

4. 针对现有竞争者

一个产品可以通过针对现有竞争者而进行定位。

（二）选择和实施定位策略

一流的产品，一流的环境，为何没有理想的生意

20世纪90年代中期，在宁波市中心、号称"宁波外滩"的地段，沪上一家著名的五星级酒店接管了一家旋转餐厅，接管方按星级酒店的思路对就餐环境进行了设计，产品也定位为高档星级酒店的产品，开门营业了一段时间后却门可罗雀，令人大失所望。经过仔细调研，接管方发现，宁波与上海的市场环境不同，消费者心目中的旋转餐厅就应该是这个档次的定位。

问题：餐厅如何定位才能有理想的生意？

分析提示：分析餐厅营业地的社会大环境；同行餐厅的经营状况，提倡错位经营；在内部装修、产品定位上尽可能适应所在地的消费需求。

市场定位策略包括3个步骤：识别各种可能作为定位依据的竞争优势；选择正确的竞争优势；向经过慎重选择的目标市场传达企业的定位意图。

企业可以把各种优势捆绑在一起来使自己区别于其他企业。对类似的产品，提供比竞争对手更低的价格或通过提供更多利益以使较高的价格能够被人接受，都可以使企业赢得竞争优势。所以，企业必须将自己的产品和价格与竞争对手对比，并不断寻找改进的可能性。当已经能够比竞争者做得更好时，企业就赢得了竞争优势。

并非所有企业都有很多取得竞争优势的机会。一些企业只能找到比较小的竞争优势，而这种优势通常都很容易被模仿，因此极易失去机会。这些企业必须不断寻找新的潜在优势，并逐一加以利用，使竞争对手应接不暇，很少或者也许没有哪家可以取得长久而明显的优势，不过随着时间推移，他们能够通过拥有的一些较小的优势来一点一点扩大其市场份额。

（三）传达企业的定位意图

一旦选择市场定位的特征并确定了市场定位的表达方式，企业就必须把这种定位传达给目标顾客。企业的所有营销组合措施都必须支持其定位策略。要想制定和维持一种一贯的定位策略并非易事，许多反作用力总在起作用。企业的定位决策最终决定了谁将是竞争者。在制定其定位策略时，企业应该评估其竞争优势和劣势，并占据比竞争者更有利的位置。通过创造令人难忘的顾客体验可以强化和支持定位策略。

四、整合的营销组合

在决定了整体的营销战略之后，企业就准备计划营销组合。营销组合是一系列可控的策略性营销工具，企业使用它从目标市场上获得期望的回应。营销组合包含企业能做的影响其产品需求的一切事情，它们可以被划分为4类，即我们所知的4P：产品（Product）、价格（Price）、渠道（Place）和促销（Promotion）。

（一）4P 的内涵与应用

1. 产品

产品是指企业为目标市场提供的商品和服务的组合。产品的组合,主要包括产品的实体、服务、品牌、包装。它是指企业提供给目标市场的货物、服务的集合,包括产品的效用、质量、外观、式样、品牌、包装和规格,还包括服务和保证等。

2. 价格

价格是指消费者为了获得产品所支付的金额。定价的组合,主要包括基本价格、折扣价格、付款时间、借贷条件等。

3. 渠道

渠道是指企业将产品投放于目标市场的活动。主要包括分销渠道、储存设施、运输设施、存货控制,它代表企业为使其产品进入和达到目标市场所组织、实施的各种活动,包括途径、环节、场所、仓储和运输等。

4. 促销

促销则是传达产品利益和说服目标客户购买的活动,指企业利用各种信息载体与目标市场沟通的传播活动,包括广告、人员推销、营业推广与公共关系等。

（二）4C 的内涵与应用

一个有效的营销战略项目会将所有营销组合元素融合在一个整合的营销方案中,进而通过提供顾客价值而实现营销目标。4P 营销组合能够在目标市场上为企业进行强有力的定位,但 4P 概念从卖家的视角来看市场,而非从买家的视角。从买家的视角来看,在注重顾客价值和关系的时代里,4C 可能比 4P 更加合适。

表 3-1-5　4P 与 4C 的区别

4P	4C
产品（Product）	顾客问题解决（Customer Solution）
价格（Price）	顾客成本（Customer Cost）
渠道（Place）	便捷性（Convenience）
促销（Promotion）	交流（Communication）

1. 消费者

消费者指消费者的需要和欲望（Needs and Wants of Consumers）。企业要把重视顾客放在第一位,强调创造顾客比开发产品更重要,满足消费者的需求和欲望比产品功能更重要,不能仅仅卖企业想制造的产品,而是要提供顾客确实想买的产品。

2. 成本

成本指消费者获得满足的成本（Cost and Value to Satisfy Consumers' Needs and Wants）或消费者满足自己的需要愿意付出的成本价格。这里的营销价格因素延伸为生产经营过程的全部成本。包括企业的生产成本,即生产适合消费者需要的产品成本;消费者购物成本,不仅指购物的货币支出,还指时间耗费、体力耗费和精力耗费以及风险承担。因此,企业要想在消费者支持的价格限度内增加利润,就必须降低成本。

3. 便利

便利指购买的方便性（Convenience to Buy）。比之传统的营销渠道，新的观念更重视服务环节，在销售过程中，强调为顾客提供便利，让顾客既购买到商品，又购买到便利。企业要深入了解不同消费者有哪些不同购买方式和偏好，把便利原则贯穿于营销活动的全过程，售前做好服务，及时向消费者提供关于产品的性能、质量、价格、使用方法和效果的准确信息；售后应重视信息反馈和追踪调查，及时处理和答复顾客意见，主动退换有问题的商品，积极维修使用故障商品，甚至终身保修大件商品。

4. 沟通

沟通指与用户沟通（Communication with Consumers）。企业可以尝试多种营销策划与营销组合，如果未能收到理想的效果，则企业与产品尚未完全被消费者接受。这时，不能依靠加强单向劝导顾客，要着眼于加强双向沟通，增进相互的理解，实现真正的适销对路，培养忠诚的顾客。

（三）其他营销组合

1. 4S 的内涵

4S 分别是满意（Satisfaction）、微笑服务待客（Service）、速度（Speed）、诚意（Sincerity）。

4S 战略强调从消费者需求出发，打破企业传统的市场占有率推销模式，建立一种全新的"消费者占有"的行销导向。要求企业对产品、服务、品牌不断进行改进，以及综合性消费者满意指数和消费者满意度作测评与改进，以实现服务品质最优化，使消费者满意度最大化，进而达到消费者忠诚，同时强化了企业的抵御市场风险、经营管理创新和持续稳定增效的"三大能力"。

2. 4R 的内涵

4R 营销理论是由美国学者唐·舒尔茨（Don E. Schultz）在 4C 营销理论的基础上提出的新营销理论。4R 分别指代关联（Relevance）、反应（Reaction）、关系（Relationship）和回报（Reward）。该营销理论认为，随着市场发展，企业须从更高层次上以更有效的方式在企业与顾客之间建立有别于传统的新型的主动关系。

3. 4V 营销理论

4V 指差异化（Variation）、功能化（Versatility）、附加价值（Value）、共鸣（Vibration）的营销理论。4V 营销理论首先强调企业要实施差异化营销，一方面使自己与竞争对手区别开来，树立自己独特形象；另一方面使消费者相互区别，满足消费者个性化需求。其次，4V 营销理论要求产品或服务有更大柔性，能够针对消费者具体需求进行组合。最后，4V 营销理论更加重视产品或服务中无形要素，通过品牌、文化等以满足消费者的情感需求。

3-1-7
阅读资料："酒店+X"如何出圈？深度复盘锦江跨界营销案例

4. 4I 理论

网络时代，传统的营销经典已经难以适用。在网络媒体时代，信息传播"集市式"、信息多向、互动式流动。在这种情况下，奥美广告提出了网络整合营销 4I 原则：趣味原则（Interesting）、利益原则（Interests）、互动原则（Interaction）、个性原则（Individuality）。

任务思考

1. 市场细分、目标市场选择和市场定位的定义是什么?

2. 使用一家酒店作为案例,解释市场细分、目标市场选择以及市场定位的过程。

3. 运用 4P 理论对一家酒店进行营销策划,锻炼知行合一的职业能力。

3-1-8

在线自测题

知识导图

请对本小节知识点进行总结,绘制你的知识导图吧。(可扫描二维码查看参考总结)

3-1-9

知识导图

温故而知新

子任务三 酒店市场营销模式创新

❶ 了解数字经济时代酒店营销的新模式。
❷ 学会使用不同营销新模式设计酒店营销方案。
❸ 能选择合适的新模式营销一家酒店。
❹ 培养以市场为导向、不断满足人们美好生活的创新精神。

任务分析

　　随着数字经济时代的到来,"互联网+"的出现带来了新的酒店营销模式和营销理念,比如,微信营销、酒店 App 营销、微博营销、网站直销、团购营销、OTA 模式下的营销等。每种新的营销模式都有其特殊的具体方法。本任务需学会新营销模式的具体方法,能够设计酒店营销方案,并且能选择一家具体的酒店,根据酒店的具体情况,选择合适的新模式制订营销方案。

 任务操作

试一试

　　选择一家你最喜欢的酒店品牌,查找它是否有微信公众号、小程序、官方 App、微博账户、官方网站,并在你常用的团购 App 和在线旅行社上搜索,看是否能够搜索到,看看它们用了哪些方式吸引顾客。

　　数字经济时代,营销革命发展至 4.0 时代,酒店营销人员须随时关注不断更新的新事物,并作出反应,这样酒店企业才能在竞争中处于有利地位。

3-1-10 阅读资料:OTA、短视频、小红书……酒店营销要怎么玩?

一、微信营销

(一)推广微信公众号平台

酒店可引导微信用户关注酒店微信公众平台,加深公众对酒店微信公众平台的认知和认同,进而将关注转化为购买。

1. 品牌式营销推广

首先,要不断拓展微信公众号平台的推广渠道,利用关注朋友圈、扫描文章中的二维码等多种方式扩大影响力。其次,选择更加简单的微信公众号的图像和签名,确保其与酒店名称相符,具有较强的可识别性,确保微信公众号的独特性和不可复制性。再次进一步提升微信公众平台界面的友好性和美观性,保证广大用户能够便捷地获取相关信息。最后主动对潜在客户群体定位,借助位置服务技术,对潜在客户进行搜索和定位,将产品和促销信息准确地推送给潜在客户,实现精准营销。

2. 体验式营销推广

酒店可利用体验式营销充分满足客人在信息获取和产品消费方面的要求,进一步提升体验式服务的水平。酒店在全面了解客人基本特征的同时,应当对客人和酒店的接触界面进行整体设计,充分借助微信公众平台为客人创造最好的消费体验。酒店在确定接触界面的同时,应确定微信公众平台的业务场景,确保实现平台相关功能。

3. 红包式营销推广

用微信发红包操作十分简单,金额可自行设定。红包式营销不仅具有较强的趣味性和吸引力,而且能满足用户的心理需求,因此,获得了广大用户的认可。

(二)利用酒店微信公众号吸引粉丝

1. 线下推广

线下永远是获取微信粉丝的最佳渠道之一,在酒店前台(不限于前台,任何客流量大的地方)可以放置二维码,在酒店用品上印刷二维码,印发带二维码的宣传单,赠送带二维码的纪念品,在相关人员的名片、服饰上印二维码等。

2. 线上推广

酒店也可利用各种方式加大线上推广力度,以获取更多微信粉丝。

使用好微信公众号互推(请粉丝量大的号帮忙推);使用微博推广;利用微信摇一摇推广,但是需个人号辅助;在相关行业 App、网站上推广,特别是提供酒店预订服务的一站式网站。

在完成最初的粉丝积累后,酒店要对微信公众号日常维护,将优惠信息推送给客人,刺激客人二次消费;也可以通过微信公众号与粉丝互动,提升其活跃度,或经常推送美文,通过软性的营销手段塑造酒店的品牌形象。

(三)微信图文推送

1. 推送原则

利用微信公众号向客人推送图文信息时,酒店应遵循 3 点原则,把握推送的时间及内容。

第一,定位要准确,根据酒店的特色和客群确定文章风格(如幽默、文艺等)。

第二,根据客人的休闲时间确定微信文章推送时间,通过互动提高用户黏性。

第三,定期图文分析、用户分析,为后续确定文章内容和维护客群关系提供参考。

2. 推送时间要与客人休闲时间相吻合

微信文章的推送周期最好是每周一次,这样不会打扰客人。在节假日推送促销活动信息时,可增加推送次数,或以多图文的形式推送。

每周推送的时间最好固定,这样就可以利用休闲或碎片化时间培养客人的阅读习惯,而且不会使推送的信息很快被其他信息所覆盖。利用微信公众号推送文章的 4 个最佳时间段分别是 7:00—8:00、12:00—13:00、18:00—19:00 和 21:00—22:30。

3. 推送文章的类型

推送文章的类型主要有以下几类。

第一,酒店推出的促销、优惠、打折等活动信息,可用于提高用户黏性。

第二,客人的住店体验,真切的感受更能打动消费者。

第三,当地景区、美食、娱乐的介绍,可使微信公众号更具趣味性。

第四,酒店经营过程中的小故事,可提升酒店形象,扩大酒店影响力。

4. 及时互动才能提高用户黏性

微信公众号只有两个窗口可以与客人互动,分别是消息管理和留言管理。

消息管理中的信息是客人直接在公众号输入的信息(48 小时内可以回复,过期将无法回复),留言管理是客人在酒店推送的公众号文章后面的留言。酒店前台可兼任客服,最好起个好听、好记、亲切感强的名字,在轮班时对客人信息进行回复。

5. 定期分析效果,让运营更精准

每周对微信公众号的图文和用户数据进行统计分析,为后续优化文章内容、推送时间等提供依据。

(四)微信小程序营销

酒店微信小程序的应用场景多样,有以下几点。

酒店介绍:展示酒店的文化、场景布置、发展历程等,获取客人的认可,树立良好的形象。

品牌介绍:介绍酒店的品牌历史和特色,展示品牌故事,加深客人对酒店的印象,增强用户黏性。

建议反馈:客人对酒店的产品或服务反馈后,留下客人的联系方式,改进相关的运营方案,与客人形成良好的互动关系。

在线咨询:直接在小程序页面展示酒店的微信以及客服电话,以便客人直接与酒店联系,酒店可借此及时捕捉客人需求,快速解决客人疑惑,展现酒店的优质服务,提升客人的体验。

位置导航:展示酒店的位置信息,包括门店的分布点、详细位置等,客户点击即可获得导航服务。客人可以利用这一服务选择自己可以迅速到达的酒店。

预约入住:客人可以灵活预约入住酒店的时间和房型等。

案例再现

IU 酒店品牌微信发布会

2015 年 2 月 10 日,铂涛召开微信发布会,推出全国首家互联网酒店品牌 IU。IU 策划团队通过微信平台、铂涛官方微博和铂涛会微社区发布品牌信息,直接影响人数达 10 万,自此,几乎玩微信的每个人都知道在广州有一个互联网酒店叫 IU。整场发布会影响范围广且创造了 0 退群 0 屏蔽的纪录。

为什么微信发布会如此火?甚至粉丝群爆满之后铂涛会会员纷纷打电话投诉群数太少还想加入?

首先,微信发布会依托现代社交软件而存在,本身便是一个新趋势,容易成为众人关注的焦点。其次,发布会前期通过自媒体以及微信、网络红人预热和推广,信息迅速抵达几十万人。另外,这次发布会的内容完全针对目标消费群体量身打造,主持人使用的是网络语言,诙谐有趣,内容呈现上没有领导和嘉宾发言,只有品牌和产品。所以,整场发布会收效明显。

二、酒店 App 营销

App 营销指通过手机 App 开展的营销活动。App 营销是移动互联网营销的核心内容,是品牌获取用户的重要渠道,也是连接线上与线下的重要枢纽。

它能帮助酒店传播品牌形象,推广产品,维护客户关系,转化为销售。在品牌传播上,帮助展示酒店的形象;宣传酒店的经营和服务理念;增强现有客人及潜在客人对酒店的黏性;供客人对比查询产品信息。还可以精准营销,帮助酒店筛选、锁定目标客户群、实施更有针对性的宣传。作为门店的销售助手,通过图片、表格和文字全面展示产品的卖点。还可以建立完善的售前、售后服务体系等。

(一)酒店 App 的主要功能

礼宾服务,可以通过 App 随时提出礼宾服务要求。

预订功能,通过 App 为客人推送产品信息、促销信息,客人能在第一时间预订。

周边服务,客人能够很方便地了解酒店周边的旅游景点、特色小吃、风土人情等。

移动在线支付,为用户提供便捷的支付环境,便于酒店管理资金。

与客人互动,推送信息给客人或在节假日为客人送上温馨的祝福等。

(二)酒店 App 的代销推广方式

将 App 发布到各大应用市场;运用二维码技术,推广二维码;优化搜索渠道,将网站访问量转化为应用下载量;还可以通过专业媒体、电视广告、网络广告等渠道提高 App 的曝光率等。

案例再现

万豪酒店与 Apple Watch 的完美结合

Apple Watch 作为可穿戴设备的代表,牢牢地吸引着用户的眼球。其内置的应用包括微信、微博、支付宝、美拍、携程等多款应用,加上其 NFC 模块更能支持 Apple Pay 支付功能,可变身银行卡及酒店门卡。万豪酒店集团利用 iPhone 手机推出与 Apple Watch 关联的 App,用户可以在 Apple Watch 上完成预订、登记、支付以及开锁等一整套程序。

用户如果要对酒店赞扬或吐槽,通过美拍记录,分享到微博、微信等社交媒体即可。从场景到触点,一个完整的酒店 O2O 路径就完成了。除能提高酒店的工作效率、降低人工成本外,更能为入住客人带来绝佳的入住体验。

思考：旅游 O2O 大潮下，究竟该如何运用 O2O 为酒店服务呢？

分析提示：酒店业应主动拥抱，积极创新，把产品和服务做到极致，处处为用户着想，这样就不至于处处受制，反而拥有更多议价能力和腾挪空间，毕竟酒店的本质是满足用户需求、获得收益，产品和服务永远是最重要的。

三、微博营销

（一）得到粉丝认同，强化体验功能

酒店微博不能只介绍产品、服务及价格，还要让消费者建立对酒店产品和服务的认同。酒店要利用微博平台开展体验活动，让消费者通过深入体验认同酒店品牌并产生消费冲动。

（二）注重内心情感和娱乐功能

微博内容应流露出一定的情感，多采用粉丝喜欢的语言，并用口语及笑脸表情表达情感。在语言风格上，酒店可以创造富有特色的语言风格。还可用社会名人、高管员工或自创虚拟形象为酒店代言。酒店可在微博中塑造粉丝感兴趣的酒店典型人物形象，如大堂经理、大厨、调酒师、服务生等，用他们的眼光和口气来阐述现实中发生的趣事，以此吸引粉丝。

（三）为粉丝提供多样化服务

相当多的微博粉丝看到微博上的促销信息后会去订房、订餐。酒店要为微博粉丝提供多样化信息服务和消费选择。

（四）发挥意见领袖的作用

酒店应充分发挥微博中意见领袖的号召力，让尽可能多的目标顾客主动并且乐意接受酒店所要传达的信息，以提升微博营销的效果。

（五）精心展示酒店个性

酒店微博的设计风格十分重要，一定要精心设计酒店微博的头像、文字简介、标签等基本展示元素。酒店微博的头像多采用品牌 Logo，提高酒店品牌的识别度。

酒店简介宜简洁，最好能在第一时间夺人眼球。标签非常重要，它是潜在粉丝通过微博内部搜索引擎搜索到酒店的重要途径。

（六）重视对微博的管理

酒店微博的管理人员必须经过系统而专业的培训，不能只停留在技术操作层面上，还要接受商业公关技巧的培训。

（七）掌握微博发布技巧

发布微博是一项持久的、连续的工作。要把它当成日常工作来抓。微博内容至关重要，其应以展示酒店形象为主，尽可能避免情绪化表达；也要避免成为"话痨"，更新速度太快反而容易引起粉丝的反感。因此，酒店要合理把握发布时间，向正确的目标人群发布正确的内容。

（八）放大传播效应

获得尽可能多的关注是酒店微博营销的基础。酒店应尽可能地在微博平台上开展互

动,包括关注业内同行,关注与酒店业相关的行业动态,关注那些关注自己的人,转发、评论他人微博等,以此获得他人关注。同时,酒店应在营销方式上下功夫,发布的内容最好是原创的,酒店可以制作精品内容,赠送客房或折扣券,巧妙借助热点事件拉近与粉丝的距离,发起公益活动吸引粉丝参与互动等,从而放大传播效应。

(九)利用并发掘微博用途

微博是收集客人反馈的最佳渠道,酒店经理应指派专人维护官方微博,在第一时间回答粉丝的疑问,解决他们的问题,让他们体验到与酒店零距离交互的价值,从而对酒店产生信任感。另外,酒店也要对前台、预订、销售等所有与客人接触的部门培训微博知识,并利用各种与客人接触的机会推广微博。

(十)重视微博的服务质量管理

酒店微博的一个重要作用是宣传、推广酒店专业而周到的服务,以此吸引更多客户。酒店服务是无形的,客户对服务质量的评价难以衡量。当有客人在微博上抱怨酒店时,微博管理人员应充分重视并及时处理,否则酒店的形象将受到影响。

(十一)微博植入广告式营销

在现实生活中,人们购买产品时会"严重地"受到自己信任的朋友的评价影响。微博是人际交流的场所,在人们交流的过程中植入广告是微博植入式广告的核心。常见的微博植入式广告营销形式:用户体验独白、植入"段子"、植入舆论热点、植入活动。

四、网站直销

(一)酒店网站栏目设计

酒店的品牌不同、档次不同,其风格也不一样。在建设网站时,应根据酒店的实际情况设计功能模块。以下是常见的网站栏目。

1. 网站首页

网站首页是酒店网站的第一窗口,是决定用户对酒店第一印象的关键页面,其布局和页面风格对网站整体定位起着决定性作用。

2. 企业简介

对酒店的介绍和说明,如企业概况、特色和服务宗旨、企业历史、大事记、企业文化、企业荣誉等。

3. 新闻

发布酒店的新闻、行业动态和媒体报道等。

4. 酒店预订

一般以电子表格形式呈现,客人可在此填写姓名、手机号、订房房型、人数、入住天数、到店日期、离店日期、联系方式等信息。

5. 会员中心

主要功能包括用户注册、登录、会员预订、点评等。还有酒店会员权益介绍以及常见操作指南等。

6. 客人点评

酒店可以对客人的点评回复。

7. 人才招聘

有助于酒店网罗各路英才。

8. 联系我们

客人与酒店之间的沟通渠道,为对酒店感兴趣的客人提供了详细的联系方式。

9. 附属栏目

提供一些实用工具或信息,如网站流量统计系统、二维码、微信信息等。

(二)网站建设的要点

1. 首页设计要有特色

在设计上尽量个性化,可在首页简要说明酒店的概况、特色、接待能力和服务宗旨,还可以介绍酒店的一些成功案例、接待过的知名人士及举办过的大型活动等。在房间介绍方面,可推荐几个不同档次的房间来满足不同消费者的需求。

2. 慎重选择域名

网站的域名就像每个家庭的门牌号码,既要好记又要好听,可以采用数字、拼音、英语、缩写等形式。

此外,酒店选择网站域名时还应兼顾国际用户,域名具有唯一性,一个域名一旦注册成功,任何其他机构都无法注册相同的域名。在选择域名时,要确保域名与酒店网站的名称、标识相统一。

3. 具有行业共性

建设酒店网站时,要考虑酒店业的特点,并做好以下方面。

把网站作为展示酒店品牌形象的空间,注重品牌塑造,重视页面设计。用网站销售产品,充分展示产品,促进宣传。突出互动性,采用360°全景图片或视频、3D技术等增强网站的趣味性。

五、团购营销

(一)团购既要低价又要限量

团购的优势在于酒店可以通过数量控制让一部分用户传播和推广以低价体验到的高品质的产品。酒店可以把部分宣传费用用来弥补团购售价与实际售价的差价,最终获得更多收益。

酒店可以通过收益管理以及市场细分,对团购市场的消费者行为进行分析、预测,确定最优价格和最佳存量分配模型,实现收益最大化。事实证明,无限制的团购并不能为酒店带来更大收益。

(二)做成打包价而不是超低价

对于酒店来说,团购超低价适用于服务较单一的酒店,如经济型酒店。而对于完全服务型酒店而言,团购应该使用打包价,即通过打包让酒店闲置资源得到有效利用,为酒店创造更大价值。

（三）应注意团购的差异化

不少酒店的服务单一,虽然引入了团购,却常常不容易被客人记住。因此,酒店须另辟蹊径,去寻找不容易被模仿的团购模式。

（四）让客人主动传播

团购的价值在于降低客人的消费门槛,让更多人消费体验,并通过口碑传播扩大宣传范围,而不是处处开花、信息满天飞、让人不知所措。

（五）精准定位消费人群

目前,高档酒店的消费者更加注重服务品质,低价团购产品往往会导致这部分消费者隐性流失。因此,酒店在设计团购产品时,应该充分考虑目标消费群体的特点,在合适的网站上投放合适的团购产品,以满足目标消费群体的个性化需求。

六、OTA 模式下的营销

在线旅行社(Online Travel Agency,OTA)将传统的旅行社销售模式放到网络平台上,更广泛地传递了线路信息,其互动式交流更方便客人的咨询和订购。OTA 模式改变了传统的酒店营销模式,各酒店可以在 OTA 模式下采用网络营销模式开展网络订购,与携程旅行网、去哪儿网、艺龙网和同程网等 OTA 合作。

3-1-11　阅读资料:
OTA 运营,你不
知道的那些坑

（一）OTA 模式下酒店的活动营销

1. 参与平台活动

首先,要分析活动主题是什么、针对哪种客源、展示渠道有哪些、推广资源有哪些、与自己是否匹配? 只有活动适合自己,酒店才能获得好的营销效果。

其次,要看区域内已经参与活动的酒店有多少,如果参与的酒店太多,参与的意义就不大。

最后,要分析参与活动的竞争酒店,其中最关键的是价格分析。客人点击进入活动专题页面后,酒店一般都是利用优惠价格来吸引客人的,因此,价格是关键要素。

2. 自办活动

除了参加活动,一些 OTA 平台给了酒店自办活动的权限。

（二）OTA 模式下的酒店促销

自主促销:每种促销方式适用的场景都不一样,酒店要视具体情况采用。

利用优惠券、红包促销:酒店可以利用优惠券或红包促销,吸引客人下单消费。

（三）OTA 模式下酒店的付款营销

OTA 平台可采用各种方式对酒店包装,帮助其获取更高曝光度,付费营销就是一种很典型的方式。除免费活动广告位,OTA 平台还会提供一些有偿广告位。酒店可以直接付费购买换取曝光量,也可以通过等价免费房源换取广告位。另外,每个平台的自媒体都得有可观的粉丝量,最常见的 OTA 自媒体推广平台是微信公众号。

（四）提高酒店在 OTA 排名的技巧

1. 为客人设计产品

客人在选择酒店时，当然会以酒店的产品为主要选择依据。酒店在 OTA 平台上线的产品应是专门为客人设计的。平台上的酒店房型基础信息要完善，增值服务要展示到位。

2. 包装美化产品

在 OTA 平台上线的产品，酒店一定要做好包装，以便吸引客人的眼球，增加点击率。注意房型名称的美化，也要注意首图的选择，还要注意图片的视觉冲击力。

3. 引流客人

通过各种类型活动引流，要将自身优势最大化，点评回复要有技巧。虽然酒店努力让每一位客户都满意，但很难真正做到。如果客人给的评分较低，或评价不好，酒店要及时解决问题。

（五）转化 OTA 客人为直营客人

OTA 平台给酒店带来了高流量，酒店则需向 OTA 平台支付高额的佣金。因此，酒店应抓住机会，合理转化 OTA 客人，使之变成自有直销渠道的客人。酒店可通过 OTA 平台带来新的客流，提升顾客体验，提高顾客忠诚度，做好酒店的自有直销渠道。

直销渠道要不断推出新的促销方式，在保证价格一致的基础上，为客人提供更多优惠。保证价格一致的原则；利用官网引导流量；加大直销渠道的推广力度；保证直销渠道最优惠的价格；酒店全体员工配合，通过服务引导顾客。

任务思考

1. 酒店营销的新模式有哪些？你还知道其他的吗？

2. 你学会了酒店营销的哪些具体方法？

3. 经济型酒店与豪华型酒店，使用新模式营销的具体方案有哪些差异？

4. 发挥创新精神，思考其他营销新模式。

3-1-12

在线自测题

知识导图

请对本小节知识点进行总结,绘制你的知识导图吧。(可扫描二维码查看参考总结)

3-1-13
知识导图

温故而知新

任务拓展

阅读材料：酒店如何服务好 6.89 亿女性消费者？

从女足到冬奥两金获得者谷爱凌，2022 年开年，"她力量"焕发出了极其绚烂的光彩。数据显示，中国女性劳动参与率高达 70%，位居全球第一，内地多达四分之三的家庭消费决定由女性主导。既是创造者又是消费者，"她力量"点燃的"她经济"，正在消费市场迸发耀眼光芒。

在日常品牌研发、产品设计、服务优化和其他细节化运营中，酒店已经将女性作为一个核心群体精细化运营。

比如希岸酒店，品牌创建的初始立意便是关注女性群体，希望能改善女性群体的差旅生活。具体产品设计和服务中，希岸酒店设置了女神停车位（比一般车位宽度增加 0.5 米）、女性楼层和面膜/面罩女神客房；客房配备 360°发光化妆镜，满足女性化妆充足光线需求，还贴心放置里面包含护手霜之类 IP 产品的"宠己包"；此外，希岸酒店还暖心地提供女士行李送至客房服务。

锦江都城酒店旗下的上海锦江都城经典达华静安寺酒店也设置了女性楼层、女士主题房。与此同时，针对女性消费者特别喜欢的下午茶，锦江都城酒店特别研发推出了"本宫要喝茶"系列产品。希尔顿欢朋酒店和凯里亚德酒店设置了百宝箱，其中，针对女性消费者的需求，就配备了卸妆棉、发圈、小的首饰盒等，以满足不时之需。

（摘自迈点网，作者：邱娟。）

双语拓展

关键术语

◇　企业形象　Corporate Identity，CI
◇　顾客满意　Customer Satisfaction，CS
◇　顾客忠诚　Customer Loyal，CL
◇　顾客关系管理　Customer Relationship Management，CRM
◇　市场细分　Market Segmentation
◇　目标市场选择　Market Targeting
◇　市场定位　Market Positioning

阅读资料

For Guests

Hotels are guest-centric businesses and revenue is driven by guests' experiences. Simply put, happy guests spend more, and they will return to stay again.This guide has identified nine critical guest journey segments where hotels can leverage technology to offer differentiated value propositions to engage guests and heighten experiences.

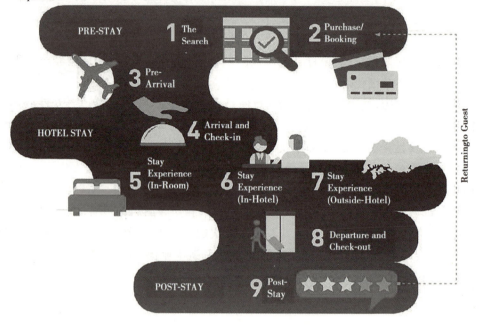

图 3-1-2 顾客酒店消费之旅阅读资料

任务二 酒店人力资源管理——关爱员工

创造酒店人生的价值

威廉（图3-2-1）家族致力于使文华东方酒店集团成为全球顶级的豪华酒店集团之一，其敏锐的西方商业头脑和独特的亚洲文化氛围赋予了文华东方在业内的领先地位和超高水准。一方面，他通过投资设施和人力资源的战略达到卓越的顾客满意度；另一方面，他注重将盈利和股东权益最大化。从服务顾客的角度出发，酒店集团致力于打造杰出的服务水准和优质的管理模式，大力倡导劳模精神，营造"劳动光荣，不劳动可耻"的社会风尚，激发员工的劳动积极性。

图3-2-1 威廉·渣甸（William Jardine）文华东方酒店创始人

所思所悟：自古劳动人民创造了历史。员工是企业发展的中坚力量，因此，关爱员工、激发员工的劳动积极性、大力倡导劳动精神、营造"劳动光荣，不劳动可耻"的社会风尚十分重要。目前，我国教育部已正式将"劳动课"纳入中小学课程，这正体现了我国强化劳动精神、大国工匠精神的决心。

· 任务说明 ·

在现代酒店管理中，人力资源是极其特殊、极为重要的资源，是酒店持续健康发展、提升服务质量、打造核心竞争力的基础，是决定酒店经营成败的关键。酒店服务的特点是人对人、面对面的，要保证酒店业务的正常运转、保持优良的服务品质，必须具备足够的、优秀的从业人员，所以酒店业必然成为劳动密集型产业，人力资源必然成为酒店管理的关键要素。

我们应该如何理解人力资源？酒店人力资源有什么特殊的地方？如何为酒店选人、育人、用人？在本任务中，我们将从认识酒店人力资源管理、酒店员工招聘、酒店员工培训和酒店绩效考核4个子任务的学习中寻找答案。

子任务一 认识酒店人力资源管理

任务目标
1. 理解酒店人力资源管理的概念及意义。
2. 掌握酒店人力资源管理的内容和特点,理解以人为本的管理理念,树立平等、法治的价值观。
3. 了解酒店人力资源管理面临的挑战。

任务分析

　　酒店的服务包括硬件服务和软件服务,而酒店的核心竞争力主要来自软件服务。软件服务必须依靠高素质、高品质的酒店从业人员才能完成,那么酒店人力资源管理应该做些什么?

　　传统的酒店人事管理主要任务是聘请员工、核发工资、调节劳动纠纷等,那么人力资源管理和人事管理又有什么区别呢?这种名称上的变化背后还有什么具体含义?

　　随着酒店业市场竞争愈发激烈,对现代酒店管理水平提出了更高的要求,酒店人力资源管理又会面临哪些挑战?

 任务操作

一、认识人力资源

　　人力资源指在劳动生产过程中直接投入的体力、智力、心力的总和及其形成的基础素质,包括知识、技能、经验、品性与态度等。

　　无论什么规模、什么形式的酒店都必须具备5种资源,即人力资源、物力资源、财力资源、信息资源、时间资源。每种资源都是不可或缺的,但人力资源是其中最重要、最宝贵的,因为其他资源都被人所支配利用,人力资源是其他资源利用、开发的前提。土地、设备、资金等不是决定酒店经营成败的关键,开发、管理、利用人力资源才是酒店发展的根本。

讨论话题:人力资源是把人当成资源,不当人看吗?

　　西奥多·舒尔茨(Theodore Schultz),美国经济学家,1979年诺贝尔经济学奖获得者,在1960年提出了人力资本的理论,其中心论点就是人力资源的提高对经济增长的作用远比物质资本的增加重要得多。

1945年第二次世界大战结束后,战败国德国和日本的经济受到很大创伤。很多人认为,这两个国家的经济恐怕要很久才能恢复到原有的水平。但实际上,只用了15年左右,德国和日本的经济就奇迹般地恢复了,其中的原因让许多人迷惑不解。

人力资本的理论则较好地做出了解释。战争虽然破坏了这两国的物质资本,但并未破坏其充裕的人力资本,加上这两国悠久的文化传统和重视教育的现代国策为经济发展提供了大量高素质的劳动力,两国的经济在高技术水平和高效益基础上得以迅速发展。

讨论:了解以上背景故事后,你认为人力资源与土地、水源、矿产、资金、设备等物质资源相比,有什么不同?

二、认识酒店人力资源管理

酒店人力资源管理是依据酒店的战略目标、组织结构变化,运用科学管理方法,对酒店的人力资源有效地开发、利用和激励,使人力资源得到最优化组合,使素质能力得到极大提升,使积极性得到最大限度发挥的一种全面管理,是为酒店创造更多财富和价值的过程。

(一)酒店人力资源管理的意义

1. 人力资源管理是酒店自身持续发展的根基

酒店必须根据自身的等级规模、接待能力和业务发展需要制定人员配置、岗位标准等,保证酒店各部门各岗位的人员配备满足业务需要,保证酒店业务的正常运行。若没有充足、优秀的人力资源,酒店将失去生存和发展的动力。

2. 人力资源管理是酒店提升服务质量的保证

服务质量的高低是酒店能否取得良好经济效益和社会效益的决定因素,同时酒店属于劳动密集型行业,大量工作都需要人工完成,服务质量在很大程度上取决于员工的素质能力。

3. 人力资源管理是酒店打造核心竞争力的关键

纵观国内外的知名酒店,无一不通过注重人力资源管理,建立优秀稳定的人力资源,结合自身良好的硬件、业绩、信誉等,打造核心竞争力,酒店的兴衰成败在很大程度上取决于人力资源管理水平。

4. 人力资源管理是酒店员工综合素质提升的保障

目前,教育和培训在酒店人力资源管理中越来越重要,通过教育和培训不仅能提高劳动生产率,也能提升员工综合素质。系统的教育和培训可以让员工形成强烈的事业心、责任心,认同和参与酒店管理,保持良好的精神状态和持续的工作动力,将实现个人价值与酒店长远目标结合。

(二)酒店人力资源管理的特点

1. 员工第一

常言道,"没有规矩则不成方圆"。严格的制度、规范的管理是酒店发展的保证,但是人力资源管理面对的是性格、习惯、文化、兴趣等千差万别的员工,制度显然不是万能的。

制度化应与人性化结合,人力资源管理须尊重员工、关心员工、爱护员工,真正把员工当"人"看,针对"人"的特点,树立"员工第一"的管理理念,对员工进行培训、教育、开发、激励,并为员工创造工作、学习、发展的环境和机会,帮助员工进步成长,帮助员工规划职业生涯。

2.全员管理

服务质量、经营效果涉及酒店的每个部门、每个岗位、每个环节以及每个岗位的工作,关键在于全体员工积极性的发挥,全员参与管理是酒店人力资源管理的必然要求。酒店人力资源管理的全员性是指,通过人力资源管理部门的科学规划,酒店全体成员都能从所在岗位出发参与管理,人力资源管理是酒店全体员工的职责之一。

3.动态管理

酒店面临的环境是复杂的,面对的顾客是多变的,酒店员工也是流动的,其心理需求、服务态度、工作目标等在不同时期明显不同。因此,酒店人力资源管理必须是动态的。首先,要根据外部环境条件的变化和企业自身的发展需求动态编制人力资源需求规划。其次,根据实际情况动态管理人力资源的招聘、录用、培训、开发、考核、奖惩、晋升、离职等全过程。在具体工作中,管理人员要注重了解员工的心理需求、情绪变动、思想动态、素质变化等,采取相应措施,调动员工的工作积极性和主观能动性,实现酒店的经营目标。

4.科学管理

现代酒店人力资源管理是一项复杂的、综合的系统工程,所以,必须建立起一整套标准化、程序化、制度化、定量化的管理系统作为保证,进行科学管理。

试一试

酒店是劳动密集型行业,一般情况下,人工成本占总营收的30%左右。"减员增效"这个词近年来不断被提及,但如何理解和操作却一直众说纷纭、见仁见智。

你觉得减员增效应该如何操作呢?

(三)酒店人力资源管理的内容

1.人力资源规划

根据酒店的经营管理目标和组织结构需要,对各项工作性质、岗位职责及素质要求进行分析,确定酒店员工的需求量和需求标准,预测酒店人力资源数量和质量,从而求得人员需求量和人员拥有量之间在酒店未来发展过程中的相互匹配。

2.招聘与配置

根据酒店的人力资源计划,招聘所需员工,招聘、录用员工应按照科学标准,以达到人与岗位的最佳组合。

3.培训与开发

酒店采取培训学习、技能训练等手段,提高员工的工作能力、知识水平,使员工发挥潜能,最大限度地使员工的个人素质与工作需求相匹配,提高员工现在和将来的工作绩效。

4.绩效管理

从内涵来说,就是对人及其工作状况进行评价,通过评价体现人在组织中的相对价值或贡献程度。从外延上来讲,就是有目的、有组织地对正常工作中的人进行观察、记录、分析和评价。通过绩效考核,考查员工的工作态度、工作能力和工作业绩等。

5.薪酬与福利

薪酬与福利对员工基本生活需要的满足至关重要,酒店可根据自身情况选用适当的工资形式,实行合理的奖励和津贴制度,酒店的劳动保险和福利待遇对发挥员工工作的积极性具有重要的激励作用。

6.员工关系

员工关系指劳动者和酒店在劳动过程中建立的社会经济关系,此外,还包括员工档案、劳动合同的管理。

三、酒店人力资源管理面临的挑战

(一)人才资源的争夺日趋激烈

伴随经济全球化的发展,国内市场国际化、国际市场国内化已成必然之势。国外酒店管理集团的全面进入,加剧了酒店业的市场竞争和人才争夺。如何稳定业务骨干,如何留住技术人才,将成为众多酒店管理者长期关注的焦点。

(二)人工成本比重不断攀升

随着消费主体转变、供求关系平衡、酒店市场不断规范以及我国劳动力供应总量下降,人工成本比重不断攀升,酒店业已经步入"微利"时代,整体走向买方市场。一方面,营业收入及利润的增长空间日益缩小;另一方面,人工成本(包括工资奖金、加班工资、社会保险等)占营收的比例在逐年增长。如何减员增效、提高劳动生产率是当前酒店经营管理的重中之重。

(三)一线员工流动频繁,培训体系尚待完善

由于酒店经营存在较强的季节性、周期性,酒店员工流动性很大,部分酒店熟练工的流动率达50%。同时,旺季招聘的临时人员服务水平和技能达不到标准,也会影响服务质量。此外,大多数酒店的培训未成体系,存在缺少需求分析、培训内容陈旧、培训方法单一、培训师资薄弱等问题,不利于提高员工的能力素质。

(四)员工需求的复杂化

随着时代发展与进步,人才对酒店的贡献愈发突出,人力资源管理已经从辅助事务层面上升到获取竞争优势的战略层面,并逐渐参与甚至主导酒店战略的决策。与此同时,随着生活水平的提高,年轻人普遍有着追求自我、实现人生价值的多元化、个性化需要。

(五)资讯技术的广泛应用,要求管理形式不断创新

资讯技术的迅猛发展和应用,网络经济的形成改变了整个酒店管理的模式。人力资源管理的方式突破了地域和时间的限制,远程面试、人脸识别等信息化管理手段逐步普及。这些新技术的应用,改变了人力资源管理的方式,要求人力资源管理要不断应用这些新技术并创造人力资源管理的新途径、新方法、新形式。

(六)酒店战略的多变性,对管理提出挑战

酒店竞争环境的复杂、多变,决定了酒店战略必须适应环境的多变性。相应地,酒店组

织也须变革,为酒店实现战略服务。这种连锁反应必然要求酒店的人力资源管理更具战略性,去满足组织变化的需求。一个称职的人力资源管理者须同时具备战略意识与综合服务的"通才"能力。

(七)酒店人力资源管理职能必须向专业化、社会化转变

市场经济的发展使管理中介服务机构不断建立和完善,酒店内部人力资源管理和社会专业化人力资源管理机构要在职能上分工和重新定位,将要求酒店人力资源管理工作更加专业化,部分职能将转交给中介机构。

任务思考

1. 人力资源具有哪些特征?
2. 酒店人力资源管理的特点和任务是什么?
3. 酒店人力资源管理应如何保障员工的合法权益?

3-2-1

在线自测题

知识导图

请对本小节知识点进行总结,绘制你的知识导图吧。(可扫描二维码查看参考总结)

3-2-2

知识导图

温故而知新

任务拓展

阅读资料：劳动争议的处理途径

劳动争议又称为劳动纠纷,指酒店等用人单位与员工之间因劳动权利和履行劳动义务所发生的纠纷与争议。劳动争议的处理有多种途径,包括和解、调解、仲裁和诉讼。《中华人民共和国劳动争议调解仲裁法》规定,发生劳动争议时,劳动者可以与用人单位协商解决;当事人不愿意协商、协商不成或者达成和解协议后不履行时,可以向调解组织申请调解;不愿意调解、调解不成或者达成调解协议后不履行时,可以向仲裁委员会申请仲裁;对仲裁裁决不服时,可以向人民法院提起诉讼。即"一调一裁两审,仲裁前置"的劳动争议处理机制。

1. 和解:酒店与员工友好协商,使当事人的矛盾得以化解,就争议事项达成和解协议。和解必须是双方当事人的自愿行为,和解协议不具有强制执行力。

2. 调解:酒店与员工在劳动争议调解机构对争议事项进行协商,摆事实、讲道理,双方互谅互让,达成调解协议。调解机构通常既非司法机关,又不是行政机构,调解协议往往也不具有强制执行力。

3. 仲裁:一方当事人向劳动争议仲裁机构申请就劳动争议进行仲裁,不需要对方当事人同意。劳动争议仲裁委员会是国家授权、依法独立处理劳动争议案件的专门机构,仲裁裁决书具有法律效力,具有强制执行力。

4. 诉讼:由于劳动争议案件处理适用仲裁前置原则,因此在提出诉讼之前,要先经过仲裁环节,对仲裁裁决不服时,可以在收到仲裁裁决书之日起15日内向人民法院起诉。

思政链接

领会依法治国、依法经营、依法解决纠纷的价值观。

3-2-3

视频:《中华人民共和国民法典》

如何保护劳动者权益?

子任务二 酒店员工招聘

任务目标

❶ 了解招聘需求的分析、确认,了解招聘计划内容。

❷ 熟悉员工招聘基本流程、招聘渠道,能制订招聘广告,树立以人为本的价值观。

❸ 掌握员工招聘方法,能开展员工初步甄选测评。

作为劳动密集型的服务行业,酒店业从业人员的素质参差不齐,而且由于酒店行业发展本身的波动性和敏感性,人员季节性流动、淡旺季的差别及突发事件对酒店业的影响等,酒店从业人员流失率高于其他行业。此外,为了应对日趋激烈的市场竞争和持续升级的消费需求,酒店需要高学历、高素质、高层次的技术人才和管理人才。因此,酒店员工招聘是酒店人力资源管理的重要工作之一。

 任务操作 ▶▶▶▶▶▶▶▶▶

酒店员工招聘由招聘需求分析、招聘计划制订、选择招聘渠道、人员甄选测评、后续评估等一系列工作步骤构成。其中,关键在于招聘需求分析,只有明确了酒店到底需要什么人、需要多少人、对其有何要求以及通过什么渠道去寻找这些人,才能制订科学、合理的招聘目标和计划,招聘工作才能有的放矢。

一、掌握招聘需求

(一)招聘需求产生

出现以下 3 个情况时,通常将产生招聘需求:酒店人力资源自然减员,如退休、离职、死亡等;酒店业务量增长,现有人员无法满足运营要求;酒店现有人力资源配置情况不合理。

(二)招聘需求分析

招聘需求产生后,应全面调查分析,与酒店内外不同部门沟通,明确各类岗位的需求信息和空缺情况,根据公司发展规划和人才市场供给情况,分析评估招聘需求的合理性。

同时,还应分析招聘增员的必要性,判断通过招聘员工能否满足酒店人力资源需求,是否有其他更好的解决方式,比如以下方面。

1.短期的业务量增长,通过现有人员适当加班即可解决,则不必招聘增加新员工,因为在短期繁忙阶段以后将会出现人员冗余。

2.工作流程或者工作分配不合理,导致某些岗位的人员不足,应该解决的是不合理的工作设计,招聘员工并不能解决根本问题。

3.非核心业务、辅助业务,可以委托专业的外部服务机构完成,既有利于社会分工的进一步细化、提高整体效率,又能减轻酒店的管理负担。

此外,还可以通过员工培训换岗、技术改进创新等解决人力资源需求。

(三)招聘需求确认

招聘需求确认是招聘工作中的重要环节,主要目的是确定招聘岗位标准、招聘方式。招聘需求确认的方式包括定岗定员和招聘申请。

定岗定员指根据酒店的定岗定员标准实施招聘工作。在标准内则实施招聘,不在标准内则需酒店管理层批准。这种方式要求酒店具有相对完备的定岗定员标准、员工任职标准、部门岗位职责等。

招聘申请指没有制定定岗定员标准时,招聘需求直接由酒店管理层审核批准。这种方式在企业初创期和小规模企业中经常使用。

试一试

一所度假村式的酒店,风景宜人,服务至上,以接待具有一定社会地位的人物为主。由于其接待对象的特殊性,接待标准存在不同要求,接待标准不同,所需要的服务人员的数量会有所不同,所需要的服务技能也会有所差别;加上4个区域的分区管理,4个区域具有不同等级标准,当接待量不同时,各区的忙闲程度有所不同,对人员的技能要求也会存在一定差别。如何有效地将各区的人员合理调配使得彼此忙闲程度相对差距不是太大,是餐饮部管理人员非常头疼的事情。

问题:面对这样的问题,你有什么好方法?

二、制订招聘计划

招聘计划是员工招募、甄选、录用的方案及实施细则,是招聘工作的基本依据和规范,可减少员工招聘过程中的盲目性和随意性,降低错误选才和不规范选才带来的风险。制订招聘计划应包含以下内容。

(一)招聘计划内容

①招聘目标。招聘活动的主要目标是什么,如树立酒店形象、节约招聘成本、建立与人才中介的良好关系、快速招聘大量人才上岗、选拔优秀人才等。

②招聘需求信息。包括招聘的岗位名称、人数、任职资格、工作职责等。

③招募策略。招募时间的确定、招募地点的选择、参加招募人员的选择、招募渠道的选择等。

④招募信息的发布时间与渠道。

⑤应聘者的选拔方案。包括选拔方法、选拔时间和地点、选拔题目设计、招聘小组人选等。

⑥招募的截止时间。求职者申请表或简历的最迟提交时间。

⑦新员工的上岗时间。

⑧招聘费用的预算。对整个招聘过程中各阶段可能发生的费用进行预算,如资料费、广告费、人才交流会费等。

⑨招聘工作时间表。从招聘工作启动到新员工上岗这一过程的具体时间安排,应尽可能详细,以便于其他部门配合。

⑩招聘广告样稿。

(二)制订招聘计划的注意事项

①不同酒店或处于不同发展阶段的同一酒店,在编制人员招聘计划时,应区别对待,根据酒店的战略目标确定招聘目标,并在招聘目标的指导下制订其他具体招聘细则。

②人员招聘计划不仅要规划未来,还应反映目前现有员工的情况,如人员的调入、调出、升迁等。

③从招募方式应明确分类规划安排,比如要区分对待定期招募、临时招募和个别招募,要考虑是用外部招募还是内部招募。

④处于多变的市场环境中,人员招聘计划应根据实际情况的变化不断调整,如人员策略、地点策略、方式策略和经费计划等,需要根据具体执行情况或外部环境的变化相应调整。

⑤编制和实施人员招聘计划时,还必须考虑社会公众价值观念的取向、政府劳动就业政策和有关劳动法规。

试一试

某酒店拟招聘财务总监 1 名、餐厅服务员 5 名,请为该酒店设计应聘申请表,供应聘者填写个人基本情况、学习经历、工作经历、联系方式、求职意向等内容。

三、选择招聘渠道

酒店可以从内部现有员工中招募待聘岗位所需要的人才,即内部招聘;也可以从外部招募适合酒店待聘岗位要求的人才,即外部招聘。

(一)内部招聘渠道

内部招聘指通过调配酒店内部员工来解决招聘人员的问题。其主要形式有内部提拔、工作调换、工作轮换、内部重聘、竞聘上岗等。

1. 内部提拔

内部提拔指将酒店内部符合条件的员工从一个较低岗位提拔到较高岗位。这种选拔方式可以给员工更多发展机会,调动他们的工作积极性,同时酒店对内部员工的情况较熟悉,可以减少招聘风险。缺点是可能导致内部的过分竞争,造成过多内卷,形成利益小团体。

2. 工作调换

工作调换指将同层次或高层次的员工调去工作空缺岗位,包括平调和下调,以平调为主。工作调换可以迅速填补岗位空缺,也可以使调换的员工了解酒店其他部门的工作,与更多人员接触交流。一方面,有利于员工的能力提升,为今后的提拔晋升做准备;另一方面,可以对员工的能力有更多了解,为今后的工作安排提供依据。

3. 工作轮换

工作轮换是一种短期的工作调动,指在酒店的几种不同职能领域中为员工做出一系列工作任务安排,或者在某个单一的职能领域或部门中为员工提供在各种不同工作岗位之间流动的机会。工作轮换有利于促进员工对酒店不同部门的了解,从而对整个酒店的运作形成一个完整的概念,有利于提高员工的解决问题能力和决策能力,帮助他们选择更合适的工作,也有利于部门之间的了解和合作。

工作轮换和工作调换有些相似,但又有所不同。工作调换从时间上来讲往往较长,而工作轮换则通常是短期的,有时间界限;工作调换往往是单独的、临时的,而工作轮换往往是两人以上、有计划的;工作调换可以在同级或下级之间进行,而工作轮换一般只在同级间进行。

4. 内部重聘

一些酒店由于某些原因会有一批不在位的员工,如下岗人员、长期休假人员,已在其他地方工作但人事关系还在本单位的人员(如停薪留职)等。这些人员中的某些人可能恰好是内部空缺需要的人员,他们中有的素质较好,酒店对这些人员的重聘会使他们有再为单位尽力的机会。另外,单位聘用这些人员可以使他们尽快上岗,同时减少了培训等方面的费用。

5. 竞聘上岗

竞聘上岗指面向酒店全体人员,不论职务高低、贡献大小,所有员工都可以站在同一起跑线上,重新接受公司的挑选和任用。这种方式可以给员工提供公平、公开、平等的竞争机会,使员工更加努力奋斗,为自己的发展增加积极的因素。

(二)外部招聘渠道

外部招聘是从酒店外部招聘到酒店需要员工,当酒店处于创业初期或快速发展时期或需要特殊人才时,仅内部招聘是不够的,必须借助于酒店外部的人才市场获取所需的人员。主要形式有网络招聘、校园招聘、传统媒体广告招聘、人才介绍机构、员工推荐、现场招聘等。

1. 网络招聘

网络招聘指先在网上发布招聘信息,然后进行简历筛选、笔试、面试。网络招聘没有地域限制,受众人数多,覆盖面广,而且时效较长,可以在较短的时间内获取大批应聘者的信息,但其中也充斥着许多虚假信息和无用信息,因此,对简历筛选的要求比较高。

2. 校园招聘

校园招聘指到学校举行宣讲会,吸引即将毕业的学生前来应聘,或者由学校推荐优秀的学生参加应聘。也可以与学校开展委托或联合培养,如采用校企合作订单班的方式,学生毕业后酒店直接录用。通过校园招聘的学生可塑性较强,能力素质高,干劲充足。但是这些学生没有实际工作经验,需要进行一定培训才能真正工作,且不少学生由于刚步入社会,对自己的定位目标还不清楚,工作的流动性较大。

3. 传统媒体招聘

在报纸杂志、电视和电台等媒介载体上刊登、播放招聘信息,受众面广、收效快、过程简单,一般会收到较多应聘资料,同时对酒店品牌起宣传作用。通过这一渠道应聘的人员分布广泛,但高级人才很少采用这种求职方式,所以招聘酒店基层和技术职位的员工时比较适用。同时该渠道的效果同样会受到广告载体的影响力、覆盖面、时效性影响。

4. 人才介绍机构

这种机构一方面为酒店寻找人才,另一方面帮助人才找到合适的雇主。一般包括针对中低端人才的职业介绍机构和针对高端人才的猎头公司。酒店通过这种方式招聘是最便捷的,酒店只需把招聘需求提交给人才介绍机构,人才介绍机构就会根据自身掌握的资源和信息寻找和考核人才,并将合适的人员推荐给酒店。这种方式的成功率很高,但是所需的费用非常高,猎头公司一般会收取人才年薪的20%～35%作为猎头费用。

5. 员工推荐

酒店可以通过员工推荐其亲戚、朋友应聘酒店的职位,这种招聘方式最大的优点是酒店和应聘者双方掌握的信息较为对称。员工会将应聘者真实的情况向酒店介绍,省去了酒店对应聘者进行真实性考察的过程,同时应聘者可以通过员工了解酒店各方面的内部情况,从而做出合适的选择。

猎头公司

猎头公司,顾名思义是"打猎"的,不过这里的"打猎"指"网罗高级人才",因此,猎头公司也称为高级管理人员代理招募机构。猎头公司的主要业务是为公司搜寻、招聘高级管理人才和关键技术岗位人才,比如总经理、人事总监、营销总监等。优点是能够提供专业且有针对性的服务,保密性高,节约时间;缺点是猎头公司水平参差不齐,可能找不到合适的人才,费用较高。

随着市场竞争日益激烈,人力资源已经成为决定企业发展前景的重要因素。猎头服务已经成为企业寻求高级人才的重要渠道,并逐渐形成了一种产业。

但应注意防范酒店员工或中高层领导为了拉拢小团体、培植个人势力,在酒店重要岗位安排自己的亲友,影响酒店正常的组织架构和运作。

6.现场招聘

现场招聘指通过第三方提供的场地与应聘者面对面直接对话并现场完成招聘面试的方式,一般包括招聘会和人才市场。

招聘会一般由各级政府或人才中介机构发起,组织程序规范,规模一般较大,大部分招聘会具有特定的主题,如"应届毕业生专场""旅游类人才专场"等,通过这种毕业时间、学历层次、知识结构等的区分,酒店可以更方便地选择适合的专场,设置招聘窗口。人才市场与招聘会相似,但是招聘会一般为短期集中式,而人才市场则是长期分散式,对一些需要进行长期招聘的职位,酒店可以选择人才市场这种招聘渠道。

现场招聘不仅可以节省酒店初次筛选简历的时间成本,同时简历的有效性较高,而且所需的费用较少。但是一般只能吸引到所在城市及周边地区的应聘者,受酒店的宣传力度的影响。

(三)选择招聘渠道

内部招聘与外部招聘各有利弊,两者的优点与缺点基本上是互补的。内部招聘能为员工发展和晋升提供平等的机会,有助于创造开放、积极的工作环境,激励员工努力提高工作质量,并且招聘成本低,对候选人的能力、风格、背景等情况更加清楚。外部招聘有更广泛的人才来源,能避免酒店内部思想僵化,避免内部员工的恶性竞争。

酒店不应该盲目依赖某种招聘渠道,而应该结合酒店自身的特点,包括财务状况、招聘紧迫性、业务特点等,同时考虑招聘职位的类型、层次、能力要求等,选择适当的招聘渠道。例如,处于成长期的酒店人才需求量很大,酒店高级管理人员应该采用内部招聘的方式,因为这部分人员对酒店非常熟悉,对新工作能够很容易上手,当工作变换时,对处于高速发展中的酒店不会造成较大影响,同时这种晋升的机会可以激励人才、留住人才。中低层次的人才应该考虑采用见效快的招聘渠道,如现场招聘以及时效较长的网络招聘。

讨论话题：酒店实习生

校企合作是我国职业教育大力推广的人才培养模式,通过双方共建将酒店作为生产性实训教学基地是这一模式的重要载体。酒店管理相关专业的学生将有机会被选派至合作酒店短期实习。通过实习能够锻炼学生的实践能力,帮助学生树立正确的职业目标,教师可以获取酒店行业的前沿动态,从而更新教学内容和手段,提高教学水平。

但参与实习的学生反映,实习并没达到预期的学习效果,在酒店学生只能从事简单的体力劳动,酒店并不重视实习学生。另外,酒店觉得委屈,认为实习学生并没为酒店带来收益,反而增加了管理负担。

站在学生的视角,你认为学生应该到酒店去实习吗?你支持校企合作的教学模式吗?

站在酒店管理者的视角,你愿意接纳学生到酒店实习吗?你认为应该如何管理实习学生?

四、发布招聘广告

选择招聘渠道后,应该发布招聘广告,可以选择报纸、杂志、广播电视、网络、特定印刷品等。既要考虑各种媒体不同优缺点和适用性,又要综合考虑空缺岗位、广告价格、潜在应聘者所在的地域、工作特性等因素。

（一）选择招聘广告的发布媒体

1. 报纸

报纸的优点是费用相对较低,受众面广,广告大小可灵活选择,发行集中于某一特定地域。缺点是容易被忽略,无特定的接收对象,印刷质量一般。

2. 杂志

行业或专业杂志的读者大多是与行业有关的专业人员,因此,是酒店招聘专业的管理人员和技术人员的最佳选择。其优点是招聘广告的针对性更强、广告大小灵活、印刷质量较高、能起到宣传酒店形象的作用。缺点是发行的地域太广,不能将招聘限定在某一特定区域,且需要较长的排版预约期。

3. 广播电视

优点是不容易被观众忽略,能够吸引较多求职者,可以将求职者来源限定在某一特定地域,不会因为招聘广告集中而引起招聘竞争。缺点是只能传递简短的信息,在观众眼前停留的时间有限,不能被保存并重复观看,广告设计和制作耗时而且费用高昂。事实上,在广播和电视媒体上发布招聘信息的目的更多在于提高酒店的知名度和塑造形象。

4. 网络

网络作为高效、快捷的信息传播途径,在招聘中使用越来越多。其优点是信息传播范围广、速度快、成本低,不受时间和地域限制,信息量大,载体形式丰富,不受篇幅限制。缺点是仅具备上网条件和网络查找能力的求职者才能看到招聘信息,信息的传播范围受限于网站或酒店自身的知名度。

（二）发布招聘广告的注意事项

1. 真实

必须保证招聘广告的内容客观、真实，无论是好的还是不好的方面，都应向应聘者作真实的介绍，这样可使应聘者的期望值趋向符合实际，从而提高录用者对工作的满意度。招聘广告中承诺的劳动合同、薪酬、福利等必须兑现。

2. 合法

招聘广告中出现的信息要符合国家及地方的法律、法规和政策，避免出现性别歧视、年龄歧视、学历歧视、地域歧视等。

3. 简洁

招聘广告的语言应该简明扼要、准确、规范，重点突出招聘的岗位名称、任职资格、岗位职责、工作地点、薪资待遇等内容。

3-2-4

视频：国贸大酒店招聘

讨论话题

在大学毕业之际，查找各类招聘信息，参与面试应聘，你应该从哪些渠道获取真实的、有价值的招聘信息呢？你知道面试应该如何准备、面试官会从哪些方面给你评价吗？

五、甄选测评

收到应聘者的求职信息后，须对应聘者甄选和考察，了解应聘者掌握的知识、技能、工作能力、发展潜力、个性、求职动机等。常用的甄选测试方法有笔试法、面试法、心理测试法、评价中心技术等。

（一）笔试法

笔试法指应聘者在试卷上作答然后由试卷评定人员按一定标准予以判定分数的测试方法。其优点是针对性强、涉猎的知识面广、经济适用、结果可以量化，特别适用于对员工的英语水平、专业知识等方面的测试。缺点是不能全面地考察应聘者的工作态度、品行修养、管理能力以及语言表达能力等。

（二）面试法

面试法指在特定时间和地点，面试考官与应聘者按照设计好的目的和程序进行面谈、相互观察、相互沟通的过程。通过面试可以了解应聘者的外貌风度、工作经验、业务知识水平、求职动机、沟通能力、情绪状态等，应聘者可以更加全面地了解酒店的相关信息。

3-2-5

阅读资料：大学生求职面试注意事项

（三）心理测试法

根据标准化的实验工具，引发和刺激被测试者的反应，所引发的反应结果通过一定方法处理后，予以量化，并对其分析。这种方法的最大特点是对被测试者的心理现象或心理品质进行定量分析，具有很强的科学性。可以了解应聘者的性格、品德、价值观、职业能力、职业兴趣、工作动机等潜在信息。

（四）评价中心技术

评价中心技术是近年来新兴的一种选拔高级管理人员和专业人才的甄选方法,又称为情境模拟。设置各种不同模拟工作场景和过程,让应聘者在模拟的情境中表现自己的才干,评价员在旁边观察并根据测评要素进行评定。常用方法有公文处理、无领导小组讨论、管理游戏方法等,可以较好地反映应聘者的真实水平,但是对测试题目的设置和考官水平的要求较高。

阅读资料

以人为本的管理

小李从酒店辞职已经两个月了,但还没找到工作,之前的积蓄也快花光了。这天她又来到人才市场求职应聘,却处处碰壁,心情也越来越糟。眼看就到下班时间了,她又来到了某酒店的招聘处,想着再试最后一次,如果还不能找到合适的工作那只能彻底放弃了。她递交了简历并介绍了自己的基本情况,面试官直言她对职位薪资的要求太高,并询问她为什么要辞职更换工作。这时小李完全崩溃了,一下子就打开了话匣子,开始滔滔不绝地哭诉。

小李是饭店服务与管理专业中职毕业,原以为凭自己的优异成绩和专业技能能很快晋升成为酒店领导,但却只能找到服务员、清洁工等基层工作岗位。她非常厌烦每天乏味的工作,一段时间以后越来越烦躁,脾气越来越差,还时不时地受到批评。辞职后没有经济来源,日子也过得相当拮据。面试了很多单位都对她的职位诉求嗤之以鼻,嘲讽她异想天开,她怀疑是不是自己的面容形象不好,还去贷款做了医美,现在她已经彻底绝望了,不知道自己该做什么。

小李激动地诉苦后,面试官先安抚了她的心情,接着帮助她重新梳理认识了酒店行业的特点和对人才的要求,并从她本人的性格、学历、职业特长进行分析,帮助她做了初步的个人职业规划设计,鼓励她坚持自己的理想,但要学会从零开始。经过接近一小时的深入交谈,小李的眼泪干了,眉头舒展了,对工作又重新充满了信心,接受了酒店为她提供的前厅服务员工作岗位。经过锻炼与培养,三年后小李如愿成为酒店前厅部主管。

尊重员工是以人为本管理的根本前提,管理者必须认识到,自己与员工都是企业的一员,只是分工不同、角色不同,但人格是平等的,不能打压、嘲笑员工的远大理想。管理者要以平等的姿态与员工进行广泛而真诚的交流与沟通,做到尊重员工、理解员工、关心员工,只有平等交流才能掌握真实情况,了解员工的情感思想。学会换位思考,设身处地、将心比心,帮助员工克服困难、积极进步,实现员工个人价值与酒店经营效益的双赢。

里兹先生有句名言:"We are ladies and gentlemen who serve the ladies and gentlemen."酒店就应当把员工造就成"ladies and gentlemen"。

思政链接

从员工第一、以人为本的管理思想中学习尊重他人、尊重劳动。

六、录用与评估

（一）录用通知

在通过笔试、面试、心理测试等甄选测评方法对应聘者选拔评估后，根据应聘者在甄选过程中的表现，分析、评价每一位应聘者的素质和能力特点，然后根据招聘计划确定的录用标准、录用人数等做出录用决定。

录用通知应在招聘广告或承诺截止时间前及时送达，避免通知不及时而造成人力资源损失，并且影响酒店的声誉。录用通知可采用电子邮件、电话等方式送达，以信函的方式则更为庄重。通知应说明报到时间、地点及报到程序、应准备的资料等内容，同时表达对新员工的欢迎。

未被录用的人员也应该用同样礼貌的方式通知，可以增加应聘者对酒店的好感，也可以体现酒店对人才的尊重。

（二）招聘评估

招聘评估是招聘工作的最后一个环节，通过对招聘成本评估和录用员工评估，可以发现招聘过程的问题，为以后的招聘工作改进提供依据。

1. 招聘成本评估

招聘成本评估指人力资源的获取成本，评估招聘成本时须对招聘过程产生的费用进行调查、核实，还要对招聘产生的效益进行调查。主要采用招聘收益成本比进行评价，招聘收益成本比越高，则说明招聘工作越有效。

$$招聘收益成本比 = 所有新员工为酒店创造的总价值/招聘总成本$$

2. 录用员工评估

录用员工评估主要采用录用比、招聘完成比和应聘比进行评价。录用比越高，说明招聘工作的效果越好；招聘完成比大于或等于100%时，说明在数量上完成或超额完成了招聘工作；应聘比越大，说明招聘广告发布的效果越好。

$$录用比 = \frac{录用人数}{应聘人数} \times 100\%$$

$$招聘完成比 = \frac{录用人数}{计划招聘人数} \times 100\%$$

$$应聘比 = \frac{应聘人数}{计划招聘人数} \times 100\%$$

 任务思考

1. 酒店行业员工流失率相对较高，可以从哪些方面着手减少员工流失？
2. 如何高效、准确地找到合适的员工？
3. 怎样客观、准确地评价应聘者？

3-2-6
在线自测题

知识导图

请对本小节知识点进行总结,绘制你的知识导图吧。(可扫描二维码查看参考总结)

3-2-7
知识导图

温故而知新

任务拓展

阅读材料：员工关爱

　　员工服务顾客，公司服务员工，这是ES（Employee Satisfaction，员工满意）管理理念的基本观点，服务好百十个员工，等于服务好千万个客户。成都凯宾斯基饭店通过员工关爱项目，增加员工的幸福感、获得感，让员工感受到尊重和信任，感受到更多个人价值感、集体荣誉感，提升员工对酒店的认可度、满意度，取得了较好的效果。

　　秉承以人为本，关爱员工的理念，尽力为每一位员工提供关爱和支持。

员工结婚
凯宾斯基饭店客房
恭喜红包

员工生日
生日会、购物卡、工会礼物

员工生育
庆生红包

员工住院
慰问果篮、慰问金

成都凯宾斯基饭店
员工关爱项目
Employee Care
Program

亲属慰问
慰问金、敬献花圈

年度体检
免费年度体检服务

饭店经济援助
员工及家庭遭受事故、自然灾害、重疾、家庭经济困难给予不等金额的帮扶和资助

子女教育助学金
幼儿园及大学

本关爱项目的最终解释权归成都凯宾斯基饭店所有

图 3-2-2　成都凯宾斯基饭店员工关爱项目

　　员工关爱项目主要包括特定节日的礼物祝福、员工亲属的答谢慰问、员工生日会、员工集体婚礼、子女教育助学金、休闲娱乐活动、经济困难援助等。

思 政 链 接

领会友善、平等、和谐、以人为本的价值观。

子任务三　酒店员工培训

任务目标

❶ 理解培训需求分析的内容和方法。

❷ 了解培训计划的制订，能够根据实际需求，选择培训方法，树立与时俱进、终身学习的理念。

❸ 了解培训评估的作用和方法。

刚刚入职的新员工面临进入新的职业角色、适应新的工作岗位等情况，通过培训可以帮助新员工尽快适应环境、融入集体、熟悉具体工作流程、自觉遵守酒店制度规程、认同酒店的企业文化和价值观。

　　为了适应市场形势变化、业务扩张等挑战，根据酒店发展战略和员工工作能力的情况，需要有针对性、系统性地训练和培养已经在岗的员工，提高员工的知识技能和工作态度，提高思想水平和行动能力。

　　有效的培训工作有助于酒店工作的顺利开展，有助于酒店业绩的不断提高。

任务分析

 任务操作

一、分析培训需求

试一试

　　设计一份酒店员工培训需求的调查问卷。内容应包括员工的工作岗位、工作年限等基本情况，过往参加培训的详细情况及感受，对参加培训的兴趣、意愿，对培训内容、方法、时间、课程等建议。

　　在开展具体的培训工作之前，应该对培训目标、知识结构、能力状况等系统地分析，从而确定培训的必要性及培训内容等，这项工作是保障酒店员工培训工作准确、及时、有效的基础。

（一）寻找并发现问题

根据对绩效考核、工作态度、经营现状等方面的观察和分析，查找当前存在的实际问题。

员工层面常见的问题包括：工作效率下降，不能达到组织要求；服务质量下降，出现迟到、旷工、怠工等现象；不能适应酒店的变化，对变革产生抵触情绪；经营成本增加；员工的技能水平无法胜任现有工作，不能适应酒店发展需求，急需培训；员工急于实现个人职业生涯规划。

组织层面常见的问题：新业务和新标准需要新的技能；酒店战略和市场变化；客户变化和客户需求变化；竞争对手的变化；行业规范、国家政策等变化。

（二）搜集培训需求信息

找出问题后，须收集培训需求信息。培训需求信息主要来源于高层决策者、部门管理者和员工个人。可以通过个人申报来了解员工申请培训的理由、依据；调查员工档案，分析员工的现状和历史差距，确认培训需求；对酒店员工素质技能进行评估，根据结果确定培训内容和培训对象。

（三）分析数据和信息

搜集培训需求信息只是培训需求分析的前提之一，资料来源范围广、数量大、种类多、关联多，因此要对它们进行分析处理，区分哪些是真的需求，哪些是假的需求；哪些是普遍需求，哪些是个别需求；哪些是短期需求，哪些是长期需求；哪些是当前需求，哪些是未来需求。找到对培训具有决定影响的关键因素，才能体现培训需求分析的价值。

（四）确认培训需求

分析搜集来的信息，最终得出培训需求的结论，以确定谁需要培训、需要哪些培训、何时培训以及培训的组织方式等。与此同时，还应该开展确定培训目标、制订培训计划、确认培训评估方式、明确培训实施过程等具体工作。

二、制订培训计划

在培训需求分析的基础上，酒店需要制订培训计划，来保证培训活动顺利开展。根据不同培训时间，培训计划可以分为长期培训计划、阶段性培训计划等；根据不同培训目的，培训计划可以具体分为整体培训计划、部门培训计划和单项培训计划等。一般而言，培训计划应该包括 6W1H 的内容，即 Why（确定培训目标）、What（确定培训内容）、Whom（确定受训人员）、Who（确定培训者）、When（选择培训时间）、Where（选择培训地点）以及 How（培训费用及方法）。

3-2-8
视频：冬奥会酒店
从业人员培训

（一）确定培训目标（Why）

培训目标指在培训后希望受训员工获得哪些能力。明确培训目标可以增进受训人员的学习动力，同时为培训评估提供了标准。培训的目标主要有三类，即知识的增长、技能的提升和态度的转变。

（二）确定培训内容（What）

1. 知识培训

知识培训主要针对新员工或新设岗位变化或对培训对象所拥有的知识进行更新，如对酒店的经营方针、规章制度、英语和措施等。

2. 技能培训

技能培训主要解决"会"的问题，使员工能适应现代社会岗位的新技能、要求，适应产业结构的不断调整及岗位转换频率的加快，如操作程序、应变能力、沟通能力等。

3. 态度培训

态度培训是树立培训对象正确的从业观点、服务理念和工作态度，如认真、耐心、热情、礼貌等服务态度，品牌形象、顾客第一等服务理念。

（三）确定受训人员（Whom）

受训人员可以根据需求分析中的人员分析来确定。选择受训人员时考虑要素包括酒店发展战略、培训的目标、员工的个人发展目标等。

（四）确定培训者（Who）

培训师资质量的高低在整个培训中起到十分关键的作用，一位优秀的培训师既要有扎实的培训技能,又要有一定的培训技巧。

从培训师资的来源讲,酒店内部有人力资源部门的专职培训师以及由各部门经理或经验丰富的老员工构成的兼职培训队伍;酒店外部可以聘请高校学者、管理咨询机构或专业培训机构的培训师、其他企事业单位的专家等。

（五）选择培训时间（When）

培训时间的确定,首先要结合酒店工作业务繁忙程度,充分考虑参加培训的学员能否顺利出席、特定的培训师资能否到位、培训场地和各项设施设备能否得到充分利用等。

须考虑酒店的实际营运需求和情况,合理安排培训时间和时长。酒店营运部门一般是倒班制,有的酒店将员工培训计入工作时间,极大提高了员工培训的积极性。

（六）选择培训地点（Where）

合适的培训地点有助于建立良好的培训环境,从而增强培训效果。酒店内的培训可以选择培训教室、会议室及工作场所等,须结合参训人数、培训内容、培训目的等,综合考虑和选择。

（七）培训费用及方法（How）

培训费用是指一定时期内用于酒店各类培训及培训部门所需全部开支的总和。合理的培训预算既能保证资金的有效运作,又能作为培训管理工作的量化指标、培训计划实施和控制的重要依据和衡量标准。

终身学习的理念

当今世界,综合国力的竞争归根到底是人才的竞争、劳动者素质的竞争。我国工人阶级和广大劳动群众要树立终身学习的理念,养成善于学习、勤于思考的习惯,实现学以养德、学以增智、学以致用。要适应新一轮科技革命和产业变革的需要,密切关注行业、产业前沿知识和技术进展,勤学苦练、深入钻研,不断提高技术技能水平。

——习近平 2020 年 11 月 24 日在全国劳动模范和先进工作者表彰大会上的讲话

三、选择培训方法

培训方法直接影响着培训效果,随着科技的不断发展进步,培训方法在不断发展革新。常见的培训方法有讲授法、视听教学法、研讨法、角色扮演法、案例分析法、游戏法等。在选择培训方法时,应该根据不同培训对象、培训内容,在培训环境、成本、效果等方面进行综合比较后加以选择。

（一）根据培训内容选择培训方法

不同培训方法适用于不同培训内容,应该根据培训的具体内容选用适合的培训方法,使方法和内容相得益彰。

在知识型内容培训时,不宜使用角色扮演的培训方法,讲授法应为首选。因为知识型内容培训涵盖面广、理论性较强；而在讲授技能型课程时，角色扮演法反而会比讲授法更加合适，因为它强调的是实际操作能力；对以态度转化为目的的培训内容，游戏法则是最佳选择，通过游戏，受训者可以在轻松愉快的氛围中受到启发，领会团队精神的意义，认识服务心态对工作的重要影响。

（二）根据培训对象选择培训方法

在具体的培训工作中，培训者所面对的培训对象往往具有很大差别，如新员工与老员工、普通员工与高层员工、本土员工与非本土员工等。应充分考虑培训对象的具体的、特殊的情况，做到因材施教，培训对象不同，培训方法应有所变化，否则就不能达到预期的培训效果。

对于新员工而言，由于缺乏对企业的了解，只靠讲授法是不够的，很多酒店会把新员工放到实习岗位上，以期提高其对酒店的感性认识和理性认识；对于普通员工来讲，受知识水平、工作性质等影响，希望接受轻松、易懂、实用的培训，可多采用角色扮演、游戏法或者实践练习等；本土员工和非本土员工因为文化背景、风俗等不同，在观念、习惯和行为方式上都会有较大区别，培训者应加强跨文化意识，采用适当的培训方法进行培训。

阅读资料

戴尔"70-20-10"的培训发展分配法则

提到培训，大家就可能想到教室授课，对培训多了解一些的人可能还想到网络培训或者把拓展、研讨会等融合在一起的混合式培训。那么究竟怎样的培训辅导才可以产生行为的改变、绩效的提升呢？

考虑酒店经营管理的实际情况和需求，不少酒店将戴尔公司的"70-20-10"的培训发展分配法则应用到酒店的日常培训计划和管理中。3种学习分配定义如下：

1. 实践中学习（70%），即在岗位工作中给予岗位工作以内或相关的具有挑战的工作，带着培训的目标给予工作任务，旨在帮助员工成长。在岗培训是能够为企业绩效的提升和员工的个人发展产生最直接影响的一种培训方式。

2. 向他人学习（20%），即通常所说的 Coaching 或者 Mentoring（导师制）等，这是酒店行业传统的技能培养模式。站在企业的角度，一线经理（或者主管）如何能够很好地指导下属并帮助其实现绩效的提升和能力的发展。这个部分的学习被认为产生的影响是居中的，建议花费20%的精力即可。

3. 自我学习（10%），也就是通常意义上所提及的培训方式，例如，课堂培训、书本学习等，这种方式的学习被认为对于个人发展和企业绩效的影响比较低，建议在这个层面所花费的精力为10%左右即可。

四、评估培训效果

对酒店员工的培训能立竿见影吗？如果不能,那么如何评判培训的必要性与合理性?

虽然培训的重要性得到了大多数酒店的重视,但培训效果难以用直观手段测量,而且很难量化评价,这样就可能使酒店对培训失去信心。因此,培训效果评估是实施和完善培训的重要环节。对培训制度、培训过程、培训计划、培训内容和培训费用等综合分析,确定培训的质量和价值,从而评估培训效果。常用的培训效果评估方法有以下几种。

（一）测试比较评价法

培训实施前和结束后分别用难度相同的测试题对受训者测试。如果受训者在培训结束时测试成绩比开始时明显提高,则表明经过培训确实提高了受训者的知识、技能或能力。

（二）工作绩效评价法

培训结束后,每隔一段时间(如3~6个月)以问卷调查或面谈形式了解受训者在工作上取得的成绩,确认培训工作是否具有成效。

（三）工作态度考察评价法

对受训者在接受培训前后的工作态度比较,如果受训者的工作态度在经培训后明显好转,表明培训工作是有效的。

（四）工作标准对照评价法

判断受训者在工作数量、质量、态度、效率等方面能否符合工作标准,确定培训工作是否有效。

（五）横向比较评价法

对同级员工中受训者与未受训者的工作情况进行比较,根据比较结果判断培训工作的成效。如果二者工作情况差别较大,受训者好于未受训者,则培训工作是成功的;反之,则培训效果不能满足需求。

（六）纵向参照评价法

培训结束一段时间后,培训管理部门向受训者的上级或下级了解其在工作上的具体表现。如果对其评价为正向积极的评价,则培训效果良好。要注意充分考虑这种评价的公正性和客观性。

阅读资料

洲际酒店集团人才战略：授人以鱼不如授人以渔

在洲际酒店未来的发展目标中，首要的是进一步提升品牌知名度，让更多客人知道和喜欢洲际酒店的品牌。而不管是提升知名度，还是提高服务质量，最重要的是要找到合适的人才，推动酒店业人力资源的发展，使酒店业人才有更好的发展平台。

原洲际酒店集团大中华区首席执行官柏思远认为，"在未来的市场竞争中可以脱颖而出成功的企业，一定是对人力资源有良好的架构和设计及拥有长远的培训计划和可持续发展计划的企业，企业只有这样才有可能在竞争中取得优势。在人力资源市场中，正如中国一句古语——'授人以鱼，不如授人以渔'，大多数企业都像渔夫一样，不停地去池塘里钓鱼，寻找人才。而在未来，一个企业要成功就要学会'养鱼'，要培养人才。不仅在企业内部，同时在市场上培养人才，实现可持续发展的长远成功。

对于洲际酒店来说，如何很好地吸引员工，同时留住他们，当他们成长为中层或者高层员工时，使他们对企业更有忠诚度，可谓是企业可持续发展的重要基石。因此，洲际酒店集团从 2006 年正式成立了"洲际酒店英才培养学院"，在全球范围内与当地社区组织和教育机构积极合作，为本地人才提供业务技能培训和加入酒店业的就业机会。并为洲际酒店集团旗下的酒店带来了宝贵的人才资源库，其中不乏拥有专业技能的酒店人才以及对酒店业怀有热情并愿意为客人提供杰出服务的有志青年。

 任务思考

1. 分析酒店员工培训的各种方法的优缺点。
2. 制订一份合理的培训计划，应考虑哪些因素？
3. 酒店员工培训能不能"一劳永逸"，为什么？

3-2-9
在线自测题

知识导图

请对本小节知识点进行总结,绘制你的知识导图吧。(可扫描二维码查看参考总结)

3-2-10
知识导图

温故而知新

任务拓展

阅读材料：酒店员工职业生涯规划

在竞争激烈的职场，无论是求职的员工还是酒店管理者，都承受着来自职业选择和人员选聘的巨大压力。在酒店人力资源管理中，除满足酒店对人才的需求外，逐渐重视员工的职业生涯管理。

具体来说，就是酒店和员工对员工个人相关的各种主客观因素进行分析、总结和测试，确定员工未来的工作发展道路，并选择与之相适应的职业与岗位，同时编制相应的工作和培训计划，对其发展过程中各环节的时间、顺序和方向做出科学的安排，同时不断评估、反馈和修正。

帮助员工正确认识自我、职业定位、职业预期、职业发展规划和途径，有利于酒店人力资源的稳定、培养和开发，是人力资源管理的重要工作之一。

酒店员工的职业生涯发展模式一般有 3 种。

1. 横向发展：员工在同一个管理层次或同一个技术技能等级上不同岗位或不同工种之间变动，通过多岗位锻炼成为一专多能的人。

2. 纵向发展：员工在管理等级、技术等级、技能等级或薪酬等级上上下变动，它不仅包括行政级别的晋升，也包括技术职称上的纵向发展。

3. 纵向混合移动：常用于酒店内具有多种能力和双重甚至多重职业生涯的员工，如有管理专长的技术岗位上的员工原本倾向于走技术职业生涯道路，但酒店无法为其提供高一级的岗位，该员工这时可以选择管理职业生涯道路。当有合适的机会，该员工可以经过横向流动回到高一级的技术职业生涯道路。

你是否为自己做好了职业生涯发展的规划呢？

子任务四 酒店绩效考核

任务目标

❶ 了解绩效考核的工作步骤，能制订简单的绩效考核计划，学习公平竞争、砥砺奋进的精神。

❷ 理解绩效考核的方法，能拟定绩效考核的指标，选择适当的方法。

❸ 理解绩效考核的结果反馈与应用。

绩效考核指对照工作目标或绩效标准,通过系统的、科学的方法,对员工或部门的工作任务完成情况、工作职责履行程序和员工个人发展情况等进行分析与评价,从而公平地确定被考核者的价值。

绩效考核能详细反映每一位员工对酒店的贡献或不足,从而奖罚公平、激励士气、提高员工的工作热情或对症下药改进绩效方案、提高员工工作技能。绩效考核结果还能为酒店人力资源管理提供重要依据。

 任务操作

一、制订绩效考核计划

(一)绩效考核计划的含义

绩效考核计划是管理者和员工共同商讨、确定的内部协议,其主要内容是在绩效考核周期内应完成的工作和达到的绩效标准,是进行绩效考核和评估的主要依据。

制订绩效考核计划时,管理者应充分了解各岗位的工作职责和各员工的绩效表现,与员工就绩效指标或任务进行沟通。员工应明确其工作的绩效目标和预期,并做出相应承诺。双方商讨达成共识后,订立正式的书面协议,即形成了绩效考核计划。如果在绩效考核前没约定什么是好的绩效和什么是不好的绩效并就此达成一致的标准,在绩效考核过程中就会很容易产生争议和矛盾,绩效管理的效果将大打折扣。

表 3-2-1 中的绩效考核计划所涵盖的内容至少应包括以下几个方面:员工在本次绩效考核期间内所要达到的工作目标;目标结果;结果衡量标准;目标结果衡量和评判的标准;反映员工工作结果的信息获得途径。回答这些问题,能够帮助管理者和被管理者明确工作重点,并从中提炼相应的绩效考核指标和各项指标所应完成或达到的程度。

表 3-2-1　销售部经理季度绩效考核计划表

姓名			职位					
考核时间								
工作目标	关键绩效指标	权重/%	测量方法	预期目标	实际完成	数据来源	得分
营业指标	营业收入	30	完成比例	万元	万元	财务部	
	酒店 GOP	20	完成比例	万元	万元		
	部门管理费用	10	完成比例	万元	万元		

续表

姓名	职位					
客户关系	客户满意度	10	问卷调查	99%满意率	客户评价	
	新客户开发	10	完成比例		销售部	
员工	员工满意度	10	问卷调查	85%满意率	员工评价	
	员工流失率	10	流失比率	低于5%	人力资源部	
困难与障碍						
权力与资源						
沟通方式						
考核等级		被考核人签字			考核人签字	

（二）制订绩效考核计划的方法

1. 信息收集

酒店不同部门、不同岗位的员工工作内容和要求并不完全相同，因此，绩效考核计划应针对不同部门、不同岗位甚至不同员工的各自特点和共性分别制订。

在制订绩效考核计划前，须收集、整理各部门的工作目标、经营指标等信息以及员工的工作职责、过往绩效表现等信息，在绩效考核计划实施过程中须持续进行信息收集分析，以确保绩效考核的客观和公正，同时便于发现问题并及时改正。

2. 双向沟通

在制订绩效考核计划的过程中，要积极争取并坚持员工和各级管理者的多方参与。若没有员工参与，管理者单方面确定的计划往往不切实际，员工只能被动接受任务，产生抵触心理。

通过召开员工大会、小组讨论、单独谈话等方式，管理者与员工之间双向沟通、充分讨论，认识到绩效考核的重要性，理解酒店的经营目标和年度计划、各部门的目标和员工工作职责等，支持和信任绩效考核。同时须调动员工的积极主动性，就具体的工作目标、考核标准、工作权限、完成时限、考核方法等发表意见，在双方达成共识的基础上，制订具有可行性、更加切合实际情况的绩效考核计划。

3. 审定确认

在管理者和员工充分沟通讨论、双方就绩效考核的内容和指标等达成一致意见后，拟订绩效考核计划。如无异议，双方在计划书上签字确认。

4. 调整变更

绩效考核计划不可能面面俱到，并且实施过程中环境条件不断变化，因此，绩效考核计划应具有调整、变更机制，使计划的执行具有一定灵活性和适应性，但须注意规范变更程序。

3-2-11

视频：为什么员工反对绩效考核？

二、设计绩效考核指标

（一）确定绩效考核指标

绩效考核指标是对绩效目标的一种量化的表达，是对绩效目标的承载。绩效考核指标一般包括4个构成要素（表3-2-2）。

1.指标名称

指标名称是对评价指标的内容做出的总体概括。

表 3-2-2 协作绩效指标

考核指标	指标名称	协作性				
	指标定义	在与同事共同工作时所表现出来的合作态度				
考核标准	标志	A	B	C	D	E
	标度	合作愉快	肯合作	尚能接受	偶尔合作	我行我素

2.指标定义

指标内容的操作性定义用于揭示评价指标的关键可辨特征。

3.标志

评价的结果通常表现为将某种行为、结果或特征划归到若干级别之一，评价指标中用于区分各级别的特征规定就是绩效评价指标的标志。

4.标度

标度用于对标志所规定的各级别包含的范围做出规定，或者说，标度是用于揭示各级别之间差异的规定。标志和标度就好比一把尺子上的刻度和规定刻度的标准，即考核标准。

（二）确定绩效考核标准

指标是确定从哪些方面来对工作进行衡量或评价，标准是确定各指标分别应达到什么样的水平。有了绩效指标后，就必须考虑依据何种标准作为与实际绩效比较的基础，也就是指标要完成到什么程度才算合格甚至优秀，指标完成到什么程度是不合格甚至是不可接受的。绩效标准必须具体，不能模棱两可，如何衡量必须一目了然，常见标准如下。

1.历史绩效

选择酒店以往的绩效作为评估目前绩效的基础是相当正确、有效的做法。但只有在酒店营业环境、组织架构、职责或人员等都没有重大变动的情况下，此项标准才适合。

2.预算或标准绩效

若过去的绩效难以取得，或酒店营业情况变化较大，则可用预算或标准绩效作为衡量基础。标准绩效的设定有3个原则：①固定的标准，评估的标准一旦建立，则不再改动；②理想的标准，这是在完美的工作条件下应有的绩效；③可达成的标准，这是在当前情况下应该可以达到的水平，通常依据当前绩效加以修订。

3.同业平均绩效

若酒店与其他酒店在规模、档次定位、产品和服务特点及人员等方面相似，则可与其进行绩效比较，以辨别彼此在工作成效上的优势。若个别竞争企业的绩效资料难以完整地获取,则以整个行业绩效的平均水准来比较。

4.目标绩效

预算或标准绩效指在当前情况下应该可以达成的工作绩效,而目标绩效则是在目前情况下必须经过一番特别的努力,否则无法完成的较高标准。目标绩效代表酒店管理人员对工作人员追求最佳绩效的期望值。

三、选择绩效考核方法

（一）比较法

比较法是一种相对评价方法,就是通过员工之间的相互比较得出考核结果。

1.排序法

对某一个绩效考核指标,将员工按绩效表现优劣进行排序,最好的排第一名,次优的排第二名,依次类推。

它的优点是简单易行,花费时间少,能减少考评结果过宽和趋中的误差。但是因为每次排序只能选取一个绩效考核指标,存在片面和太简单等弊端,并且容易给员工造成较大的心理压力。

2.两两比较法

在某一个绩效标准的基础上,把每一个员工与其他所有员工都逐一比较,判断谁"更好"或"更差"。统计每个员工"更好"的次数,根据"更好"的次数多少对员工排列。

它的优点是相对排序法更为可靠,但当员工人数较多时,操作过于复杂。

3.强制分布法

按事先定好的比例把员工分成不同等级。比如,低绩效者占10%、低于平均者占20%、平均绩效者占40%、高于平均者占20%、高绩效者占10%。

它的优点是可以避免考核过分严厉或过分宽容,因为工作绩效优异的和特别差的往往都是少数,而大部分员工的工作行为呈现中等水平。

（二）评语法

评语法是用叙述性文字来描述员工的工作业绩、能力、态度、优缺点等。由于这种方式比较灵活、方便,可以对员工的绩效进行比较全面且深入的评价,并且可以对其提出富有实用价值的意见和建议,因此在实际运用中较受欢迎。但由于没有评语、没有固定格式要求,这种方法评出的员工绩效很难横向比较,即便同一个考核者所评定的不同员工之间也很难比较。

（三）量表法

量表法就是采用标准化量表对员工进行考核,见表3-2-3,一般情况下,量表法的具体做法为,将一定分数分配到各绩效考核指标上,使每项评价指标都有一个固定权重,然后根据员工各考核指标的表现情况,对员工做出恰当评价、打分,最后汇总、计算总分,作为评价对象的绩效考核结果。

表 3-2-3　前厅接待员关键绩效指标

姓名		部门	房务部	岗位	前厅接待员	
序号	指标	权重/%	考核指标释义		数据源	考核人
1	接待服务工作	30	在（　）分钟内完成接待		领班评价	领班
2	对客服务工作	50	按客人要求分房，制作房卡，分房准确率达95%以上		分房单	领班
3	保管登记单	20	登记单按（　）要求填写，在（　）整理并妥善保管登记单，不得丢失		抽查记录	领班

（四）360°考核法

在绩效考核中，谁来考核或者谁来评价是很重要的。360°绩效考核法，又称全方位绩效考核，指通过上级、下级、同事、自我、客户全方位收集评价信息，从多个视角对员工进行综合绩效考核并提供反馈意见。每个人都能站在自己的角度对员工进行考核，这种多方位考核可以避免一方考核的主观偏差，增强绩效考核的可靠性和有效性，如图 3-2-3 所示。

图 3-2-3　360°考核法

但是，在实践操作中，360°考核法的操作成本较高，如果条件不成熟，可能导致企业内部产生勾心斗角、互相猜测等紧张气氛，其考核结果可能难辨真伪。

试一试

酒店员工的绩效考核指标和方法，能否用于本课程的期末考核？如果可以，请尝试设计课程期末考核指标和考核标准。

四、反馈和应用绩效考核结果

（一）反馈绩效考核结果

反馈绩效考核结果指将绩效考核的结果告知员工本人，听取员工对绩效考核结果的意见和看法，在肯定成绩的同时，指出有待改进的地方，表明酒店对员工的要求和期望，帮助员工总结、回顾完成绩效目标过程中的问题和收益。员工可以在反馈过程中对考核结果提出异议，可以向酒店高层提出申诉，确有无法克服的困难时，可以寻求帮助和指导。

反馈绩效在管理者和员工之间架起了一座沟通的桥梁，确保考核公开、公平、公正。赋予员工一定知情权和发言权，让员工成为主动因素，配合绩效申诉程序，可以降低考核不公正、不准确因素带来的负面效应。此外，员工接到考核结果通知时，在很大程度上并不了解考核结果的由来，这时管理者须对考核情况进行详细介绍，指出员工的优点和缺点，并对员工的绩效提出改进建议，从而提高员工的工作绩效。

（二）绩效考核结果的应用

1. 薪酬调整

绩效考核结果最主要的一种用途就是对员工报酬的分配和调整,包括确定奖金分配方案,调整员工固定薪酬的依据和作为福利、津贴及其他奖励的依据。一般而言,为了强调薪酬的公平性并发挥薪酬的激励作用,员工的薪酬中都会有一部分与绩效挂钩。

2. 岗位调整

员工的历史考核记录为职务晋升和干部选拔提供了依据。可以对员工的历史绩效进行统计分析,选拔业绩比较稳定和优秀的员工并将其纳入晋升后备人员名单。另外,通过历史考核结果,发现员工工作表现和其职位的适应性问题,查找出原因并及时调配职位。

3. 培训与开发

通过绩效考核结果,可以发现员工培训和开发的需要,为制订员工培训计划提供依据。一方面,根据绩效考核的结果,可以了解到员工的不足与薄弱项;另一方面,通过短期和长期的绩效考核,可以识别有发展潜力的后备干部,为其能力的进一步提升设定专项的培养计划。此外,绩效考核结果还可以作为培训效果的评价指标。

4. 职业发展

从员工的角度来看,绩效管理为其职业发展提供了参考。一个好的绩效考核体系能揭示员工的一般能力以及特殊技能信息。绩效考核和改进能促使员工提升职业胜任力,提高工作绩效,也能引导员工根据自身的特点规划个人的职业生涯。

3-2-12

阅读资料:她的人生就是一部励志大片

 任务思考

1. 如何避免绩效考核内卷?
2. 常见的绩效考核方法有哪些? 它们有何缺点? 如何改进?
3. 绩效反馈过程中,应如何与员工沟通?

3-2-13

在线自测题

知识导图

请对本小节知识点进行总结，绘制你的知识导图吧。（可扫描二维码查看参考总结）

3-2-14
知识导图

温故而知新

任务拓展

阅读材料：酒店员工的激励方法

激励员工的根本目的是正确诱导员工的工作动机，使他们在实现酒店目标的同时满足自身需求，提高其满意度，从而使他们的积极性和创造性继续保持和发扬下去。基本的激励方法有工作激励、成果激励和培养教育3种。

1. 工作激励

根据员工的特长和爱好，合理地设计、分配工作任务，尽可能地把一个人所从事的工作与其兴趣爱好结合起来，能极大地激发员工内在的工作热情；同时工作任务应具有一定的挑战性，激发员工奋发向上的精神，提高其工作能力，获得成就感。

2. 成果激励

奖励可以是物质奖励，也可以是精神鼓励，要在一定程度上满足员工的需求，引导员工的行为。同时奖励的多少应该与员工的工作业绩相匹配。

3. 培养教育

员工的工作热情和工作积极性通常与他们的自身素质有极大关系。通过教育和培养，增强员工的工作能力，提高员工的思想觉悟，从而增强其自我激励的能力。教育培训的内容主要包括思想教育和专业技能培训。通过思想教育，使员工树立崇高的理想和职业道德；通过专业技能培训，提高员工的工作能力。

双语拓展

关键术语

◇　人力资源　Human Resources
◇　人力资源管理　Human Resource Management(HRM)
◇　员工招聘　Employee Recruitment
◇　员工培训　Employee Training
◇　绩效考核　Performance Appraisal

阅读资料

People Are Our Most Important Resource

In the hospitality industry, no truer words could ever be spoken as "People are our most important resource". A hospitality organization can't succeed until it learns to recruit, retain, and develop employees efficiently and effectively.

In the bad old personnel department days, you'd hear that adage of "Don't get too close to your employees". Well, we live by an almost opposite philosophy at the Broadmoor, we want our managers to be as close as possible to their employees, not in terms of fraternization, but in terms of getting to know them, helping with their career aspirations, and providing them guidance and opportunities to help them better themselves(图3-2-4).

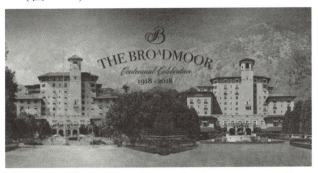

图 3-2-4

—Steve Bartolin, Chairman of the Broadmoor.

任务三 酒店服务质量管理——制胜法宝

缔造酒店的商业王国

拥有"糖王"美誉的郭鹤年是酒店、粮油、传媒等多个行业的世界级王者。20 世纪 70 年代,郭氏集团开始涉足酒店业,在新加坡成立了香格里拉酒店集团,坚持为客人提供体贴入微的具有浓郁东方文化风格的优质服务,现已成为世界上最佳的酒店管理集团之一、全亚洲最大的豪华酒店集团。郭鹤年以"商业道德、诚实、一言九鼎"要求自我,并对儿子们进行道德教育。本着"取诸社会、用诸社会"的理念,事业有成后,郭家兄弟们热心办学,为华人发展出力献策。

图 3-3-1 郭鹤年"香格里拉"之父

所思所悟: 秉承"顾客至上,诚信第一"的原则,恪守相关法律法规的经营理念历来是营商的制胜法宝。而今天倡导的"爱国、敬业、诚信、友善"的社会主义核心价值观与经过历史检验的营商法则及商业道德的文化精髓高度契合,因此必须大力弘扬并努力践行社会主义核心价值观。

为宾客提供稳定的优质服务、满足宾客的各种需求,能够提高酒店的知名度和美誉度,吸引新客源及回头客,最终为酒店带来可观的经济效益,并使其在竞争中立于不败之地。对于酒店而言,服务质量就是生命线,服务质量管理能力已经成为酒店管理者必须具备的一种能力。酒店服务的性质决定了酒店服务质量的抽象性和复杂性,因此,酒店的服务质量管理工作是一项综合性强、复杂程度高的系统化任务。而对酒店服务质量含义的正确理解和对其特点、内容的正确把握则是酒店质量管理最基本的前提;顾客满意度是衡量酒店服务质量的重要指标;合理、有效的酒店服务质量管理方法是酒店取得成功的重要因素。本任务从顾客满意度、酒店宾客关系管理、酒店服务质量管理 3 个方面展开学习。

子任务一　重视顾客满意度

任务目标

❶ 掌握酒店服务与酒店服务质量的概念及含义。
❷ 理解酒店服务质量与顾客满意度的关系。
❸ 知晓如何开展顾客满意度的调查和测评。
❹ 树立以"顾客为中心"的服务理念,树立正确的职业观、行为观念。

任务分析

酒店作为一个服务场所,为客人提供的主要产品就是服务。因此,酒店产品质量管理的实质就是服务质量管理。优质的服务能赢得顾客满意和良好的口碑效应,而顾客的满意度决定了其是否会重复消费、是否向其他人推荐产品乃至成为酒店的忠诚顾客。对服务质量和顾客满意度的调查与分析,可以看出顾客对酒店服务质量的评价过程就是顾客满意度形成的过程,因此,酒店服务质量管理应重视顾客满意度。

任务操作 ▶▶▶▶▶▶▶▶▶

讨论话题：为什么酒店会推出试睡员？

"酒店试睡员"在国外被称为"酒店品评家"，应聘者须具有敏锐观察力与感受力，热爱旅游，乐于分享所见所闻。

酒店试睡员体验酒店的服务、环境、卫生、价格、餐饮等多个方面，如床垫软硬、空调冷暖、网速快慢、下水道是否畅通、淋浴水流是否过大等，调查后根据客观的体验结果写成报告，供酒店方提高管理经营或供客人、网友预订参考。

阅读二维码资料(3-3-1)，并讨论为什么酒店会推出试睡员。

3-3-1
阅读资料：
酒店试睡员

随着我国经济高速发展，酒店行业的竞争日趋激烈。在行业中处于领先地位的酒店在硬件设施上已经难以分出高下，竞争的焦点逐渐转移到酒店服务质量上。谁能令宾客拥有最佳的体验、获得最高的顾客满意度，谁就能获取稳定的客源并吸引新客源，从而在酒店市场竞争中立于不败之地。

酒店服务质量管理实际上是"服务的使用价值"的管理，它构成了酒店日常管理的中心工作，是酒店管理的核心部分。那么，如何能让顾客有宾至如归的体验，对酒店的服务感到满意呢？让我们一起来了解酒店服务与酒店服务质量的含义。

一、什么是酒店服务？

（一）酒店服务的含义

对服务的研究起源于经济学领域，从 20 世纪五六十年代开始，市场营销学把研究的领域从物质产品拓展到服务产品领域，并开始关注服务的概念和定义，对服务的研究步入正轨。

1960 年，美国市场营销协会最早对服务的定义为"用于出售或同产品连在一起出售的活动、利益或满足感"。在此后的较长时间里，这一定义一直被许多学者广泛采用。但这一定义的缺陷也是明显的，它没有将服务的无形性凸显出来，因此，在一定程度上，混淆了有形产品同无形服务产品的最本质区别。

1990 年，当代服务管理理论与思想大师格鲁洛斯在综合前人观点的基础上，提出了试图为所有人接受的定义："服务是以无形的方式，在顾客与服务员、有形资源、产品或服务系统之间发生的并可以解决顾客问题的一种或一系列行为。"格鲁洛斯的观点较为综合，比较有代表性，并明确指出了服务的本质特征。但由于服务自身的复杂性，服务的内涵处于不断变化中，该定义亦有局限性。

我国对酒店服务的研究还比较薄弱，主要以国外的研究成果为基础，从酒店服务的经济属性和酒店服务市场的供需两方面展开研究。将酒店服务定义为：在一定经济发展阶段的一种综合服务现象，是发生在酒店服务提供者和接受者之间的一种无形的互动作用。酒店服务的供需双方在交换中实现了各自利益的满足，但互动过程不涉及所有权的转移。

酒店所提供服务的种类、服务的水平是客人选择酒店时的主要因素之一,服务项目的多少、服务内容的深度也是酒店之间竞争的重要环节。良好的服务是树立酒店形象、提高酒店知名度的重要手段。

知 识 链 接

服务是什么?

国际上将服务的英文 service 各字母分解,每个字母代表服务的不同含义。

S—smile(微笑),这是一种世界欢迎语言,是与客人正常友好交流的最基本的手段。

E—excellent(杰出的),要求酒店的员工是最优秀的,酒店的服务是最优质的,酒店提供的服务产品是最一流的。

R—ready(准备),以最佳的、最有效的姿态站立,时刻准备为客人提供服务。

V—viewing(观察),时刻关注客人,及时发现客人的需求,争取在第一时间内为客人提供服务。

I—inviting(诱人的),酒店提供的菜品是美味、可口的,客房是安全、舒适的,娱乐项目是健康、刺激的。

C—creating(创造),因人、因地制宜,提供相应的服务内容,根据客人的个性化需求提供创造性的服务。

E—eye(眼神),用眼光和客人交流,及时发现客人的困难,主动问询,采取措施进行服务补救。

(二)酒店服务的特点

1.无形性

酒店服务是无形的,对服务质量的衡量并无具体、实在的尺度,顾客对产品的满意程度主要是来自感受,与客人的经历、受教育程度、价值观等相关,因而带有较大个人主观性。因此,服务不能用像感知实体商品同样的方式被看见、感觉、品尝或触摸。从顾客的角度看,服务的无形性互动关系使顾客获得了经历和感受,并没有得到实体结果,但顾客在接受服务的过程中,一般更注重心理和精神感受。从企业角度看,服务的无形性互动过程,需要一定的支持设施与物质投入,但这种服务的结果却不可以储存,互动的目的是实现企业既定的价值目标。

2.同一性(同时性)

一般物质产品的交换和消费是相互独立的,从生产到消费,必须通过中间环节,即流通领域,且交换先于消费;而酒店服务这一产品则不同,它的生产和消费是同步的,在时间和空间上是统一的,即在生产者(酒店工作人员)与消费者(宾客)之间是直接、面对面的,当面生产、当面消费。酒店产品(服务)是根据顾客的即时需要而定时生产的,即酒店的各种服务与客人的消费同步,通常是边服务边消费,等服务结束时消费亦同时结束。

也就是说,服务的好坏要受到客人的直接检验,并对酒店产生直接的影响。同时,消费者在购买前不能看、听、嗅、尝或感觉到酒店服务。这种产品的不可预先触知性、购买时无法试验产品质量的不可选择性以及购买后如有质量问题的无法退换性,使得消费者对酒店服务质量的选择实际上就是对酒店信誉的选择。选择的根据一般有3种：一是经验和判断；二是亲朋好友的间接经验和介绍；三是报刊、广播、电视等媒体宣传。

3. 不可储存性

酒店服务的使用价值，对于宾客来说是暂时的，宾客入住酒店时享用，即实现服务的使用价值；当宾客离开酒店，服务随即终止，酒店服务的使用价值不复存在。酒店服务的一次性，决定了服务会随着时间、地点及服务人员心情的变化而不同，即使同一名服务员提供服务，其质量也会有所不同，因此，宾客在一生中不可能有机会消费完全相同的服务。这就要求我们重视每一次服务，做好每一次服务。

4. 固定性（不可转移性）

酒店服务是不可转移的，不像其他物质产品一样可以买回家。酒店服务的使用价值，只有在酒店才能被实现。因此，宾客只有入住酒店，才能消费酒店服务。这就使得酒店服务具有固定性和共享性，如酒店的床位是固定的，但它可以接待一批又一批客人并创造较高的收益。

5. 不稳定性

酒店服务的特有属性使酒店的服务质量呈现出一定波动性。由于生产与消费的同时性，服务过程的可变性不可避免。加之不同顾客对服务的要求、不同员工提供服务存在差异，均导致顾客对服务质量的评价会不一样。

6. 综合性

酒店服务是从物质和精神方面满足宾客的多种需求。这种使用价值的综合体现在酒店服务不仅能够提供基本的生活需要，还能提供更高层次的精神享受的需要。因此，各环节的服务构成整个酒店的服务价值。同时，酒店要接待来自不同地区、不同民族及不同国家的宾客，各种不同性别、不同年龄、不同职业、不同文化程度和不同宗教信仰的宾客，不仅有着不同爱好、兴趣和习惯，而且有着不同服务需求。尽管他们在基本生活需要方面有着相同之处，但在很多方面各不相同，如商务客人不同于度假客人，商务客人要求酒店提供更好的会议服务、秘书服务、方便快捷的通信服务等。可见，酒店服务的综合性一方面要求有关部门互相配合，加强合作；另一方面要求服务人员善于观察和了解客人的需求，提供针对服务，即个性化服务或超常规服务。

二、什么是酒店服务质量？

（一）酒店服务质量的含义

酒店产品主要是服务类产品，因此，酒店质量主要体现在服务质量上。酒店服务质量是酒店提供的服务产品满足顾客需求的能力与程度，是有形产品质量和无形产品质量之和。有形产品主要包括设施设备、实物产品、服务环境等；无形产品通常指服务态度、服务技能、职业道德等。服务质量的最终体现是顾客满意度。因此，酒店产品能否满足顾客需求以及满足程度，也就成为衡量一家酒店优劣的主要标准。

目前，关于酒店服务质量的理解通常包括两种。狭义的酒店服务质量，指酒店劳务服务的质量，它纯粹指服务员提供服务，不提供实物；广义的酒店服务质量包含组成酒店服务的三要素，即设施设备、实物产品和劳务服务的质量，是一个完整的服务质量的概念。而我们要学习的服务质量主要指的是广义的服务质量,即酒店以其所拥有的设施、设备为依托,为宾客提供的服务在使用价值上适合和满足宾客物质和精神需要的程度。

酒店服务质量指酒店所提供的各项服务适合和满足宾客需要的自然属性,通常表现为满足客人的物质需求和精神需求两方面。在质量管理中,通常把这种"自然属性"统称为质量特性。不同服务具有不同质量特征,不同质量特征分别满足宾客不同需求。同一种服务由于质量特征的水平不同,其适应性即满足宾客需要的程度不尽相同。因此,酒店服务的这些自然属性能否满足宾客的物质和精神上的需要以及满足的程度如何,就是衡量酒店服务质量优劣的主要标志。所谓满足,指该种使用价值能否为宾客带来身心愉悦和享受。

因此,酒店服务质量的管理实际上是对酒店所提供服务的使用价值的管理。酒店所提供服务的使用价值适合和满足宾客需要的程度高低体现了酒店服务质量的优劣。适合和满足宾客的程度越高,服务质量就越好,反之,服务质量就越差。

(二)酒店服务质量的特点

1.酒店服务质量构成的综合性

酒店服务质量的构成内容既包括有形的设施设备质量、服务环境质量、实物产品质量,又包括无形的劳务服务质量等多种因素,且每一种因素又由许多具体内容构成,贯穿于酒店服务的全过程。其中,设施设备、实物产品是酒店服务质量的基础,服务环境、劳务服务是表现形式,而宾客满意程度则是所有服务质量优劣的最终体现。它既涵盖了衣、食、住、行等人们日常生活的基本内容,也包括办公、通信、娱乐、休闲等更高层面的活动。因此,人们常用"一个独立的小社会"来形容酒店服务质量的构成所具有的极强的综合性。

酒店服务质量构成的综合性的特点要求酒店管理者树立系统的观念,把酒店服务质量管理作为一项系统工程来抓,多方搜集酒店服务质量信息,分析影响质量的各种因素,特别是可控因素,既要抓有形产品的质量,又要抓无形服务的质量,不仅做自己的本职工作,还要顾及酒店其他部门或其他服务环节,更好地督导员工严格遵守各种服务或操作规程,从而提高酒店的整体服务质量。

2.酒店服务质量评价的主观性

尽管酒店自身的服务质量水平基本上是一个客观的存在,但由于酒店服务质量是由宾客享受服务后根据其物质和心理满足程度评价的,因而带有很强的个人主观性。宾客的满足程度越高,对服务质量的评价就越高,反之亦然。酒店管理者不能无视客人对酒店服务质量的评价,否则将失去客源,失去生存的基础。酒店没有理由要求客人必须对酒店服务质量做出与客观实际相一致的评价,更不应指责客人对酒店服务质量的评价存在偏见,尽管有时客人确实存在偏见。相反,这就要求酒店在服务过程中细心观察,了解并掌握宾客的物质和心理需要,不断改善对客服务,为客人提供有针对性的个性化服务,并注重服务中的每一个细节,重视每次服务的效果,用符合客人需要的服务本身来提高宾客的满意程度,从而提高并保持酒店服务质量。正如一些酒店管理者所说:"我们无法改变客人,那么就根据客人需求改变自己。"

3.酒店服务质量显现的短暂性

酒店服务质量是由一次次内容不同的具体服务组成的,而每一次具体服务的使用价值均只有短暂的显现时间,即使用价值的一次性,如微笑问好、介绍菜点等。这类具体服务不能储存,一结束就失去了其使用价值,留下的只是宾客的感受而非实物。因此,酒店服务质量的显现是短暂的,不像实物产品那样可以返工、返修或退换,如要进行服务后调整,只能是另一次具体服务。也就是说,即使宾客对某一服务感到非常满意,评价较高,并不能保证下一次服务也能获得好评。因此,酒店管理者应督导员工做好每一次服务工作,争取使每一次服务都能让宾客感到非常满意,从而提高酒店整体服务质量。

4.酒店服务质量内容的关联性

客人对酒店服务质量的印象,是在他进入酒店直至离开酒店的全过程中形成的。在此过程中,客人得到的是各部门员工提供的一次次具体服务活动,但这些具体的服务活动不是孤立的,而是有着密切关联的,因为在连锁式服务过程中,只要一个环节的服务质量有问题,就会破坏客人对酒店的整体印象,进而影响其对整个酒店服务质量的评价,因此,在酒店服务质量管理中,有一个流行公式:100-1<0,即在100次服务中只要有1次服务不能令宾客满意,宾客就会全盘否定以前的99次优质服务,还会影响酒店的声誉。这就要求酒店各部门、各服务过程、各服务环节之间协作配合,并做好充分的服务准备,确保每项服务优质、高效,确保酒店服务全过程和全方位"零缺点"。

5.酒店服务质量对员工素质的依赖性

酒店产品生产、销售、消费同时性的特点决定了酒店服务质量与酒店服务人员表现的直接关联性。酒店服务质量是在有形产品的基础上通过员工的劳务服务创造并表现出来的。这种创造和表现能满足宾客需要的程度取决于服务人员的素质和管理者的管理水平。所以酒店服务质量对员工素质有较强的依赖性。

酒店的服务质量在很大程度上取决于员工对客服务时的即兴表现,而这种表现很容易受员工个人素质和情绪影响,具有很大不稳定性。酒店管理者应合理配备、培训、激励员工,努力提高他们的素质,发挥他们的服务主动性、积极性和创造性,同时提高自身素质及管理能力,从而创造满意的员工,满意的员工是满意的客人的基础,是不断提高酒店服务质量的保证。

6.酒店服务质量的情感性

酒店服务质量还取决于宾客与酒店之间的关系。关系融洽时宾客就比较容易谅解酒店的难处和过错,而关系不和谐时,客人则很容易小题大做或借题发挥。因此,酒店与宾客间关系的融洽程度直接影响着客人对酒店服务质量的评价,这就是酒店服务质量的情感性特点。

事实上,酒店服务质量问题总会出现在酒店的任何时间和空间。酒店管理者所应做的是积极采取妥当的措施,其中最为有效的办法就是通过一些真诚为客人考虑的服务赢得客人,在日常工作中与客人建立良好、和谐的关系,使客人最终能够谅解酒店的一些无意的失误。

(三)影响酒店管理服务质量的因素

1.科技水平

服务效率低是很多酒店存在的问题。漫长的等待常常引起很多顾客的不满甚至投诉。服务效率的高低除了和服务员的能力高低有关,还取决于信息的传递、流程是否顺畅等。今天,高质量的服务越来越离不开高科技设备的支持。例如,前台人员可以通过酒店的内部数据库对客史资料充分了解,这在传统的酒店服务中是很难办到的。随着信息化技术普及和大数据、物联网概念的发展,先进科技的应用将在酒店行业有着深刻的体现。

肯德基的严格店规

肯德基北京分店自开业后一直坚持按公司的统一规定严格管理。在制作方面,按正宗肯德基的要求,炸鸡所用的鸡肉必须是刚好饲养7周恰到1.25千克的肉鸡肉,以求肥瘦适中,老嫩适度。油炸鸡块前,须在蛋白液中浸7下,在裹粉里翻动10次,然后按压7回,方能入锅。一旦不按规定操作,初犯扣奖金,再犯规"炒鱿鱼"。又如,鸡块炸好后,放入保温箱1.5小时内必须售完,过时一律扔掉。餐点不允许廉价处理或内部销售。因为廉价处理既有损顾客利益,又败坏炸鸡声誉;如内部销售,炸鸡势必越剩越多,而扔掉剩鸡只会激发员工的责任心,最终减少这种浪费。炸鸡发明人山德士对质量要求相当严格。据说,凡见到不符合质量、服务、卫生标准的事,他就要大发雷霆。他的格言是"真正出色的餐馆,在厨房里就开始表现出他们对顾客的关切与爱心"。

评析: 在制作食品时使用标准化配方和标准化操作流程,确保食品的质量稳定、重量一致、成本始终如一。

2. 服务的标准化

不同星级的酒店,会有不同的服务水平和标准。虽然酒店都有相关操作规程,但是真正严格执行的并不多。其中一个很重要的原因就是规程缺乏可操作性,一些规程甚至直接抄袭其他酒店,不符合本酒店实际。一些操作规程缺少量化标准,导致服务存在较大偏差。进入21世纪,标准化再次显示了在酒店行业强大的影响力。世界排名前十名的酒店集团例如万豪、希尔顿等都有一整套极为精确的标准化服务制度。位列世界品牌价值前十位的可口可乐、麦当劳等更把标准化服务奉为制胜法宝。麦当劳提出的"三流的人才,二流的管理,一流的流程"体现了公司对标准化的信奉。麦当劳把汉堡制作细化成几十道工序,并开发了相应的服务设备。通过这些流程,麦当劳可以保证全世界任何一个地方的汉堡用料和口味完全一致。

3. 管理水平的高低

从20世纪80年代开始,国内酒店业就在大规模管理改革,比较有名的管理酒店有建国饭店、白天鹅宾馆等。一批批先进的管理理念被引进行业中,许多酒店在改革中受益匪浅。目前,在国际上具有影响力的大陆酒店管理集团包括锦江国际(集团)、华住酒店集团、首旅如家酒店集团等,尽管在规模和数量上得以跻身世界酒店排行榜前列,但其品牌价值还相对落后,综合管理水平稍逊色于国际老牌酒店连锁集团。

4. 员工素质

员工素质包括服务技能、工作态度等多方面。酒店业是劳动密集型产业,服务员要掌握许多不同工作知识,不同素质的员工在工作中的表现会有很大差别。对顾客而言,酒店服务质量最直接的表现是员工素质。提高员工素质的主要方法就是做培训。鉴于我国酒店行业的劳动强度相对较大、薪资较低,酒店行业人才流失率较高,为此,酒店集团采取了各种有利于员工发展的措施,应对跳槽问题。

　　跟小组成员讨论一下,当你入住一家酒店时,你会怎样评价酒店的服务质量?你会用什么标准衡量酒店的服务?

　　顾客是酒店服务的接受者和购买者,也是酒店服务的评价主体。酒店服务质量高与低,主要取决于客人的评价。但客人的评价难以量化并不可避免地带有主观色彩,所以酒店通常会经过长期调研和实践,制订酒店服务质量管理标准,通过该标准规范酒店服务质量和对顾客满意度进行调查。

三、评价酒店服务质量的五大客观标准

(一)可靠性

　　可靠性是指酒店可靠地、准确无误地完成承诺的服务的能力。它是酒店服务质量属性的核心内容和关键部分。顾客希望获得可靠的服务来获得美好的经历,而酒店企业把服务的可靠性作为树立企业信誉的重要手段,如必须兑现向预订宾客承诺的客房或餐厅包厢。

(二)反应性

　　反应性是指酒店准备随时帮助宾客并迅速提供服务的愿望。反应性体现了酒店服务传递系统的效率,并反映了服务传递系统的设计是否以顾客需求为导向。服务传递系统要以顾客的利益为重,尽量缩短顾客在消费过程中的等候时间。如顾客在前台办理住宿登记时身份证信息的填写,如果改为立即扫描存入,以缩短宾客办理的时间,可以给顾客的感知质量带来积极的影响。

(三)保证性

　　保证性是指酒店的员工所具有的知识技能、礼貌礼节以及所表现出的自信与可信的能力。员工具有完成服务的知识和技能,可以赢得宾客的信任,可以使宾客在异乡有宾至如归的感觉。

(四)移情性

　　酒店的服务工作自始至终以客人为核心,关注他们的实际需求,并设身处地为宾客着想。在服务过程中,员工要主动了解宾客的心理需求、心理变化及潜在需求,进而提供周到、细致的服务,让宾客充分感受服务中的"人情味"。

(五)有形性

　　有形性是指酒店通过一些途径——设施设备、人员、气氛等传递服务质量。酒店服务虽具有无形性特征,但必须通过有形的物质实体来展示服务质量,以便有形地提供酒店服务质量的线索,为顾客评价服务质量提供直接的依据。

四、顾客满意度的调查与分析

　　酒店服务质量的优与劣,主要是由客人的满意程度决定的。客人的满意程度等于客人

现时的感觉减去客人预先的期望。所以,除了给客人一个正确的期望值,关键是要提高客人的现时感觉,而客人对酒店的感觉,则取决于酒店能否提供满足客人需求的服务。

(一)顾客满意度与酒店服务

顾客对服务质量的期望受企业的市场沟通活动、企业的形象、其他顾客口头宣传、顾客的需要和愿望等一系列因素影响。企业可以控制广告、人员推销、营业推广等市场沟通活动,却无法直接控制顾客的口头宣传和企业的市场形象。顾客主要根据自己以前在企业接受服务的实际经历,向亲友介绍服务情况,并形成、加强或改变自己对酒店企业形象的看法。顾客的需求和愿望也会对服务质量的期望产生重大影响。

(二)影响顾客满意度的因素

宾客对服务质量的判断、宾客对服务的满意程度源于宾客对服务的感知。服务感知(Perception of Service)的实质是顾客对服务的感觉、认知和评价。了解宾客对服务的感知至关重要,宾客对酒店的产品和服务会从哪些角度考虑,他在接受产品和服务时会有什么样的想法,其实正是酒店员工每天的工作重点,也是服务质量控制的要点。

1. 服务接触

服务接触指服务机构或服务人员在服务过程中与宾客的接触,它对宾客的服务感知的影响最直接、最重要。宾客正是在与酒店或其人员的接触中真实地感知服务的内容、特点及功能。因此,服务接触也称服务"真实瞬间(Moment of Truth)"。宾客对服务的真实感知是通过服务过程中的每一时刻也即一个个真实的瞬间完成的。例如,宾客来到酒店,从大堂门童的招呼、总台的登记、客房服务人员的引领、房间内各种设施和用品的使用到餐厅的环境、服务和食品等,都会影响顾客对酒店服务质量的真实感知。

2. 服务人员、服务过程和有形实据

服务人员、服务过程和有形实据等服务的组成元素会影响顾客对服务的感知。例如,在酒店服务中,酒店所处繁华的地段以及酒店的装修会使顾客感知到酒店的服务档次不会低;整洁的环境使顾客感知到认真、仔细和严谨的服务态度;新鲜而芳香的店堂空气使顾客感知到所出售的商品更新程度较高;温暖宜人的气温、柔和的灯光和音乐使顾客感知到温情、细腻的服务;赠送礼物使顾客感知到一种长久的服务关系;醒目的指示牌和方便的电子查询屏使顾客感知到过程设计中周密的服务;服务人员和顾客语言举止的文明使顾客感知到酒店格调的高雅等。

3. 酒店的形象

酒店的形象是指酒店的理念和行为在消费者心目中留下的印象或记忆。酒店的行为形象比较具体,如营业部门的开关门时间、服务项目的多少等。而酒店的管理和服务理念形象比较抽象,如"坚持传统特色""放心店""具有传奇色彩(沃尔玛)"等。

4. 服务定价

服务定价对服务感知也有重要影响。因为服务定价会影响顾客对服务的期望,而服务期望影响服务感知。服务定价的提高,会引起服务期望的提高,服务宽容度区间会变窄,顾客的挑剔性变强。对同样质量的服务,挑剔性强的顾客要比挑剔性不强的顾客要求高一些。

（三）顾客满意度调查的方式

1.顾客意见调查表

具体做法是将设计好的有关酒店服务质量具体问题的意见征求表格放置于客房内或其他易于被客人取到的营业场所。

2.电话访问

电话访问可以单独使用，也可以结合销售电话同时使用。电话访问可以根据设计好的问题而进行，也可以没有固定问题，因此，自由度与随意性比较大。

3.现场访问

其做法是抓住与顾客会面的短暂机会，尽可能多地获取顾客对本酒店服务的看法与评价。

4.小组座谈

小组座谈指酒店方邀请一定数量的有代表性的顾客，采用一种聚会的形式就有关酒店服务质量方面的问题征询意见、探讨与座谈。

5.常客拜访

常客的购买频率高，购买数量大，因而其顾客价值和对酒店的利润贡献率最大。因此，酒店管理者应该把常客作为主要目标顾客和服务重点，对常客专程拜访，显示出酒店对常客的重视与关心，而对酒店富有忠诚感的常客往往能对酒店服务提出宝贵意见。

（四）顾客满意度的测评

1.确定测评指标并量化

首先须建立顾客满意度指数测评指标体系，这就涉及"顾客满意度指数模型"的构建。该模型主要由6种变量组成，包括顾客期望、顾客对质量的感知、顾客对价值的感知、顾客满意度、顾客抱怨、顾客忠诚。其中，顾客期望、顾客感知决定着顾客满意的程度，是系统的输入变量；顾客满意度、顾客抱怨及顾客忠诚是结果变量。

2.确定被测评对象

顾客可以是酒店外部的顾客，也可以是内部的顾客。对外部顾客可以按照社会人口特征（年龄、性别、职业、教育程度、居住地等）、消费行为特征（心理及行为特征）、购买经历等来分类。内部顾客即酒店员工，酒店会定期对员工满意度进行调查。在问卷调查之前，要先确定要调查的顾客群体，以便有针对性地设计调查问卷。

3.抽样设计

对酒店的客人随机抽样，可以根据实际情况选用简单随机抽样、分层抽样、整群抽样、多级抽样、等距抽样和多级混合抽样等多种抽样方法，较常用的是简单随机抽样，它是各种抽样方法的基础。

4.问卷设计

按照已经建立的顾客满意度指数测评指标体系，按指标级数展开，设计问卷的问题。问卷设计是整个测评工作中极为关键的环节，测评结果是否准确有效，很大程度上取决于此。通常情况下，问卷还需小规模预调查，以确认问卷的信效度。

5.实施调查

酒店可以选择第一方、第二方、第三方调查顾客满意度，但这3种方式的客观性、可靠性、经济性存在差异。相对来说,委托第三方调查顾客满意度比较客观、科学、公正,但费用相对较高,故大部分企业可能选择第一方调查形式。专业的酒店集团会设置专门工作团队来调查、分析顾客满意度。

此过程包括被访员的遴选和培训、调查实地执行、调查问卷的回收和复核。

6. 汇总数据,分析评价

收集问卷后,应统计每个问题的每项回答的人数(频数)及其所占被访者总数的百分比(频率),并以图示方式直观地表示出来。另外,还应了解问卷设置的测评指标对总体评价的影响程度。

7. 形成顾客满意度指数测评报告,提出建议

对定性和定量调查结果分析,撰写调查顾客满意度测评报告。酒店可以在此基础上评估调查的发现,确定要有所行动的地方,制订改进的计划或给出策略指导,把报告中提出的改进建议落实到相关部门和责任人,以达到持续改进、增强顾客满意度的目的。顾客满意度调查在连续做时才能达到最好的效果。建立跟踪系统也是至关重要的,顾客满意度测评可以跟踪显示,随着时间的变化,酒店在某些低于标准的因素方面和竞争对手做得比你好的方面能逐步改进。

任务思考

1. 什么是酒店服务? 它有哪些特点?
2. 什么是酒店服务质量? 受到哪些因素的影响?
3. 如何开展顾客满意度的调查和测评?

3-3-2

在线自测题

知识导图

请对本小节知识点进行总结,绘制你的知识导图吧。(可扫描二维码查看参考总结)

3-3-3

知识导图

温故而知新

任务拓展

拓展阅读：ISO 9004—2 质量管理和质量体系要素——第二部分：服务指南

国际标准化组织（ISO）成立于1947年，是一个业务跨度很大的国际组织。近50年来，主要为工业企业制定技术标准。1986年开始，着手统一质量管理词汇，制定质量管理标准。

"ISO 9004"又名《质量管理体系业绩改进指南》，"ISO 9004—2"就是该组织制定的服务行业质量管理国际标准，自首次发布以来一直在不断修订、更新中。在该标准附录（A）中，列举了运用该国际标准的12种行业，其中第一个行业就是酒店业。ISO 9004—2是一个框架式标准化文件，提出了服务质量管理应当遵循的基本原理和要求，它为在组织内建立和实施质量体系提供了指导。它基于在 ISO 9004 中所描述的内部质量管理的一般原则，并专门为服务的质量体系提供了一个综合概貌。它可应用于提供或改进服务质量体系的开发工作。它也可以直接用于现有服务质量体系。质量体系包含为提供有效服务所必须的全过程，从市场开发到服务提供，包括对顾客所提供服务的分析。

子任务二 加强酒店宾客关系管理

 任务目标

❶ 认识酒店宾客关系管理的重要意义。
❷ 掌握酒店宾客关系管理的主要内容。
❸ 熟悉酒店宾客关系管理的方法。
❹ 树立"以顾客为中心"的服务理念，打造精益求精的服务水准。

宾客关系管理对于酒店企业提高顾客满意度、扩大市场份额、增强市场竞争力有着十分重要的作用。因此，酒店从业者应深入了解客人、分析客人，与顾客建立良好的宾客关系。通过管理客历档案、设立大堂副理、宾客关系主任等岗位，专职负责宾客关系的维系和改善，让不满意的顾客满意，让满意的顾客喜出望外。 **任务分析**

顾客关系管理（Customer Relationship Management, CRM），在酒店服务业中又称为宾客关系管理。宾客关系管理起源于美国，这个概念最初由 Gartner Group 提出，旨在为企业提供全方位的管理视角，赋予企业更完善的客户交流能力，最大化客户的收益率。CRM 既是一套原则制度，也是一套软件和技术。它的目标是缩减销售周期和销售成本、增加收入、寻找扩展业务所需的新的市场和渠道以及提高客户的价值、满意度、盈利性和忠实度。

酒店每天都会接待成百上千位顾客，在这些顾客中会出现因酒店良好服务质量而反复光顾的回头客，若酒店能将其发展为忠诚顾客，就能为酒店带来一部分稳定收入，建立良好的宾客关系。随着宾客信息不断积累，酒店对宾客越来越熟悉，能够通过宾客的个人习惯偏好来改善服务质量，达到客人心理预期，给客人营造宾至如归的感觉，增加客人的好感，让他们愿意持续在酒店消费。良好宾客关系的维持和扩散，有助于为酒店以低消费的营销赢得更广泛的口碑。

一、酒店宾客关系管理的意义

（一）提高顾客满意度

顾客满意是每个酒店追求的目标，因此，与顾客建立长期稳定的良好宾客关系是酒店发展的重要因素。顾客满意的下一步就是顾客忠诚，只有从始而终地坚持，不断提高客人的满意度，维持长期和睦的宾客关系，以更高热情的服务去满足客人的需要，才会使客人感到更满意，客人才会更加惊喜和感动，从而成为酒店最忠诚的客人。

（二）塑造顾客忠诚

忠诚的客户比普通自来散客更愿意购买酒店的产品和服务，忠诚客户的消费支出是普通散客随意消费支出的两到四倍，而且随着忠诚客户年龄的增长、经济收入的提高或客户单位本身的业务增长，其需求量将进一步增长。

（三）塑造品牌形象

好的酒店宾客关系管理有助于降低企业的营销费用，使市场营销事半功倍。对于酒店管理提供的某些较为复杂的产品或服务，新客户在作决策时会感觉风险较大，这时他们往往会咨询酒店的现有客户。而具有较高满意度和忠诚度的老客户的建议往往具有决定作用，他们的有力推荐往往比各种形式的广告更奏效。这样，酒店管理费用中既节省了吸引新客户的销售成本，又增加了销售收入。

（四）提高员工忠诚度

提高员工忠诚度是酒店客户管理中关系营销的间接效果。如果一个酒店拥有相当数量的稳定客户管理群组，酒店管理层与员工会形成长期和谐的关系。在为那些满意和忠诚的客户提供服务的过程中，员工将体会到自身价值，员工满意度的提高会导致酒店服务质量的提高，使客户满意度进一步提升，形成良性循环。

3-3-4
阅读资料：
客史档案

二、酒店宾客关系管理的内容

（一）客史档案管理

建立客史档案是酒店了解客人、掌握客人的需求特点从而为客人提供针对性、个性化服务的重要途径。建立客史档案对提高酒店服务质量、改善酒店经营水平具有重要意义。

客史档案通常可以分为以下几种。

1. 常规档案

常规档案包括宾客的姓名、性别、国籍、出生日期及地点、身份证号、护照签发日期和地点、护照签证号、职业、头衔、工作单位、单位地址及家庭地址等内容。

2. 预订档案

预订档案包括客人的订房方式、介绍人、订房的季节、月份和日期以及订房的类型等，掌握这些资料有助于酒店选择销售渠道，做好促销工作。

3. 消费档案

消费档案包括宾客的个人信用卡号、VIP 卡号、住店房号及房租、住店日期及期限、总的住房次数、消费累计等。

4. 习俗爱好档案

习俗爱好档案包括客人的具体生活习惯、爱好。例如，喜欢什么颜色或何类、何种食品、饮料，喜欢什么时间清理房间，对房间布置有何具体特殊要求等。

5. 反应意见档案

反应意见档案包括宾客在离店期间对本店的表扬以及投诉与处理情况等。

知 识 链 接

客史档案Guest History Archives

建立客史档案是酒店了解客人、掌握客人的需求特点，从而为客人提供针对性服务的重要途径。建立客史档案对提高酒店服务质量、改善酒店经营水平具有重要意义。以营销为主题的所有社会服务行业都奉行着"顾客就是上帝"的服务宗旨。图 3-3-2 展示了酒店客史档案卡包含的基本信息。

姓名		性别		国籍	
出生日期		出生地点		身份证号	
护照签发日期及地点					
护照号		签证号及种类			
职业		头衔			
工作单位					
单位地址		家庭地址			
电话		电话			
最近一次住店房号		个人信用卡号			
最近一次住店日期		VIP卡号			
房租		总的入住次数			
消费累计		其他			

图 3-3-2　客史档案卡

（二）设立大堂副理与宾客关系主任

大堂副理（Assistant Manager）与宾客关系主任（Guest Relation Officer, GRO）是酒店维护宾客关系的核心人物，对维护宾客关系起着关键作用。

1. 大堂副理

在我国，三星级以上酒店通常会在酒店前厅设置大堂副理，其主要职责就是处理宾客关系，大堂副理是宾客关系管理的最直接执行者。大堂副理是酒店管理层的代表，对外负责处理日常宾客的投诉和意见，平衡协调酒店各部门与客人的关系并与宾客保持良好关系；对内负责维护酒店正常的秩序及安全，处理酒店内发生的紧急事件，并对各部门的工作起监督和配合作用。同时，协助前厅部经理对前厅部所辖各岗位员工进行工作指导和管理。

2. 宾客关系主任

宾客关系主任是一些豪华酒店设立的专门用来建立和维护良好的宾客关系的岗位。宾客关系主任直接向大堂副理或值班经理负责，主要职责是与客人建立良好的关系，协助大堂副理欢迎贵宾以及满足团体临时的特别要求。

（三）处理宾客投诉

宾客投诉是顾客对不满意的消费经历采取的反应，这种反应由顾客知觉不满的情绪或情感所引起。

宾客因对酒店服务不满而提出投诉是一件好事。统计资料表明：投诉宾客大多数是酒店的回头客，因为这些宾客认为酒店服务不足，但他对酒店有信心，相信酒店会改进服务；而绝大多数感到不满但没有投诉的宾客往往不会再光临这家酒店。因此，酒店管理者应正确认识和妥善处理投诉，把宾客投诉视为发现问题、改善服务质量的机会和动力。积极处理宾客投诉，可消除宾客的不满，是酒店服务质量管理的重要内容。因此，酒店应制订处理服务质量投诉的原则、方法和措施等。

酒店处理宾客投诉的原则通常有，不争论原则，即使宾客是错的，也抱着宽容的态度，不与宾客争辩；隐蔽性原则，即处理时应尽可能减少对其他宾客的负面影响；及时性原则，第一时间处理为好；补偿性原则，即给予宾客适量服务和实物补偿的原则。在处理宾客投诉之后，管理者还应及时对所发生的问题深入调查，追根究底，找出问题的关键成因，并采取措施，如修改质量标准或工作程序、培训等，以防止同类问题出现，最终使酒店服务质量趋于零缺点。

三、酒店宾客关系管理的方法

（一）强化以人为本的经营管理理念

宾客关系管理是酒店最重要的经营理念，它使酒店通过和客户沟通，对客人的消费等行为产生非常有利的影响，最终能够提高客人的满意度和忠诚度，从而提高酒店的利润，达到双赢的目的。要想在酒店中完美地实施宾客关系管理，就必须建立"以人为本"的管理理念。

管理理念不仅管理层应该重视，而且基层员工也应对此重视。在强化理念的过程中，管理层要以身作则，用自己的实际行动向员工传达这一理念，并且要做相对应的培训工作，让全体员工真正理解并将理念带到平常对客人的服务中。只有这样，酒店全体员工才会在为客人服务的过程中自觉关注客人的需求，积极与客户交流，从而收集客人全面的信息，及时了解客人的需求和期望,各部门相互协作,最终达成客户的需求和期望。

（二）建立完善的宾客关系管理流程

从酒店部门的设立和各部门的业务流程来看,酒店想获得更高顾客满意度和忠诚度,就要改变当下的组织结构,单独建立"以人为本"的部门,使一些专业部门的成员更加接近客人。这样的部门首先就要把客人的需求放在首位进行研究和管理,之后便是一线的服务人员为客人提供优质产品和专业服务。此外,要建立客户服务中心,专业的员工要与客人接触、沟通,从而收集、处理、分析客人的主要信息并提供给酒店的其他部门,帮助酒店的管理层管理、分析和处理客人主要信息,执行酒店管理层的一些宾客管理的方案。这样非常专业的部门,会让客户的需求被更高、更好地满足,从而提高顾客的满意度和忠诚度。

（三）健全酒店员工培训机制

优质的服务可以为酒店建立良好的口碑和形象,而优质服务的建立者就是员工,完善的培训系统可以让员工提高自身的素质和技能,使员工为客人带来优质、体贴入微的专业服务,可以赢得客人更高的忠诚度,这有利于增强宾客关系的管理。

（四）完善宾客关系管理系统

宾客关系的建立和维护,不仅需要传统的人际关系、情感的投资,还需要专业的计算机系统,以此建立客人的最高忠诚度。

任务思考

1.你认为酒店宾客关系管理重要吗？为什么？
2.酒店如何做好宾客关系管理？

3-3-5
在线自测题

知识导图

请对本小节知识点进行总结,绘制你的知识导图吧。（可扫描二维码查看参考总结）

3-3-6
知识导图

温故而知新

197

任务拓展

拓展阅读：成都凯宾斯基饭店服务案例分享

中餐厅的故事

临近过年,中餐厅生意非常好,晚上包间几乎被订满。2022 年 1 月 26 日晚,像往常一样临近餐尾,中餐厅的同事都在忙着收拾客人走后的包间。20:30,一位客人喝多了,包间服务员立马叫来主管 Joe 帮忙把客人搀扶下楼,把客人送到路边并帮忙叫了出租车。客人由于醉酒不愿上车,返回酒店。后来客人意识慢慢模糊,Joe 在安全部严经理的陪同下将客人搀扶到酒店沙发上休息,由于包间客人都不认识这位先生,无法联系客人的家人和朋友,于是在严经理陪同下,在监控下拿出客人手机挨个与其亲属联系,在经过十几个电话尝试后,终于联系上一位朋友。刘先生过来接客人,到达酒店时已经是 00:30,之后 Joe 给醉酒客人倒了热水,这时候客人吐过之后慢慢恢复了意识。刘先生看到朋友醉得不省人事很无奈,对 Joe 给予客人的照顾表示由衷的感谢。Joe 的无微不至的照顾赢得客人的肯定,这正是主人翁意识的完美体现。

DR 吧的故事

梁佳,作为一名酒馆服务员在细节方面做得很优秀。她注重常规服务标准化、人性化,同时,特别善于和小孩儿沟通,为顾客提供人性化服务,具有极强的主人翁意识。2021 年七夕节的第二天,李先生及其爱人带着 3 岁多的儿子来 DR Bar 就餐,李先生想给夫人补上一顿惬意的晚餐,但当小孩儿进入酒店后,对一切都产生了好奇,到处跑。小朋友的妈妈训斥了他,小朋友哭闹,影响了李先生的心情和就餐气氛。这时,梁佳从库房拿了一个卡通小玩具送给小孩儿,并带小孩儿玩。小朋友拿着玩具,开心地和服务员玩。员工还给他讲有趣的故事,小孩儿听得入迷,再也不闹不跑。李先生和夫人可以安静地聊天,十分开心。就餐结束时,小孩儿却不想走了,他说还没有和姐姐玩够。走到门口时小家伙还回头说:"姐姐再见,我明天还来找你玩。"要做一名真正的主人翁,不仅要掌握基本的服务常识,更要善于察言观色,了解顾客的需求和消费心理。

前厅部的故事

2021 年 7 月 29 日,正在上早班的礼宾员李松阳接到客人电话问自己有一个非常重要的公文包是不是掉在了酒店,公文包里装有他非常重要的会议资料。经过询问,酒店客房部发现这位客人的东西没落在酒店,回复客人时询问了客人去过什么地方,客人说早上去过附近的一家早餐店吃早餐,然后就直接打车去机场了,但是出租车司机那边也没找到丢失的公文包。听了客人的描述,李松阳决定去附近的早餐店看一看,结果真的发现了一个公文包,随即联系客人并直接帮客人发闪送送到了机场,没让客人误机。客人表达了谢意,表示没想到酒店员工竟然会去自己所描述的地方帮他找,心里感到非常温暖,还向凯宾斯基酒店表达了谢意。

客房部的故事

2021 年 6 月 4 日,楼层服务员田小勤在打扫房间时发现 2031 房的客人喜欢吃桂圆和杞果,就主动给客人多补充这两样水果;1931 房的客人准备要香皂时,却发现在这之前田小勤已经在房间多补了一块香皂。服务服在客人需要之前,不言而喻,客人心里都会觉得暖暖的。表扬即肯定,它是所有酒店都乐于看见的,客房服务员田小勤在 6 月 4 日这一天就收到了两封来自客人的表扬信,并且在两封表扬信里都有一句共同的话:家的感觉。由此可见,一个小小的举动就能给客人带来无限的温暖,楼层服务员田小勤就在不断地给客人带来温暖!

子任务三 如何做好服务质量管理

任务目标

❶ 了解如何建立酒店服务质量管理体系。
❷ 掌握酒店服务质量分析方法:ABC 分析法、因果分析法。
❸ 掌握酒店服务质量管理方法:酒店全面质量管理、PDCA 循环、零缺陷质量管理。
❹ 树立制度化观念,坚持以调查研究为基础,注重科学原则。

任务分析

　　服务质量是酒店的生命线,对酒店的重要性不言而喻,提供令顾客满意的优质服务是酒店成功的关键。而酒店服务的综合性和无形性决定了酒店服务质量的抽象性和复杂性,因此,如何做好酒店服务质量管理是每一个酒店管理者都值得深思的问题。本节内容从酒店服务质量管理体系、酒店服务质量分析方法和管理方法等方面探讨如何做好服务质量管理。

任务操作

试一试

　　扫描二维码,阅读两则酒店服务管理案例,谈谈你对酒店服务质量管理的认识。案例中,酒店服务问题对你有何启发?

3-3-7

阅读资料:酒店服务管理案例

一、建立酒店服务质量管理体系

酒店服务质量与各部门的工作质量以及服务过程中每一环节的服务质量紧密地联系在一起,因此,优质服务要求酒店内每一位员工树立质量意识,关注宾客的需求,并努力提高各自的工作质量,给宾客带来满足感。酒店服务质量管理体系正是酒店为提高其服务质量而建立的、由质量管理各要素组成的一个管理系统。

(一)建立服务质量管理机构

高效的管理机构是提高酒店服务质量的组织保证。酒店应建立以总经理为首的服务质量管理机构和网络,全面负责酒店的服务质量管理工作。即酒店各级管理者在总经理的直接领导下,根据本部门工作的实际情况,组建以各级管理者为首的服务质量管理小组,全面控制本部门或班组的服务质量,形成遍布酒店的服务质量管理网络。管理网络可以使酒店管理者及时发现并解决问题,把酒店质量差错降到最低。

(二)责权分工

责权分工可以使所有管理者和员工各司其职,避免推卸责任,并使酒店服务质量管理的每一项规定和措施都不折不扣地被执行。所以,在酒店服务质量管理过程中,应明确规定酒店总经理、质量管理部、各业务部门和职能部门、各班组及岗位员工服务质量的应尽责任和权限,做到责权统一。

(三)制订并实施酒店服务规程和服务质量管理制度

制订和实施酒店服务规程是提高酒店服务质量的关键,也是酒店服务质量管理体系的中心内容。服务质量管理制度是贯彻执行酒店服务规程、满足宾客需要的前提和保证,内容主要包括服务质量标准及其实施工作程序、服务质量检查制度、信息管理制度、投诉处理程序以及服务质量考核(奖惩)制度等。酒店服务质量管理制度应详尽、具体,但不宜过多,而且应避免重复、交叉或自相矛盾而使员工无所适从。

(四)重视质量信息管理

服务质量信息是酒店服务质量决策的基础与前提,是计划、组织服务质量管理活动的依据,更是质量控制的有效工具,因而也是酒店服务质量管理体系的组成部分。酒店管理者必须高度重视质量信息的管理,包括信息收集、信息的加工和传递、信息的反馈、信息储存等环节。

(五)处理服务质量投诉

酒店管理者应正确认识和妥善处理投诉,把宾客投诉视为发现问题、改善服务质量的机会和动力。妥善处理宾客投诉,既可消除宾客的不满,又是酒店服务质量管理的重要内容。

二、酒店服务质量分析方法

服务质量是酒店的生命线,酒店服务质量分析,可以帮助酒店管理者找出质量问题及其产生原因,从而找到针对性的解决问题的措施和方法,以保证同类质量问题不再出现。在分析服务质量时,酒店常采用 ABC 分析法、因果分析图等。

（一）ABC 分析法

1897 年,意大利经济学家维尔费雷多·帕累托(Vifredo Pareto)首次提出 ABC 分析法(图 3-3-3),该方法又称主次因素图、帕累托图,即利用帕累托曲线来发现问题。为了寻找酒店的关键质量问题,基于"关键的是少数,次要的是多数"的思想,对影响酒店质量的各方面因素分析,以质量问题的次数和比率为指标,定量分析,把问题归纳成 A、B、C 三类,A 即为关键质量问题,由此,酒店便可首先针对重点质量问题及时、有效地管理。

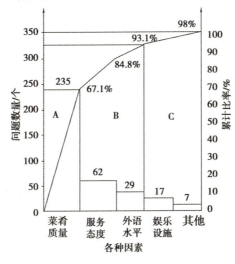

图 3-3-3　ABC 分析法示意图

（二）因果分析法

因果分析法又称鱼刺图、树枝图,是分析质量问题产生原因的一种有效工具。在酒店经营过程中,影响酒店服务质量的因素是错综复杂的,并且是多方面的。因果分析图对影响质量的各种因素之间的关系整理分析,并把原因与结果之间的关系用带箭头的线直观地表示出来(图 3-3-4)。

分析过程为,首先,确定要分析的质量问题,即通过排列图找出 A 类问题;其次,发动酒店管理者和员工共同分析,寻找 A 类问题产生的原因,应从大到小、从粗到细、追根究底,直到找到具体措施为止;最后,将找出的原因整理,按结果与原因之间的关系反映到图上。

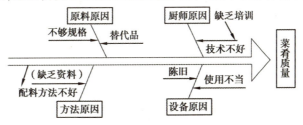

图 3-3-4　因果分析法示意图

三、酒店服务质量管理方法

只有采取服务质量管理方法,才能真正提高酒店服务质量,为宾客提供令其满意的服务,使酒店取得良好的经济效益。

（一）酒店全面质量管理（Total Quality Control，TQC）

全面质量管理起源于20世纪60年代的美国，首先在工业企业中应用，后推广到服务行业，取得了良好的效果。它把经营管理、专业技术、数据统计和思想教育结合起来，形成从市场调查、产品设计制造直至使用服务的一个完整的质量体系，使企业质量管理进一步科学化、标准化。我国于1978年引入目标管理的同时引入了全面质量管理方法，并在工业企业中推行，后又将其引入商业、酒店业等服务行业，现已在各行业得到广泛的应用，并取得了一定成效。

酒店全面质量管理的特点可归纳为以下几方面。

1. 全方位管理

如前所述，酒店服务质量不仅包括有形产品质量，还包括无形产品质量；既有前台服务质量，又有后台工作质量。所以，酒店服务质量包括酒店工作的各方面。全面质量管理针对酒店服务质量全面性的特点，对所有服务质量的内容管理，即全方位管理，而不只关注局部质量管理。

2. 全过程管理

因为酒店服务质量构成内容的全面性，且酒店服务质量是以服务效果为最终评价的，所以，影响服务质量的因素是全方位的，既有服务前的组织准备，又有服务中的对客服务，还有服务后的善后处理，这三者是一个不可分割的完整的过程。酒店服务质量管理正是对此全过程的管理，侧重预防为主，防患于未然，管理的重点从"事后把关"转变为"事先预防"。

3. 全员参与管理

酒店服务基本上是通过员工的手工劳动来完成的，因此，酒店中的每位员工及其工作都与服务质量密切相关。酒店所提供的优质服务不仅是前台人员努力的结果，还需后台员工的配合才有保障。因此，全面质量管理要求全体员工都参加质量管理工作，并把每位员工的工作有机结合起来，从而保证酒店的服务质量。

（二）PDCA循环

PDCA是Plan（计划）、Do（执行）、Check（检查）和Action（行动）这4个英文单词的第一个字母的缩写，简称戴明循环，是一种企业经常用到的管理模式。戴明循环的研究起源于20世纪20年代，有着"统计质量控制之父"之称的著名的统计学家沃特·阿曼德·休哈特（Walter A. Shewhart）在当时引入了"计划—执行—检查（Plan-Do-See）"的雏形，后来戴明将休哈特的PDS循环进一步完善，发展成为"计划—执行—检查—处理（Plan-Do-Check-Act）"这样一个质量持续改进模型。

戴明循环是一个持续改进模型，它包括持续改进与不断学习的4个循环反复的步骤，即计划（Plan）、执行（Do）、检查（Check）、行动（Action）。当PDCA 4个环节都循环以后即称为经过一个管理控制过程，可按下列步骤实施PDCA循环。

1. 计划（Plan）

步骤一：分析现状，找出问题。

步骤二：设定目标。

步骤三：找出主要影响因素。

步骤四：制订措施计划。

2.实施(Do)

步骤一:对该项管理活动的相关人员实施培训,尤其是与生产一线有关的人员及班、组长。

步骤二:按计划中的组织将管理活动分摊,有时按制订的管理项目分摊,有时按管理执行区域分摊。

步骤三:全员参与改善提案。广泛征集企业员工对提案的看法、意见及改善措施;如果改善意见确实正确可行,则应该及时修改提案。

步骤四:经改进的提案提出后,有经验的企业管理者讨论、认可后付诸实施。

3.检查(Check)

步骤一:检查是否按计划日程实施,如果没按时实施,应查找原因。

步骤二:检查是否能按计划达成预定目标。

步骤三:分析实施阶段中的失败事例,实施计划的各级管理人员在自己的职责范围内诊断,查找失败原因,并及时纠正错误。

4.行动(Action)

步骤一:执行活动基本结束时,总结及反省。

步骤二:回顾改善前的管理状况和实施的主要措施。

步骤三:将管理活动结果同改善前状况相比较,并列举管理实施过程中的优秀典型事例及活动方法。

步骤四:总结成功经验,制订或修改工作规程、检查规程及其他有关规章制度。

步骤五:把未解决的问题或新出现的问题带入下一个PDCA循环。

在最后的评价中,既要找出有待改进的问题,也要对所有参加人员的努力和成绩给予充分肯定,以增加其积极性,使其投入到下一个PDCA循环中。

总之,企业在实施PDCA循环时,还要在各部门和小组内实施PDCA循环,大环带动小环,一级带一级,有机构成一个运转体系,争取每循环一次,就解决一部分问题,取得一部分成果,水平就提高一步。到了下一次循环,有了新的目标和内容,这样循环上升,企业的管理水平不断提高。

PDCA管理循环的4个阶段缺一不可。只计划而没实施,计划就是一纸空文;计划并实施,但没检查,就无法得知实施的结果与计划是否存在差距和有多大差距;若计划、实施、检查俱全,但没处理,则不但不能巩固已取得的成果、不能吸取失败的教训,而且问题还会重复,如此,服务质量就难以提高。PDCA不是简单的原地循环,而是"阶梯式上升循环",每一次循环在原有循环的基础上向前推进一步。因此,只有PDCA 4个阶段都完成且不断循环下去,酒店服务质量问题才会越来越少,即酒店服务质量不断提高,最终趋于零缺点。

(三)零缺陷质量管理(Zero Defect Management,ZD)

ZD的含义是无缺点计划管理,即零缺陷管理,亦称"缺点预防",是美国人克劳士比于20世纪60年代提出的一种管理观念。零缺陷管理最早应用于美国马丁马里塔公司(Martin Marietta Materials Inc.)的奥兰多事业部,又称零缺点。1962年,该公司为提高产品的可靠性,解决"确保质量"与"按期交货"的矛盾,首先在制造部门实施零缺点计划,获得了成功。

零缺陷管理的思想主张企业发挥人的主观能动性经营管理。生产者、工作者要努力使自己的产品、业务没有缺点,并向着高质量标准的目标(即"零缺陷")奋斗。是以抛弃"缺点难免论"、树立"无缺点"的哲学观念为指导,要求全体工作人员"从开始就正确工作",以完全消除工作缺点为目标的质量管理活动。

　　零缺点并不是绝对没有缺点或缺点绝对要等于零,而是要以"缺点等于零为最终目标,每个人都要在自己工作职责范围内努力做到无缺点",它要求生产工作者从一开始就本着严肃、认真的态度把工作做得准确无误,发掘自身的潜能,在生产中从产品的质量、成本与消耗、交货期等方面的要求合理安排,而不依靠事后的检验来纠正。零缺陷管理思想的精髓就是第一次就把事情做好,它是一种预防为主、防患于未然的管理方式,是严格执行服务质量标准的管理制度。零缺陷管理更多的是一种企业管理文化、一种行动指南,通过严格的管理制度,最终实现企业全员高绩效的工作状态。

任务思考

　　1. 以某家酒店为例,运用 ABC 分析法、因果分析法,找出该酒店服务的主要质量问题及原因。

　　2. 你认为酒店管理者应如何在酒店中实施全面质量管理?

　　3. 阐述酒店管理者如何应用 PDCA 管理方法提高服务质量?

3-3-8
在线自测题

知识导图

　　请对本小节知识点进行总结,绘制你的知识导图吧。(可扫描二维码查看参考总结)

3-3-9
知识导图

温故而知新

任务拓展

阅读材料：全面质量管理的典范——丽思·卡尔顿（Ritz-Carlton）

丽思-卡尔顿酒店管理公司是一家闻名世界的酒店管理公司,其主要业务是在全世界开发与经营豪华酒店。总部设在美国亚特兰大。

丽思-卡尔顿品牌的创始人凯撒·里兹被称为世界豪华酒店之父。他于1898年6月与具有"厨师之王,王之厨师"美誉的August Ausgofier一起创立了巴黎里兹酒店,开创了豪华酒店经营之先河,其豪华的设施、精致而正宗的法餐以及优雅的上流社会服务方式,将整个欧洲带入一个新的酒店发展时期。随后于1902年在法国创立了丽思-卡尔顿发展公司,它负责丽思酒店特许经营权的销售业务,后被美国人Albert keller购买。1983年,William B. Johnson成立了丽思-卡尔顿酒店公司。

与其他国际酒店管理公司相比,丽思-卡尔顿酒店管理公司虽然规模不大,但管理的酒店却以最完美的服务、最奢华的设施、最精美的饮食与最高档的价格成了酒店之中的精品。

全面质量管理的精髓

丽思-卡尔顿酒店的成功与其服务理念和全面质量管理系统密不可分。丽思-卡尔顿酒店的服务理念都来源于这个品牌的创始人凯撒·里兹先生,他的服务理念为美国豪华酒店的发展提供了一整套新的观念。

今天,"丽思"已经成为豪华和完美的代名词。在《新英汉词典》中,它的中文注释是:极其时髦的、非常豪华的。

丽思-卡尔顿酒店在其服务理念的指导下,于1992年,成为酒店业中的第一个也是唯一的一个获得了"梅尔考姆-鲍尔特里奇国家质量奖"的酒店。这项奖是在美国国会授权下以美国前商业部长命名、由美国国家技术与标准学会设立的、最有权威的企业质量奖。

全面质量管理最初是在生产领域产生并得以应用的,其基本含义包括以下几方面。第一,强烈关注顾客。第二,坚持不断改进。第三,改进组织中每项工作的质量。第四,精确度量。

全面质量管理的黄金标准

信条:对丽思-卡尔顿酒店的全体员工来说,使宾客得到真实的关怀和舒适是其最高的使命。

格言:我们是为女士和绅士提供服务的女士和绅士。这一座右铭表达了两种含义:一是员工与顾客是平等的,不是主人和仆人或上帝与凡人的关系,而是主人与客人的关系;二是酒店提供的是人对人的服务,不是机器对人的服务,强调服务的个性化与人情味。

丽思-卡尔顿酒店将其服务程序概括为直观的三部曲。

1. 热情和真诚地问候宾客,如果可能的话,使用宾客的名字问候。

2. 对客人的需求作出预期并积极满足宾客的需要。

3. 亲切地送别,热情地说再见,如果可能,使用宾客的名字向宾客道别。

基本准则:具有丽思特色的服务战略——注重经历,创造价值。

全面质量管理使丽思-卡尔顿在竞争中处于有利位置,同时它在营销方面不甘落后,采取了一些营销战略,使其经营管理更加面向顾客,它强调顾客的特殊活动,并通过其富有创造的营销活动为顾客创造价值。

丽思-卡尔顿公司通过对质量的严格管理取得了成功,它那枚由凯撒·里兹先生亲手设计的徽章走向了世界,由象征着财源的狮子头与英国皇家标记皇冠组合而成的图案代表着丽思-卡尔顿的胜利,越来越多地出现在我们的生活中。

双语拓展

关键术语

◇ 酒店服务质量　Hotel Service Quality
◇ 顾客满意度　Customer Satisfaction
◇ 全面服务质量管理　Total Service Quality Management

阅读资料

At IHG, our purpose is to create Great Hotels Guests Love by delivering True Hospitality for everyone.

True Hospitality is making everyone feel welcome and cared for, whoever and wherever they are. It means knowing people better than anyone else, and acting on it, it's more than a friendly hello, it's the special attention that follows, and the smile that changes their day. We're always about people, not just beds.

续表

Patrick O'Connell
The Inn At Little Washington

The heart of hospitality, for me, is the ability to focus completely and totally on one person, even if only for a matter of seconds, yet long enough that you've got a clear connection, a channel between the two of you. It's the ability to focus so intently on a guest that the rest of the world ceases to exist. It might sound, as I tell you this, that this type of focus takes a lot of time, but it doesn't; it just requires your full and complete attention at a given moment. You have to develop the discipline of momentarily blotting out the rest of the world. Believe me: your guest will know immediately when you've succeeded.

任务四 酒店收益管理——开源节流

彰显酒店人生的智慧

喜来登酒店创始人亨德森靠买卖酒店起家，是一位成功的机会主义者。 通过购买一些小酒店或因经营不善而衰败的酒店，重新设计、更新设备、改善经营，从而使酒店增值，然后看准机会出售，从中获利。 有的酒店曾经被他买卖了4次。 而他在购买酒店时坚持的原则是，每一美元的投入至少要使酒店价值增加两美元。 尽量少动用现金，宁可花高价也争取用不动产向银行抵押贷款。 他是真正把"最小最大的理论"——使成本减到最小而投资收益扩到最大——付诸实施的人。

图 3-4-1 欧内斯特·亨德森(Ernest Henderson) 喜来登酒店创始人

所思所悟："最小最大的理论"被喜来登酒店管理者运用得游刃有余、淋漓尽致，并以此告诉我们拥有独特的眼光和敏锐的市场嗅觉是多么重要的人生智慧。 而这些人生智慧的获得得益于不断加强学习、拓宽视野、与时俱进，除此外别无他途。

任务目标

❶ 理解酒店收益管理内涵及特征,实现收益最大化。

❷ 掌握酒店收益管理利器,运用衡量指标和 5R 理念。

❸ 挑战收益管理工作,体验酒店收益工作,达成可持续发展目标。

❹ 培养科学严谨、勤俭节约的职业素养和职业精神。

任务分析

酒店收益管理就是将合适的产品以合适的价格、通过合适的渠道、在合适的时间销售给合适的客人(5R),以实现酒店收益最大化。收益管理工作者须具备较强的数据分析能力、收益管理系统运用能力及良好的沟通协调能力。通过本任务内容,使大家了解酒店收益管理的重要性和工作的内容,既能够以酒店管理者视角认知和体验收益管理工作,也能从消费者角度在生活中运用收益管理,反向思考价格、渠道等变动对自己消费的影响。

 任务操作

试一试

某商务酒店有标准客房 100 间,挂牌价为 480 元/晚,最低折扣价为 180 元/晚。实行单一价格的情况下的某一天,客房入住数(间夜量)随价格的变化而变化的情况见表 3-4-1,请大家找出酒店按照什么价格销售时收益最高。

表 3-4-1　某商务酒店单一价格销售时的收益情况

序号	价格/(元·晚⁻¹)	入住数(间夜量)/间	收益/元
1	180	95	17 100
2	280	85	23 800
3	380	60	22 800
4	480	45	21 600
最高收益			

一、理解酒店收益管理的内涵

收益管理,英文为 Revenue Management 或 Yield Management,又称产出管理、价格弹性管理,其核心是价格细分,指在不同消费时段对同样的产品或服务收取不同价格、给予不同折扣,从而实现总体收益最大化。

收益管理最早起源于美国的航空业。20 世纪 80 年代以前,美国政府对航空业进行管制,航空公司的航班和票价按照航行距离有统一的标准:只要航班的飞行距离相同,就执行相同的价格。1978 年美国颁布了《废除航空公司管制法》,允许航空公司自由安排航班并定价,由此拉开了航空公司之间市场竞争的大幕。由于飞机的座位是有限的,座位的使用有很强的时间性和不可储存性,航空公司要盈利,就须在飞机起飞前卖出尽可能多的机票,不让座位空着。于是,很多专家学者研究市场的供求关系和价格对消费者行为的影响,寻求帮助航空公司将机票卖出的途径,因此产生了收益管理的概念和理论。该理论在航空业得到了广泛的应用,很快拓展到其他领域,并产生了很大经济效益。

二、理解酒店收益管理的特征

和航空业相比,酒店行业具备适用收益管理的几个典型特征。

(一)产品和服务的不可储存性(No Storability of Products and Services)

不可储存性指服务产品既不能在时间上储存以备未来使用,也不能在空间上将服务转移回去安放,如不能及时消费,就会造成服务的损失。酒店服务是在生产过程中被消费的,其使用价值往往有一定时间限制。因此,顾客从服务中所得到的好处不能像物质产品那样储存起来。酒店的客房、餐厅的餐位都有它们特定的时间价值,若不能在有效的时间中销售,则一间客房、一个餐位当时的服务价值就不能体现,即时间流逝意味着价值流失并无法通过任何方式获得补偿。

(二)较高的固定成本和较低的变动成本(Higher Fixed Cost and Lower Variable Cost)

固定成本(Fixed Cost),指成本总额在一定时期和一定业务量范围内不受业务量增减变动影响而能保持不变的成本。酒店的固定成本主要包括房租、人员工资、折旧等,酒店的固定资产投资较大,日常维护费用较高;人力成本占比大,固定成本比重相较其他行业高。变动成本(Variable Cost)指随着业务量变动而变动的成本。在固定成本已经支出的情况下,服务型企业销售单位产品的变动成本相对较低。对于酒店来说,在固定成本已经支出的情况下,变动成本可能只是一晚上的水电费、一次性用品的消耗以及布件的洗涤费等,较低的变动成本意味着较高的边际收益。

(三)销售的变动性和可预测性(Sales Volatility and Predictability)

酒店的销售随着需求增长和下降而变化,时间上通常有一定规律性。每个周期的增长和下降是重复发生的。比如年度、季度、月度直至周、日甚至小时变化。除此周期性变化外,酒店需求还会受到趋势性、周期性和无规则变化影响。了解酒店需求变化,可以帮助收益管理人员通过历史数据对未来需求的走势进行分析。

酒店需求的高峰期和低谷期,对价格敏感度不同的客户群,是差别化定价的基础。大多数酒店市场都有季节性,淡季、旺季、平时、节假日、热点时间等时间段的住宿需求是不一样的。酒店价格一般会随着预约时间、所制订的限制规则或者团体订票而变化。

收益管理很大程度上依赖精准的预测,在低需求期间提高服务能力的使用率,在高需求期间增加收入。通过控制折扣价的数量,将有限的服务能力预留给更有价值的顾客,实现总收益的最大化。酒店业对需求波动表现出高度的敏感性,销售量即使发生微小变化,也意味着酒店营业收入的重大转变。

（四）高水平的信息技术和大数据支撑（High Level IT and Big Data Support）

收益管理必须通过信息技术加以实现，数据的收集和分析是决策的基础。在实践中，准确而完整的销售数据整理是收益管理系统实施成败的关键。数据分析、需求预测、优化计算等流程的快速响应与运行都依赖信息化提供的大数据支撑。酒店应用大数据化管理，能进一步了解客户的消费需求，从而不断优化产品和服务，进一步控制成本，实现资源的合理配置，能以最快的速度传递决策信息，从而最大程度发挥收益管理系统的效益。

20世纪90年代初，万豪酒店集团借鉴航空业的经验，率先在酒店行业使用收益管理。万豪的创始人和前董事长兼首席执行官 J. Willard Marriott 先生非常认可收益管理的作用，他说："收益管理每年不仅为我们集团增加了数亿美元的收入，也教育了我们的管理人员如何更加准确预见未来、提前做好规划、主动采取行动、争取收益的最大化，而不是被动等待"。

后来，随着喜达屋、希尔顿等世界著名酒店集团纷纷加入收益管理的队伍，收益管理开始在酒店行业广泛被接受并使用。进入21世纪，我国著名的白天鹅宾馆引进收益管理，于2002年购买了酒店收益系统，开展相关工作，并取得了相当的成效。

试一试

前面提到的某商务酒店，应用收益管理，划分客源种类，合理定价，吸引对不同价格有不同承受能力的人同时入住，2022年6月某一天的入住情况见表3-4-2。

表3-4-2 某商务酒店提供4种价格时的收益情况

序号	价格/(元·晚⁻¹)	入住数(间夜量)/间	收益/元
1	180	35	6 300
2	280	25	7 000
3	380	20	7 600
4	480	15	7 200
合计收益		28 100	

在实行单一价格的情况下，该酒店一天的最高收益为23 800元；而应用收益管策略后，即使不增加投入，实行多种价格销售，收益可达到28 100元。这样，应用收益管理一天就可以增加收益4 300元。

阅读资料

包容开放　勇于创新——广州白天鹅宾馆

广州白天鹅宾馆(White Swan Hotel,Guangzhou)从1983年开业至今,作为中国最知名的五星级酒店之一,多年来共接待包括英女王伊丽莎白二世在内的40多个国家的元首和政府首脑。白天鹅宾馆是中国第一家中外合作的五星级宾馆,也是中国第一家由中国人自行设计、施工、管理的大型现代化酒店,是中国酒店业的"黄埔军校",多年来为行业输出了大量精英人才。海纳百川,不断学习,白天鹅宾馆引领酒店信息化潮流。

早在20世纪90年代初,白天鹅便分批选派优秀管理干部到美国康奈尔大学酒店管理学院学习收益管理,成为国内最早学习和实践收益管理的酒店之一,使用了包括最早进入中国市场的Optims在内的数种收益软件。白天鹅认为,收益管理对提升酒店市场竞争力和最大化酒店收入、利润、市场占有率很有帮助,是酒店精耕细作、精准定价营销和赢得可持续发展的必备工具。在当今市场高度饱和、竞争白热化的环境下,酒店更要重视收益管理,增加其实施和落地的深度、广度,并配备必要的数据和先进的工具。

白天鹅宾馆保持对服务的极致追求并且敢于尝试新的事物,始终以包容、开放的心态不断学习和探索,是中国第一家引入"收益管理"体系和"移动信息化"的酒店,引领酒店运营管理进入智能数据化管理阶段。在酒店信息化方面,白天鹅宾馆为我国高端酒店提供了借鉴模式。

"2021环球旅讯峰会"行业论坛上,白天鹅宾馆荣获"最佳实效营销案例奖"。疫情中,宾馆运用在线"自主直播",迈出了自救的一步。宾馆根据自身品牌特性,制订了"三步走"营销策略:通过调研,发现客户在疫情期间的需求;设计针对产品;让熟悉自己宾馆的白天鹅人做主播。在多平台直播,拓展了宾馆原来的营销渠道,美团、飞猪、抖音、微信视频号齐上,取得了32场次、累计观众1 518万、总销售金额4 023万元的成果,这是收益管理创新渠道和扩大管理范畴的良好示范。

三、掌握酒店收益管理利器：5R 理念

试一试

讨论以下关于酒店收益管理的说法哪些正确？哪些错误？为什么？
1.酒店收益最大化的方法,概括起来,就是开源节流。　　　（　　　）
2.促销打折对于酒店意味着赔本赚吆喝。　　　（　　　）
3.将产品留给最有价值的客户。　　　（　　　）
4.每间房的售价是根据成本和投资回报率来决定的。　　　（　　　）

房费收入是酒店的重要组成部分,也是利润的主要来源,因此,酒店收益管理的重点和难点是客房收益管理。理解衡量指标和5R理念是掌握客房收益管理的重要前提。

(一)收益管理的核心术语和定义

1.市场细分(Market Segments)

依据消费者的需要和欲望、购买行为和购买习惯等方面的差异,把酒店同一类产品根据消费者的不同需求划分组合。价格是组合要素中唯一能带来收入和实现利润的要素,市场细分有利于拉开价格差距、满足不同顾客的需求。

2.价格优化(Best-Available-Rate,BAR)

通过对市场预测,在价格敏感度分析后,制订某个市场时期或时段内的最佳可用房价(Best-Available-Rate,BAR),最大限度提高销售价格和销售数量,从而获得客房最大收入。

3.动态定价(Dynamic Pricing)

动态定价是一种以市场为中心的定价方法。根据顾客对酒店产品需求的周期性或随机性波动变化,运用价格杠杆调节供需平衡,对同一客房产品在不同时间以不同价格销售,从而实现客房收入最大化。

4.超额预订(Overbooking)

基于历史预订取消和未到店情况的分析,主动接受超过客房总量的预订,用以弥补潜在预订取消和未到店客人及在店客人变化带来的损失,提升酒店出租率。

(二)客房收益管理的衡量指标

从收益管理的角度,有3个客房最重要和最常用的衡量指标,即客房出租率(OCC)、平均房价(ADR)和平均可供出租客房收入(RevPAR)。

1.客房出租率(OCC)

客房出租率(Occupancy Rate,OCC),又称客房占用率、住房率等,指酒店租出去的房间数占可供出租房间数的百分比。

$$客房出租率(OCC)=\frac{租出的房间数}{可供出租的房间数}\times100\%$$

客房出租率反映了客房产品被销售的情况,是衡量酒店收益工作效果的重要指标。收益管理的一大任务就是提高客房出租率。

2.平均房价(ADR)

平均房价(Average Room Rate,ADR),也称已售客房平均房价,指每间被租用房间的平均出租价格。

$$平均房价(ADR)=\frac{租出房间总收入}{租出的房间数}\times100\%$$

在客房出租率固定的情况下,提高平均房价可提高酒店收入。

3.平均可供出租客房收入(RevPAR)

平均可供出租客房收入(Revenue Per Available Room,RevPAR),也称平均客房收入,指平均每间可供出租的客房每天能为酒店带来的收入。

$$平均可供出租客房收入(RevPAR)=\frac{租出房间总收入}{可供出租的房间数}\times100\%$$

很显然,平均可供出租客房收入(RevPAR)= 客房出租率(OCC)×平均房价(ADR),平均客房收入是客房出租率和平均房价互动的结果,能全面反映收益管理的真实情况,是衡量客房收益管理绩效最重要的指标。酒店想要提高收入,有两个思维,一是提高客房出租率或平均房价;二是客房出租率和平均房价同时提高。

通常 OCC、ADR、RevPAR 是酒店收益管理中最重要的绩效指标,与竞争群 OCC、ADR、RevPAR 的数据比较,可以研究酒店的市场表现。除了上述 3 个核心指标,每间客房的净收入[NRevPAR=(客房收入-分销成本)/可用客房数],可用来衡量去除分销费用(如佣金)之后的每间客房创造的收入。NRevPAR 可以和其他收入管理指标一起使用,用于调整定价,从而提高入住率或收入水平。

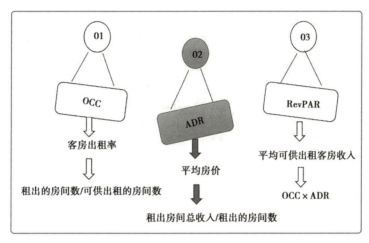

图 3-4-2　客房收益管理的衡量指标

(三)收益管理的 5R 理念

收益管理是对市场供需关系和消费者购买习惯的分析和预测,不断优化产品、价格和销售渠道,提高产品销量和售价,实现收益最大化的动态管理过程。就酒店业而言,收益管理可以理解为在合适的时间(Right time),通过合适的渠道(Right channel),将合适的产品(Right product),以合适的价格(Right price),卖给合适的客人(Right person),从而获得酒店收益的最大化,即"5R"理念。

1. 合适的时间

客人的需求有季节性,如淡季、旺季、平时、节假日、热点时间等时间段的住宿需求不一样。客人提前订房的时间、入住时间的长短等会影响客人对价格的接受程度。

2. 合适的渠道

酒店的分销渠道主要包括自然渠道、自建的内部渠道和合作的外部渠道 3 类。自然渠道指客人自主到店;自建的内部渠道指前厅预订、电话预订、微信预订、官网和 App 预订等;合作的外部渠道主要有 OTA 平台、旅行社等。

3. 合适的产品

酒店的产品一般来说指酒店可供出租的客房、餐饮、会议展览和康乐等服务。酒店的产品如客房,与其他消费品不同,其中最重要的区别就在于客房的销售具有很强的时间性和不可储存性。

4.合适的价格

酒店一般都提供多种价格,以满足不同市场需求和不同顾客情况。其包括挂牌价、合同价、淡季价和旺季价、平时价和周末价、节假日价、散客价、团队价、含早餐和不含早餐的房价、折扣价和促销价等。

收益管理的本质是一种差别定价策略,即根据不同客人的消费习惯和购买能力执行不同价格标准。客房的定价不能像某种商品价格一样基本长时间保持不变。反之,酒店应该灵活调整价格,制订科学合理的定价策略,实现价格优化。

5.合适的客人

酒店的客源不是单一的。不同客人有不同消费习惯和购买能力,对酒店的客房、价格就有不同理解和需要,主要可以分为商务客、旅游客、休闲客和协议客等。

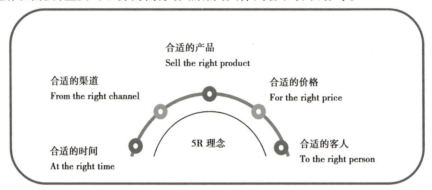

图3-4-3 收益管理的5R理念

收益管理的理论和实践建立在上述酒店产品基本特性的基础上,研究将哪种客房(普通房、豪华房、套房等)以哪种价格(浮动价、牌价、折扣价、合同价等)在什么时候(现在还是将来,入住前2个月、1个月、2周还是当天等),卖给适当的客人(商务散客、商务团体客、度假散客、度假团体客、政府客、普通散客等),使酒店收入最大化。

(四)收益管理的定价策略

价格一般会随着预约时间、所制订的限制规则或者团体订票而变化。但酒店商家必须有一个合理的基本原则,即"定价准则"。这一准则可用于协调价格差别,是采用折扣价时应遵循的原则。定价准则可以分为物理定价准则和非物理定价准则两种。

物理定价准则包含实物特点,如房间类型、旅馆布局、地理位置、酒店质量、酒店星级、酒店点评分等。例如,一个普通的三星级酒店,如果定价成四星、五星级的价格范围,是极不合理的。

非物理定价准则包含取消或者罚款的改变、基于预约时间的收益、服务持续期、品牌效应、酒店自身价格预期等,酒店须充分分析自己所提供的产品的特点及顾客的需求意愿。

结合物理及非物理方面确认酒店的定价准则后,酒店可以通过实时数据、经营概况、流量分析、排名分析、市场热度、点评分析等,围绕基准价格动态调整定价。

知 识 链 接

酒店收益管理系统

万豪国际集团投资研发了第一款属于酒店行业的收益管理系统 One Yield。目前，IDeaS Revenue Solutions、EasyRMS、Amadeus RMS 等国际品牌在世界各地应用较为广泛；近年来，我国自主研发的收益管理系统有众荟 Revenue+、鸿鹄 HiYield RMS、望远镜 RS 等。其中，大数据建模、人工智能与传统算法的结合帮助酒店收益管理进入了智慧时代。

图 3-4-4　收益管理系统

四、挑战酒店收益管理工作

通过学习收益管理 5R 理念，不难理解收益管理所包含的工作内容和流程是围绕 5 个要素——产品、时间、价格、渠道、客户以及它们之间相互联系衍生出来的要素组合所展开的。换句话说，收益管理工作的目标就是通过优化这几大核心要素来最大化酒店每一天的收入。

（一）收益管理流程

酒店收益管理按照以下 6 个步骤周期循环：分析和预测市场需求、制订营收计划和收益管理策略、实施动态定价和控制房量、跟踪和回访客人以及评估和改进收益管理工作。

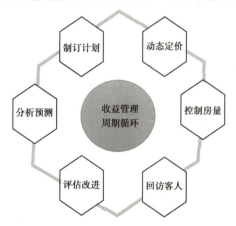

图 3-4-5　酒店收益管理的周期循环

1. 分析预测市场需求

市场需求预测的准确程度是收益管理的关键。规模不同、市场不同的酒店对应的分析工作不尽相同。酒店应结合自身的实际情况，收集数据资料、听取全体员工的意见，进行相应的分析和预测工作，以了解酒店的主要竞争对手、预测酒店的市场需求。

2. 制订营收计划和收益管理策略

酒店营收计划制订是一项十分重要的工作，要具体到年度、季度、月度、热点时段等。须综合考虑社会经济前景、所处的市场环境、各时段的细分、影响营收指标完成的关键因素、相应的收益管理和市场营销策略等。

收益管理策略可以按照时间长短分为长期（1 年及 1 年以上）、中期（3 个月至 1 年）和短期(3个月以内)等策略,关注收益管理的重要因素,管理和优化价格和客房,以使酒店收益最大化。

3.动态定价和控制房量

在准确预测未来需求的基础之上,合适的定价以及客房存量管理和渠道管理策略将帮助酒店实现5个"合适"及收入最大化。

定价的概念包括两个层面:建立科学的价格体系(全年或阶段)和每日定价管理。其中价格体系制订是基础和前提。每日定价管理的过程是,根据每日需求预测动态调整酒店最优可卖房价(BAR)及每个对细分市场价格按入住天数(Length of Stay,LOS)开关限制。在每次价格调整后,收集有关出租率变化的数据,用以比较价格调控前后的收益变化,确定针对此酒店和此市场的价格敏感度。

价格和房量是收益管理工作的重中之重,实施动态定价,控制客房存量,能够达成收益管理的目标。动态定价法以市场为中心,在分析预测和市场变动的基础上,因地、因时制宜,能够更大限度调节售价,提升酒店的价格水平和整体收益。同时,酒店须根据市场需求预测来决定分配多少预订销售客房,同时留出多少客房给最终可能出现的散客,合理分配酒店现有的客房资源。

4.跟踪回访

通过合理途径,跟踪和回访,了解客人的需求、对酒店的满意程度等,有利于酒店更好地开展工作。在客人咨询、预订、办理入住、退房等环节,记录客人联系方式,留备后续回访。对于取消预订的客人,更要加以重视,对取消原因进行询问和记录。

5.评估改进收益管理工作

随着定价房控策略实施,酒店业务实现之后,积极、主动地回顾业务和分析数据是未来收益管理工作持续获得成效的有力保证。通过对历史数据的分析,了解业务的最近模式及趋势,对每日、每周、每月、季度收益计划的完成情况复盘,以便确定市场需求的变化是否与预测相一致、是否有突发事件影响计划的达成、在遭遇挑战时的应对方法是否有效等,帮助提升未来预测的准确性和决策的合理性。

收益管理周期循环中酒店收益管理、市场营销、运营、财务及信息技术等部门须密切合作,将合适的产品在合适的时间通过合适的渠道以合适的价格售卖给合适的客户,真正实现收益管理。

(二)酒店收益管理工作实践

现在,请你负责一个拥有5间客房的酒店的收益管理,时长是一个星期,你的目标是最大化客房收入。

步骤一:参考方案一,随机请同班同学预订。最优房间(BAR)为每晚300元;公司协议价为195元;折扣价为210元;旅行社价为180元;员工内部价为165元;你可以选择接受或拒绝,也可以超额预订。

步骤二:接受某一预订,请将相应价格记在方案二及方案三的工作表上。拒绝某一预订以后就再不能接受。假如你并不会知道共有多少个预订机会,请思考,如何确定销售价格和时间?如何将有限的房源分配给不同客户?如何确定是接受团队还是散客?应该接受超预订吗?在不冲突的情况下尽可能接受多个预订。

步骤三:分别计算方案一~三的客房出租率(OCC)、平均房价(ADR)及平均可供出租客房收入(RevPAR),将 3 个方案对比,分析收益差异的原因。

表 3-4-3　方案一

客房	客房预订情况							
	周日	周一	周二	周三	周四	周五	周六	总计
客房 1	195	195	195	210	210	180	180	1365
客房 2	195	195	195	210	165	180	180	1320
客房 3	210	210	195	195	195	180	180	1365
客房 4	300	165	195	195	195	180	180	1410
客房 5	0	300	195	300	210	180	180	1365
总计	705	870	780	900	765	720	720	5460
BAR=300 元;公司=195 元;折扣=210 元;旅行社=180 元;员工=165 元								

表 3-4-4　方案二

客房	客房预订情况							
	周日	周一	周二	周三	周四	周五	周六	总计
客房 1								
客房 2								
客房 3								
客房 4								
客房 5								
总计								
BAR=300 元;公司=195 元;折扣=210 元;旅行社=180 元;员工=165 元								

表 3-4-5　方案三

客房	客房预订情况							
	周日	周一	周二	周三	周四	周五	周六	总计
客房 1								
客房 2								
客房 3								
客房 4								
客房 5								
总计								
BAR=300 元;公司=195 元;折扣=210 元;旅行社=180 元;员工=165 元								

表 3-4-6　3 个方案的对比分析

	OCC	ADR	RevPAR	一周总收入	原因分析
方案一			·		
方案二					
方案三					

随着时间推移,收益管理正在从单一的战术工具向整合酒店全部收益来源的战略工具转化。随着客房的收益管理技术越来越成熟,收益管理从只关注客房收益最大化和 RevPAR 转向关心整体收益最大化(TRevPAR),包括餐饮、宴会、活动、场地出租、康乐等所有收入中心的收益最大化。由于收益最大化工作的重要性,在万豪集团,一个高级行政管理的职位——首席收入官(Chief Revenue Officer,CRO)率先出现。对首席收入官的需求不仅限于酒店行业,还包括如电商、科技、电信、能源、医疗、金融等行业。

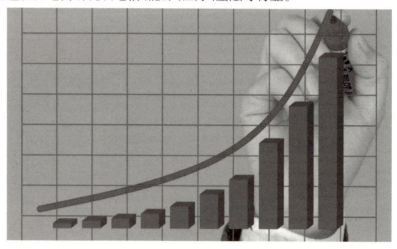

图 3-4-6　酒店收益管理目标

从事收益管理工作的人员职业生涯可以从收益管理管培生开始,在预订部、前厅部、销售部轮训,然后到收益管理部门工作,职位可以从收益管理的管培生过渡到收益管理分析员、预订员、预订主管、预订经理、收益管理经理、收益管理总监等。不专门从事收益管理工作的酒店管理人员也很有必要掌握收益管理的知识和技能,因为越来越多酒店和酒店集团要求某些高级职位的人员必须懂得收益管理。

任务思考

1.通过喜来登酒店创始人亨德森创业的故事,思考酒店开源节流的内涵。

2.简述收益管理 5R 理念。

3.选取两家酒店,对比其收益管理的策略并尝试分析原因。

3-4-1
在线自测题

请对本小节知识点进行总结,绘制你的知识导图吧。(可扫描二维码查看参考总结)

3-4-2

知识导图

温故而知新

任务拓展

阅读材料：万豪国际集团收益管理里程碑

万豪国际酒店集团是全球最大的酒店管理公司之一，旗下超过6 000家酒店遍布于全球122个国家和地区。1972年，打造第一个大型TPF主机中央预订系统MARSHA（Marriott Automated Reservation System for Hotel Accommodations），使高效、自动化、集中处理旗下所有酒店的预订业务成为可能。分散在世界各地的酒店的客源汇集成万豪独有的一个巨大的"私域流量池"，使万豪的常客计划体系"万豪旅享家（Marriott Bonvoy）"有了坚实的基础和可靠的载体。

1995年，第三次MARSHA的升级改造完成，操作更方便，功能更强大。开发了两个收益管理系统，一个是提供给中高档、奢华市场的全服务酒店的DFS，英文全称是Demand Forecasting System；另一个是提供给经济型、有限服务的酒店的RMS，英文全称是Revenue Management System。

2000—2003年，采用先进的云计算和互联网技术，打造了基于J2EE架构与Web-Sphere开发工具和技术的Web应用——One Yield收益管理系统。2004—2005年，One Yield收益管理系统在集团旗下46个品牌上线使用，取代DFS和RMS，实现了两套收益管理系统整合为一套的目标。

2004年，使用One Yield收益管理系统后，万豪酒店的散客销售额增长了2%，利润增长了8 600万美元。万豪酒店赢得美国《CIO》杂志2005年"企业价值大奖"。在One Yield的协助下，万豪的实际收益与最优化收益之间的吻合度由83%提高到91%。

2019年，完成旗下约6 700家酒店与管理系统的整合，包括喜达屋集团的酒店（2018年收购）以及喜达屋集团投资开发并于2015年上线的收益管理系统（Revenue Optimization System, ROS），万豪整个集团的系统工具得到统一和规范，使用、管理、迭代和维护等都更加方便和高效，成本费用大大节约。2019年万豪常客计划"万豪旅享家"会员达到1.3亿人，分布在世界各地，为万豪的酒店和度假村提供了坚实的客源保证。

3-4-3
万豪集团实施收益管理的历程与成功经验

同学们，请扫码阅读更多万豪国际集团收益管理的故事，说一说你印象最深刻的是哪些方面并对你有什么启发？

阅读材料：《酒店收益管理职业技能等级标准》

《酒店收益管理职业技能等级标准》是2021年11月教育部发布的第四批"1+X"试点证书之一，由北京三快在线科技有限公司领衔，青岛酒店管理职业技术学院、四川大学、IDeaS Revenue Solutions等30余家行业企业和院校联合制订。标准规定了酒店收益管理职业技能等级对应的工作领域、工作任务及职业技能要求，主要面向住宿业各类酒店、民宿、旅馆、度假村以及连锁酒店集团、品牌酒店管理咨询公司等从事或拟从事经营、销售等经营管理人员以及酒店集团收益总监、酒店及各类住宿企业总经理等岗位。

根据《酒店收益管理职业技能等级标准》,酒店收益管理职业技能等级分为三个等级:初级、中级、高级。三个级别依次递进,高级别涵盖低级别职业技能要求。

　　酒店收益管理(初级):面向酒店及各住宿企业经营管理岗位工作人员,熟练掌握应用管理会计、统计学、市场营销管理、互联网信息技术等知识方法,能够完成出租情况分析、销售监测分析、浏览曝光分析、空置及流失率分析等任务,保障收益管理工作正确。

　　酒店收益管理(中级):面向取得初级收益管理技能培训考核认证的酒店及各住宿企业经营管理岗位工作人员,熟练掌握应用管理会计、统计学、市场营销管理、互联网信息技术等知识方法,能够完成市场分析、销售管控、出租率调控、竞争对手研究等任务,保障收益管理工作正确。

　　酒店收益管理(高级):面向取得中级收益管理技能培训考核认证的酒店及各住宿企业经营管理岗位工作人员,熟练掌握应用管理会计、统计学、市场营销管理、互联网信息技术等知识方法,能够完成收益策略制定、收益管控评估、经营分析研究、收益管理指导等任务,保障收益管理工作正确。

3-4-4
酒店收益管理职业技能等级标准

　　请扫码阅读《酒店收益管理职业技能等级标准》,对比初、中、高级标准的工作领域、工作任务、职业技能要求的异同,和同学讨论目前你已经具备完成哪些工作任务的能力和还有什么差距。

　　同学们,生活中方方面面都涉及收益管理。成功的秘诀就是开始。从今天开始做一个收益管理达人吧!

双语拓展

关键术语

◇　收益管理 Revenue Management(RM)

◇　收益管理系统 Revenue Management System(RMS)

◇　动态定价 Dynamic Pricing

◇　最优房价 Best Available Rate(BAR)

◇　客房出租率 Occupancy Rate(OCC)

◇　平均房价 Average Room Rate(ADR)

◇　平均可供出租客房收入 Revenue Per Available Room(RevPAR)

◇　Hotel revenue management is to have the right room for the right customer at the right time and place from the right channel. When this occurs, you will be more likely to maximize your revenue, and in turn, your profit.

Hotel revenue management post-pandemic：New trends，tools，and strategies

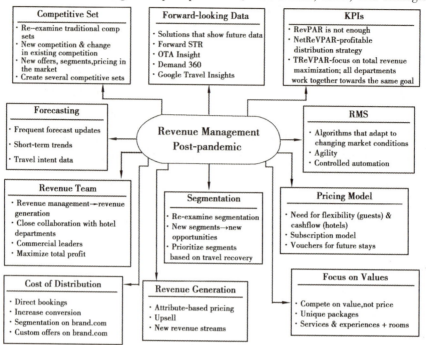

图 3-4-7　Hotel Revenue Management Post-pandemic

任务五　酒店工程管理——维护"心脏"

书写酒店人生的传奇

季琦是中国连续创业企业家之一，他作为创始 CEO 连续创办携程旅行网、如家酒店集团、华住酒店集团，这三家中国服务企业先后在美国纳斯达克成功上市。季琦成为第一个连续创立三家市值超过 10 亿美元公司的中国企业家。季琦是"中国服务"概念的发起者和实践家，他看到了中国制造的低成本优势正受到挑战，提出大力发展服务经济的设想。机器人专业硕士期间的学习经历，让他在创业中注重工程信息化的建设，被中国媒体誉为"创业教父"。

图 3-5-1　季琦
携程旅行网、如家酒店集团、华住酒店集团创始人

所思所悟：推进"大众创业、万众创新"，是发展的动力之源，也是富民之道、公平之计、强国之策。季琦既是创新创业的先行者，又是创新创业的践行者，他的成功案例绘制了酒店人生的蓝图，书写了酒店人生的传奇，彰显了创新创业强大的生命力。

任务目标

❶ 了解酒店工程管理的基本概念和重要性。
❷ 了解酒店工程部工作内容及组织架构。
❸ 了解酒店设备的特点和方法。
❹ 从企业社会责任与生态环境保护的角度，理解节能管理的意义和要求，并了解绿色酒店。

任务分析

一家酒店从拔地而起到正式运营，工程管理无时无刻不在进行。该任务主要由酒店工程部门实施，其组织架构因酒店类型、规模、经营目标而不同。

在酒店实际经营管理过程中，设备管理的重点工作是设备保养与维修，酒店设备能正常运行是保证酒店服务质量的前提和基础。酒店包含的设备种类繁多，了解酒店工程系统的组成部分，有助于明确酒店工程管理的任务对象，即各类设备。

同时，能源管理是工程管理的重点工作，在保证服务质量的同时，节约能源有利于降低经营成本、实现生态可持续发展和企业社会责任，对于实现经济效益、生态效益和社会效益有重大意义。

试一试

请和同学讨论下列问题，并思考哪些活动和酒店工程管理相关。

1. 某五星级酒店有 3 家特色餐厅、2 个酒吧、145 间房。酒店一天耗电大约多少千瓦·时？

2. 在天气最热的夏天，大堂温度应该设置为多少摄氏度？

3. 客人满意度与节能省钱哪个重要？

参考：某五星级酒店电费平时为 1.2 万 ~ 1.3 万元；冬季夏季为 2.5 万 ~ 2.8 万元。

现代酒店为适应人们日益增长的需求，已不再是仅提供住宿的场所，而从衣食住行、视听娱乐到运动健身、商务购物、医疗美容等应有尽有，设备设施日趋完善。一个现代化酒店设备设施费用已占总价的 1/3 还多。另外，酒店对设备的依赖程度日益剧增，一旦设备出了故障，服务就要受到影响，几乎无法由人来代替。

任务操作 ▶▶▶▶▶▶▶▶▶

一、酒店工程管理的概念和重要性

（一）理解酒店工程管理的概念

酒店工程管理普遍存在于酒店经营实践活动中，美国执安大学 Borsenik 教授和希尔顿酒店管理学院 Stutts 教授把酒店工程管理定义为"保持酒店建筑结构、设备、运行系统和产品处于随时可用或特定要求的状态"。

酒店工程管理是指从酒店规划建设、设备采购与安装、设备运行保养与维修一直到酒店改造与设备更新的全部管理过程。目的是为酒店实现经营目标提供良好的经营场所、配套设备与服务环境，工程管理工作成功的关键是选择合理的组织结构并制订科学的管理程序、操作程序和操作规范。

工程部是酒店的主要部门之一，工程部的主要任务是动力设备运作管理和酒店所有设施设备维修、维护和保养以及设备设施改造、确保酒店的营业需要、维护酒店的检调、以最低的费用保证酒店的各种设备设施和系统的正常运行。优化中央空调的维修成本、保证火警自动报警系统随时能正常工作、制订自动扶梯的维修保养计划、定期对营业场所的灯具巡视检查与保养、执行锅炉设备操作、给客人维修行李箱……这些都是工程部的重要职责。

（二）认知酒店工程管理的重要性

1. 关系客人安全

酒店安全运营是所有服务的前提，酒店应尽其所能使客人获得安全感。除酒店安排保安人员昼夜巡逻以确保客人安全外，酒店的安全设备如消防设施、防盗系统、门锁系统等应保证正常状态。如这些设施失灵而不及时修复，酒店将遭受不可估量的损失。因此，设备设施管理关系到客人和酒店的生命财产安全。

2. 关系服务质量

酒店产品质量包括有形的设备设施质量与无形服务质量。顾客选择一家酒店，往往先从其设施设备构成上感受，比如酒店硬件配备规格与种类、硬件环境的营造、硬件的舒适程度等，在这些硬件能够满足客人需求的情况下，才会进一步关注无形服务的质量等。顾客对酒店的投诉很多来自设备故障。

酒店是出售"服务"为主的企业，经营酒店的目的是"赢得并保全"客源。为达到这个目的，要尽可能获取客人最大的满意。酒店"硬件"设施是物质基础。电话不通、音响不响、电梯不动、浴室无水、房门不能正常开关的酒店不可能使客人满意。因此，设备管理关系客人对服务质量的体会。

3. 关系销售价格

合理的售价是酒店兴旺发达的重要标志之一。所谓合理，既指客人的消费与获得的服务相称，通俗地说，就是"物有所值"。优质的服务加上良好的设备设施，必然能以高价格出售。所以设备设施管理和合理配置，关系销售价格。

4.关系酒店利润

酒店的设备投资与运行费用较高,包括设备的购置、折旧、维修、能源消耗等费用,这些费用占酒店总投资额的40% ~58%;酒店的工程维护费用及能源的消耗是酒店开支中的大头,占经营总费用的15%左右,是酒店除人工成本外最大的一项开支。因此,酒店设备管理工作的成效直接影响酒店的经济效益。高效的设备管理可以减少设备故障,降低能耗,从而降低酒店的运行费用,还可以减少环境污染。另外,由于酒店出售的产品(如客房、会议室、餐厅等)维修不及时必然影响出租率,应给予充分的重视。

酒店工程管理的学科属性

酒店工程管理是介于管理学和土木工程学之间的一门新兴交叉学科。一方面,酒店工程管理的研究主体是由酒店工程管理人员、技术服务人员和相关组织管理制度构成的工程管理系统;另一方面,它的研究客体是酒店建筑、服务设备与相关技术运行标准等构成的工程技术系统。

酒店工程管理专业,是随着现代酒店业不断发展,对酒店工程管理水平要求的日益提高而产生的。作为商业性旅游服务设施,酒店的日常工程管理主要侧重于建筑物及其配套设备的保养、维修与运行管理,以保证酒店日常经营活动正常。

工程部的工作除其本身的技术外,还直接或间接与客人联系在一起。客人从酒店所得到物质上和精神上的享受很大程度上依赖于由工程部提供和保证的完善的服务设施和设备。热情、周到、细致的服务,会给客人留下好印象,并产生积极影响。反之,就会带来负面影响。

二、酒店工程部工作范围

(一)保证酒店能源的正常供给

酒店高质量服务须依托一定硬件条件,尽可能为客人创造更舒心、更贴心的入住环境、入住体验。在整个酒店服务中,能源的保证是最重要的一个环节,水电供应稳定和舒适,以及使用的便利性在很大程度上决定了客人的入住体验,所以工程部的一项重要的工作内容就是保证酒店能源的日常供给。

(二)对酒店设施设备进行维修和保养

酒店要想维持高质量的服务就一定要保证酒店设施设备的有效性和便利性。工程部的日常工作内容中很重要的一项就是对酒店的设施设备维修和定期保养,这对酒店服务来说是最基本的保障,是酒店高质服务的前提。维保得当的酒店翻新周期往往比没有维保的酒店多出一到一年半。

(三)定期排查酒店的隐患,保证酒店的安全运营

酒店安全,是保障酒店正常运营及所有服务的前提。定期排查酒店的安全隐患是工

程部的日常工作,常见的包括线路老化、设备陈旧等。定期排查很大程度上能够杜绝酒店安全事故,保障酒店的正常运营。配合安保部门展开定期的消防检查是酒店工程部不可忽略的工作。

(四)把控酒店能耗,降低酒店经营成本

酒店能耗较高是非常正常的现象,特别是夏季和冬季。但是通过合理把控,能耗成本会大幅度降低,这个把控的过程就是工程部日常工作内容中最烦琐和最重要的工作。什么时候开几组灯、什么时候少开或者多开一个空气能、入住率多少时须加开一台电梯等,这些看似简单又烦琐的问题是酒店降低成本的关键。

3-5-1
阅读资料:
如何做好酒店工程体系节能降耗低负荷运行?

三、酒店设备管理的特点和方法

(一)酒店设备管理的特点

1.种类复杂,管理难度大

酒店是为客人提供旅居、商务及度假等服务的公共场所,为更好满足顾客需求,酒店一般会提供多种产品与服务,因此,酒店设备种类繁多,规格、型号各异,价值差别大,小到工具、仪表,大到机电设备、库房设备,一些价值高达数百万元,如中央空调设备、电梯设备等,且酒店设备分散在不同区域、部门,技术性强,管理难度大。

2.商品性强,管理要求高

酒店设备是酒店硬件的主要组成部分,酒店设备通过出租给客人使用获取经济效益,如供客人使用的客房家具;电视、空调、康乐设施等。设备设施既然是商品,就要符合价值规律,酒店收取客人费用时,就与客人产生了契约关系,有责任为客人提供与价值相符的设备设施,比如,设备的完好程度、运行的效率都是影响设备商品性的重要因素,但设备由于使用人数多且复杂,在使用过程中由于各种原因会损坏、效率降低,如果不及时维护、保养,就会影响后来客人的满意程度。因此,须坚持设备常检查、常维护保养,使设备经常保持完好状态。

试一试

你是否了解过酒店智能化设备,讨论你认为的酒店智能化设备有哪些,它们基于哪一类智能技术。

你是否听说过无人酒店? 上网查询"菲住布渴酒店"相关信息,讨论智能化服务设备能否取代酒店员工?

3.磨损率高,管理更新快

由于其公用性、出租周期短、使用频率高的特点,同样的酒店设备设施一般比家用产品的磨损高出很多,通常酒店设备的更新周期在5年左右,且很多设备设施的使用和维护技术性强,随着技术进步须提前淘汰,如耗能设备、对环境有影响的设备等。此外,酒店产品是向客人提供享受的商品,客人的需求具有追求时尚、求新求异的特点,为满足客人的这些需求,酒店的设备也须不断更新。因此,酒店管理者须注意设备设施技术发展的新动态,合理确定

设备的使用寿命,制订设备更新计划。

图 3-5-2　菲住布渴酒店大堂

图 3-5-3　菲住布渴酒店餐厅

（二）酒店设备的保养

酒店设备使用管理的基本要求就是要保持设备良好的技术状态,以确保设备发挥正常的功能。设备的维护保养是保持设备的正常技术状态、延长使用寿命所必须进行的日常工作。因此是设备管理中的重要内容。做好设备维护工作,可以减少设备故障,从而节约维修费用、降低成本,保证服务质量,给酒店和员工带来良好的经济效益。

1. 设备保养的类别和内容

设备的维护保养分为设备的日常维护保养和定期维护保养,两种维护保养工作都须制订维护保养要求和标准。

设备的日常维护保养是设备最基本的保养,又称例行保养。日常维护保养又分为每班保养和周末保养。每班保养的主要工作是对设备清洁、润滑和点检。周末保养则要求用 1 ~ 2 小时对设备彻底清洁、擦拭和上油。日常维护保养工作一般由设备的操作人员完成。

设备的定期维护保养指由工程部编制设备维护计划、由专业设备维修人员对设备维护修理。设备定期维护保养的间隔时间视设备的结构情况和运行状况而定。设备的定期维护保养根据保养工作的深度、广度和工作量可分为一级保养和二级保养。一级保养的作业内容包括对设备全面清洁、沟通油路、调整配合间隙、紧固螺栓螺帽及对有关部位进行必要的检查。二级保养的作业内容除了包括一级保养的内容,还包括对设备局部解体检查、清洗换油、修复或更换磨损的零部件、排除故障、恢复局部工作精度、检查并修理电气系统等。

2. 设备维护保养的要求

设备的维护保养必须达到 4 项基本要求:整齐、清洁、润滑、安全。

整齐是设备保养的基本要求,包括工具、工件、附件放置整齐;设备零部件及安全防护装置齐全;各种标牌应完善清晰;各种线路、管道完整等。设备整齐是提高设备管理效率的基础,也是设备安全运行的基础。

污染物是设备的磨损源。对设备清洁,去除设备表面的尘粒及其他污染物是设备保养中的一项重要工作。设备清洁的要求是设备内外清洁、无锈斑,各滑动面无油污、无碰伤,各部位不漏油、不漏水、不漏气,设备周围场地无积油、无积水、无杂物。

设备的良好润滑可以保证设备的正常运转,杜绝因设备润滑不良而发生事故;能减少磨损,延长设备使用寿命;能减少摩擦阻力,降低能耗设备润滑工作要求工作人员熟悉设备润滑图表,按时、按质、按量加油和换油,保持油标醒目;油箱、油池和冷却箱保持清洁、无杂质;油壶、油孔、油杯、油嘴齐全,油路畅通。

设备运行安全不仅是设备管理的要求,也是酒店产品质量和声誉的要求。设备安全的要求是,遵守操作规程和安全技术规程,防止人身和设备事故;电气线路接地可靠,绝缘性好;限位开关、挡块均灵敏可靠;信号仪表指示正确,表面干净、清晰。

3. 设备维护保养的实施

定期维护保养工作的关键是合理制订并实施维护保养计划。设备维护保养计划是设备维护保养的指导文件,编制该计划是根据设备的实际技术状况、贯彻以预防为主的方针的重要技术措施。该计划可确定设备维护保养的类别、时间、工作量、材料、费用预算、停机时间等内容。正确制订维护保养计划,合理安排维护保养工作,可以为保养工作做充分准备、缩短停机时间、提高工作效率、降低维护费用。

(三)酒店设备的维修

设备维修指当设备的技术状态劣化或发生故障后,为了恢复其功能和精度而采取的更换或修复磨损、失效的零部件,并对整机或局部进行拆装、调整的技术活动。所以,设备维修是使设备在一定时间内保持其规定功能和精度的重要手段。设备维修分成两个阶段,一是获得需要维修的设备信息,二是对需要维修的设备实施维修工作。

1. 维修信息的获得

获得需要维修的设备信息是设备维修管理的重要环节。酒店设备种类繁多、功能不一、利用状况不同,而且分布在酒店的各角落,因此,设备维修信息的获得是比较困难的,酒店需要建立设备维修信息获取的有效途径。一般而言,根据发现设备故障的不同途径,设备维修信息的获得方式主要包括报修、巡检、计划维修、预知性维修4种。

报修指设备使用部门的员工发现设备故障后,通过填写"设备报修单"或以电话、计算机信息传递的方式将设备的故障状况通知工程部,工程部安排人员维修。报修是设备管理中的重要环节,通过报修可以及时获得设备状态信息,使设备及时得到维修,恢复原有的功能,确保经营活动正常进行,同时报修记录是设备定期保养计划制订的依据,是设备成本控制的基础。

巡检指对设备进行巡视检查,工程部人员根据既定的路线和检查内容对设备逐一检查,发现故障及时处理。许多设备设置在酒店的公共区域,故障不一定能及时被发现,这些设备的故障须通过巡检来发现。巡检是酒店设备维修管理中必不可少的环节,它能够发现设备运行中较隐蔽的故障,消除设备隐患。

计划维修是一种以时间为基础的预防性维修方法,它一般是根据设备的磨损规律事先确定维修内容的一种方法。在对设备实施计划维修时,还会参考该设备使用说明书、其他单位同类型设备的定期维修经验以及本酒店设备使用特点来进行。

预知性维修是一种以设备技术状态为基础的预防维修方式,根据设备的日常点检、定期检查、状态监测和诊断提供的信息,经统计分析、处理,判断设备的劣化程度,有针对性地维修。由于这种维修方法是对设备适时地、有针对性地进行维修,不但能保证设备经常处于完好状态,而且能充分延长零件的寿命,提高维修效率。

2. 实施维修工作

设备维修的实施可以有两种情况,一种是当设备存在故障时由酒店的维修人员自行修理;另一种是委托外修,由专业公司的维修人员在酒店内实施维修。根据维修工作量的大小,维修工作可以分为小修、项修和大修。

设备的小修是工作量最小的一种修理。实行定期维修的设备,小修的工作内容主要是根据零件的磨损量,更换或修复失效或即将失效的零、部件,以保证设备的正常工作能力。对于实行预知性维修的设备,小修的工作内容主要是针对地日常点检和定期检查发现的问题,拆卸有关的零部件,检查、调整、更换或修复失效的零部件,以恢复设备的正常功能。

项修(项目修理)是根据设备的实际情况对状态劣化、已达不到生产要求的项目按实际需要有针对地进行修理。项修时,一般要部分拆卸、检查、更换或修复失效的零部件,从而恢复所修部分的性能和精度。

大修是工作量最大的一种修理。大修时要对设备进行全部解体,修整所有基准件,修复或更换磨损、腐蚀、老化及丧失精度的零部件,使之达到规定的技术要求。大修的费用较高,大修后设备的性能往往难以达到出厂技术标准,因此,设备大修前应事先进行可行性分析。

(四)设备的改造和更新

1.设备改造和更新的作用

设备磨损的补偿:随着设备使用年限增加,设备的有形磨损和无形磨损日益加剧,可靠性相对降低,维护费用上升。设备改造和更新可以对设备磨损实施补偿。

3-5-2
阅读资料:全新上线 未来居科技推出智能洗衣提醒功能助力 酒店提高服务效率

适应酒店经营的需要:酒店的许多设备具有较大比重的享受因素,如客房设备、餐厅设备和直接供宾客消费的其他设备。经过一定时间,其使用价值虽然没受到破坏,但设备已经陈旧过时,会造成宾客精神上的不愉快,影响酒店的等级和声誉。这种特点决定了酒店设备的更新周期比一般企业短,酒店设备须通过更新来满足宾客的需要。

2.设备改造和更新

从广义上讲,设备的大修理、技术改造和设备的更换都称为设备更新,但本节中只讨论设备的技术改造和设备更新。

(1)设备技术改造及其原则

所谓设备技术改造,就是应用新的技术成就、新的工艺流程和先进经验,改变原有的设备结构,装上或更换新部件、新附件、新装置以补偿设备的有形磨损和无形磨损;改变原来的工艺流程或建筑结构,以改进原设计的不足或安装中的缺陷。设备经过技术改造可以改善原设备的技术性能,增加设备的某些功能,提高可靠性,使之达到或局部达到新设备的技术水平,而支付的费用则低于购置新设备的费用。

设备的技术改造要遵循针对性、适应性、可行性和经济性的原则。

①针对性。针对性指要从酒店实际出发,按照经营的需要,针对设备在酒店服务过程中的薄弱环节,结合设备在酒店经营过程中所处的地位及技术状况,确定需要进行改造的设备并确定改造的方法。

②适应性。设备改造所采用的技术要先进但更要适用。由于科学技术迅速发展,设备的技术性能相差很大,技术改造所采用的技术应适应酒店的实际需要,不要盲目追求高指标。

③可行性。制订设备(或系统)的改造方案时,采用的新技术、新工艺一定要有充分把握。它必须经技术论证或实践证明是可行的。

④经济性。在确定设备设施改造时,要进行经济可行性分析,要综合考虑投入的人力、物力、财力和改造后的效益,力求以较小的投入获得较大的产出。

（2）设备的更新及其原则

更新是用比较经济而先进的设备来替换技术上不能继续使用或经济上不宜继续使用的设备。就实物形态而言,设备更新是用新的机器设备代替旧的机器设备;就价值形态而言,是机器设备在运转中消耗掉的价值重新得到补偿。进行设备更新的目的是提高酒店的现代化水平,以适应旅游业发展的需要。进行更新时,要考虑设备的物质寿命,更要考虑设备的经济寿命和技术寿命。

3.设备改造和更新的工作程序

设备的改造和更新,是酒店设备管理的重要内容。酒店经营的年份越长,设备改造和更新的任务就越重。一般情况下,重要设备改造或更新,都会一定程度影响酒店的正常经营,而且这些设备改造、更新费用较大,要加强对设备改造、更新的管理。

（1）编制改造、更新计划

根据酒店的实际情况和设备的具体技术状态,首先确定改造、更新的重点,按照饭店经营目标的要求,编制设备的改造、更新计划。

（2）技术、经济分析

每一个列入改造、更新计划的设备都应进行技术、经济的可行性分析。因为设备使用到最佳更新期以后不一定立即报废,可以通过大修或技术改造恢复设备的技术性能。如果大修或改造已不经济,那么就应更新;如果酒店的经营方针将改变或者整个酒店要改造,设备继续使用的时间很短,就可以考虑不更新,甚至不修理,用到报废为止。因此,对于一台已经到更新期的设备,有多种处理方法,应通过技术、经济分析确定最佳方案。

（3）编制设备技术改造任务书

确定了设备技术改造的项目后,要编制设备技术改造任务书。

（4）设备改造、更新的实施

设备改造、更新项目被批准后,由工程部组织实施。如技术改造任务重、技术复杂,可委托专业单位承担。

试一试

你认为是为提高顾客满意度而满足客人的需要重要,还是为了环保和省钱而努力节能重要?

四、酒店能源管理和绿色酒店

（一）酒店能源管理的意义

酒店是耗能大户,能源管理是酒店成本控制的重要环节。能源管理虽然不能增加酒店营业收入,但能降低运营成本,增加酒店利润。忽视能源管理,在很大程度上影响了酒店的经济效益。

酒店能源使用无计量,能源消耗无定额,用能考核无标准,致使能源利用率不高、浪费严重,不利于环保与可持续发展。在酒店的经营活动创造经济价值的同时,尽量减少资源的消耗和对生态环境的冲击,实现生态效益。

酒店企业依靠科技进步,将环保的科技创新应用到能源管理中,有助于社会效益的保护;另外,践行节能环保有助于在消费者心目中树立良好的企业形象,对实现企业社会责任与社会效益有重大意义。

(二)酒店能源管理的内容

建立健全酒店能源管理体系,明确各级管理者的职责范围。

贯彻执行国家有关节能的方针、政策、法规、标准及规定,制订并组织实施酒店的节能技术措施,完善各项节能管理制度,降低能耗,完成节能任务;建立健全能耗原始记录、统计台账与报表制度,定期为各部门制订先进、合理的能源消耗定额,并认真考核;完善能源计量系统,加强能源计量管理,认真分析、研究能源,针对突出的问题提出解决方案;按照合理的原则,均衡、稳定、合理地调度设备,避免用能多时供不应求、用能少时过剩浪费的现象,提高能源利用率。

3-5-3 阅读资料:"碳中和"真正落地,酒店节约200万元/年!

(三)能源管理的基础工作方法

1.建立完整的能源计量体系

计量工作是能源科学管理的基础。只有安装计量仪表、健全计量制度、加强测定和记录工作,才能使能源管理工作量化。酒店要为主要耗能设备配齐能源计量和测试仪器仪表,为各主要用电、用水部门安装计量仪表,并落实仪表管理和维修人员,建立健全仪表管理制度,建立完整的能源计量体系。

2.做能源消耗统计工作

要建立健全能源消耗原始记录、统计台账与报表制度,把酒店中能源的来龙去脉、收支盈亏、节约或浪费及波动情况搞清楚。能源统计资料是制订能源消耗定额和用能计划的基础,应通过计量取得数据,做原始记录,在此基础上统计分析,从中找出变化规律,发现问题,从而提出改进措施。

3.加强对设备经济运行的管理

设备的经济运行就是,既要满足酒店经营的需要,又要防止设备做无效益的运行。对于酒店来说,住店人数、活动情况和气候情况均与设备运行有关。要设备经济运行管理,就是要把各有关因素的变化作为调度设备运行的依据并建立设备运行调度的程序。

(四)绿色酒店

1.绿色旅游酒店的含义

欧美等发达国家是"绿色酒店"发展实践的先行者。20世纪80年代末,在全球"绿色浪潮"的推动下,欧洲的一些酒店改变经营策略、加强环境意识、实施环境管理,极力营造酒店的"绿色"氛围。20世纪90年代中期,"绿色酒店"的理念传入我国,在国际上,绿色酒店被称为"Green Hotel",一些被称为"Eco-efficient Hotel""Environmental-friendly Hotel",意为"生态效益型酒店""环境友好型酒店"等。

文化和旅游部于2015年底颁布《绿色旅游饭店》行业标准,并于2016年2月实施。该标准中的绿色旅游饭店(Green Hotel)指以可持续发展为理念,坚持清洁生产、维护饭店品质、倡导绿色消费、合理使用资源、保护生态环境、承担社区与环境责任的饭店。其核心是为顾客提供舒适、安全,有利于人体健康要求的绿色客房和绿色餐饮并且在生产经营过程中加强对环境的保护和资源的合理利用。

2. 我国绿色酒店评定标准

3-5-4 《绿色旅游饭店》行业标准

绿色旅游酒店分为金叶级和银叶级两个等级。金叶级应达到设施设备评分评定细则240分及以上,银叶级应达到设施设备评分评定细则180分及以上。全国范围内,正式开业一年以上,并满足酒店必备项目检查要求的酒店具有参加评定的资格。

《绿色旅游饭店》标准的基本要求包括环境管理要求与环境质量要求。

酒店在运营过程中应该遵守环保、卫生等方面的法律法规,构建实施绿色旅游酒店的创建与管理的组织体系,开展培训并创造能使员工充分参与创建与管理绿色旅游酒店的内部环境,倡导绿色消费、绿色采购等方面的规章制度和管理要求,应因地制宜、形式多样地开展绿色旅游酒店的宣传活动,鼓励酒店消费者、供应商参与绿色旅游酒店的实施工作。

对酒店锅炉大气污染物排放、厨房排烟、污水排放、垃圾分类及管理、酒店噪声排放、酒店新建或改建工程后酒店室内空气质量应达到的标准做出明确规定。同时,提出了酒店能源计量系统标准,强调了申请绿色旅游饭店的酒店要在一年内未出现重大环境污染事故,无环境方面的投诉。

3. 创建绿色旅游酒店的意义

创建绿色旅游酒店重点关注了公众关心的环境问题。长期以来,旅游酒店被认为是"无烟产业",而事实上,随着旅游业快速发展,对环境的影响不可低估。研究表明,旅游业的碳排放占全球温室气体排放的5%,并有增长趋势,其中又以旅游航空、住宿占比较高。随着公众环境意识增强,公众对环境问题的关心日益增加,绿色酒店在为顾客提供绿色消费的同时,减少对环境污染,重视公众及国家长远利益,新的绿色旅游酒店标准修订,重视减少大气污染物和水污染物排放、废弃物管理以及食品质量改善等问题。

创建绿色旅游酒店提升了酒店企业的社会责任。绿色旅游饭店标准中强调酒店应该承担社会责任,具体措施包括:绿色理念宣传,包括向顾客传播绿色理念,提高顾客的环保意识;定期发布绿色旅游饭店创建成效,采取奖励、优惠等措施引导顾客参与饭店绿色计划;绿色采购,包括优先选择提供环保型产品的供应商,积极与供应商协商,在产品包装、物流、仓储等环节降低消耗、减少环境污染;社区服务,包括应参与社区的各种公益活动和环境改善活动;环境绩效改善,包括建立能源管理体系、单位综合能耗水平逐年下降等。

创建绿色旅游酒店体现了顾客核心利益。绿色酒店倡导安全、健康、理性的消费理念。在建立绿色酒店的过程中,要为顾客提供设施品质高、智能化高的客房;高品质、安全、健康食品明确要求对影响人身及财产安全的要素进行控制,比如完善消防系统、门禁系统,对影响人体健康的室内装修材料、温度、湿度、噪声、光线、通风等也都有明确要求。这些要求保证了顾客的核心利益。

创建绿色旅游酒店有利于酒店品牌的塑造。创建绿色酒店的活动,很多是从树立酒店品牌出发的。调查显示,绿色旅游酒店会给消费者带来酒店企业的正面形象,开展和参与一系列有关健康、环保的社会活动,赢得社会公众的认可,从而将绿色酒店融进自身品牌的建设之中,绿色产品、绿色服务和绿色营销越来越成为酒店竞争的重要途径。

任务思考

1. 阐述酒店工程管理的主要任务。
2. 酒店设备管理与酒店能源管理的方法包括哪些?
3. 酒店设备保养和维修、酒店节能管理的重要性体现在哪些方面?
4. 理解企业社会责任与生态环境保护,为实现"碳中和",酒店可以在能源管理上开展哪些行动?

3-5-5
在线自测题

 知识导图

请对本小节知识点进行总结,绘制你的知识导图吧。(可扫描二维码查看参考总结)

3-5-6
知识导图

温故而知新

任务拓展

阅读资料：上海国际酒店工程设计与用品博览会

作为 HOTEL & SHOP PLUS 上海国际酒店及商业空间博览会的重要组成部分,上海国际酒店工程设计与用品博览会是国内定位于酒店及商业空间行业的大型展会,展品覆盖陶瓷卫浴、石材五金、工程设计、软装布艺、室内设计、照明灯饰、智慧酒店、康体休闲、IT& 安防、酒店用品、酒店布草等酒店及商业空间建设与运营所需产品。同期开展上海建筑与室内设计周系列论坛、悟与行设计之旅、光之韵照明系列论坛等设计周相关活动;倾力打造酒店设计与建设、运用等全系列解决方案和一站式采购平台。

扫描二维码资料,了解从该展会能够获取哪些和酒店工程相关的最新信息。如果你有机会去参观,展会的哪些部分最能吸引你? 为什么?

双语拓展

关键术语

◇ 工程管理　Engineering Management
◇ 工程部　Engineering Department
◇ 绿色酒店　Green Hotel
◇ 生态效益型酒店　Eco-efficient Hotel
◇ 环境友好型酒店　Environmental-friendly Hotel

阅读材料

Introduction of technological advances to the hotel industry	
1846	Central heating
1859	Elevator
1881	Electric lights
1907	In-room telephone
1927	In-room radio
1940	Air-conditioning
1950	Electric elevator
1958	Free television
1964	Holiday Inn reservation system with centralized computer

续表

	Introduction of technological advances to the hotel industry
1965	Message lights on telephone; Initial front office computer systems introduced by room statue capability
1970s	Electric cash register; POS systems and keyless locks; Color television standard
1973	Free in-room movies(Sheraton)
1980s	Property management system
1983	In-room guest check-out; In-room personal computers
1990s	On Command Video (on-demand movies) Lodge Net Entertainment (interactive video games) Interactive guest room shopping, interactive visitor's guide, fax delivery on TV Interactive guide to hotel's facilities and activities, reservations from the guest room for other hotels within the same organization
2000s	Wireless Technology—wireless Technology VIP Check-In, Housekeeping Guestroom Glean Marketing Guest Profile, Bell Staff Baggage Handling Guest centers in hotels for wireless transmission and reception of emails and documents

Source:American Hotel & Motel Association; Madelin Schneider,"20th Anniversary," Hotels & Restaurants.

任务六 酒店安全管理——保驾护航

坚守酒店人生的信仰

伊萨督·夏柏（图3-6-1）是著名四季超豪华连锁酒店的创始人。 1961年缔造酒店时，他对酒店行业一窍不通，但凭借了解并满足顾客需要的直觉，他将四季缔造成了"奢侈品"。 为了使房间达到最安静的程度，他不让管道触及混凝土墙；为了推进特性化效劳，他向包含泊车员在内的悉数职工放权，只需客人提出恳求，就能够当即行动。 他有句名言："许多长期的成功都基于无形资产： 信仰和理念。"多年来，四季一直都是高端奢华的代名词。

图 3-6-1 伊萨督·夏柏
（Isadora Sharp）
四季酒店创始人

所思所悟：理想信念是人们所信仰、所向往、所追求的奋斗目标，它是人生目的的直接反应，是人生价值的客观表现，是人类不断进步的强大动力。四季酒店的创始人伊萨督·夏柏就秉持着这样的理想信念，因此，他的成功绝不是偶然的，而是坚持信仰和理念的必然结果。

任务目标

❶ 了解酒店安全管理的概念和范围。

❷ 熟悉酒店安全管理的原则以及安全事故的处理程序。

❸ 牢固树立安全意识、筑牢安全防线,牢记"人民至上、生命至上"。

任务分析

　　安全是人类最基本的需求之一。酒店客人身处异地他乡,对自己生命安全、心理安全和财产安全格外关注,更加敏感。为客人提供安全的食宿环境,满足客人希望受到保护和尊重的安全需求,应该成为酒店各项工作和提高服务质量的前提。

　　安全管理是酒店生存建设之核心,作为酒店管理人员,必须做好未雨绸缪的危机意识和应对安全事故的处理措施,只有这样才能保障酒店经营活动的正常运转,确保酒店在面对各种突发灾害或事件时最大限度地减少损失,保障酒店宾客、员工和财产的安全。

案例再现

案例一

　　2018 年夏季,某酒店入住一名很有气质的女子,询问房价后以全价房标准刷银行卡确认,并未要求打折及询问其他优惠事宜,表现与其他宾客略有不同。入住后,该女子一直长时间在酒店外海滩上漫步,神情忧郁。其异常行为引起了酒店管理人员的注意,于是派专人关注、了解她在入住期间的吃、住、行、娱乐活动,并不时安排服务中心人员以送浴巾、维修管道等形式敲开女子房门,对其状态进行了解和观察。最终在第三天上午发现了异常,前台打其房间电话没人接听,总台服务员明确未见其下楼,管理员便开门而入,发现该女子躺在床上,口吐白沫,昏迷不醒,经医院抢救,终于脱离生命危险。经查实该女子因接受不了失恋的打击,跑到酒店自杀。因为留恋酒店外围环境的美景,想再看一眼这个世界才结束生命,当时已服了60 余颗安定片,医生说如果再晚 2 小时,很可能就回天乏术。

案例二

　　一位杨姓客人吃海鲜回到酒店,对服务员说有点头痛,请服务员送点开水。服务员送开水时,发现当时客人还较为正常,仅有点醉态(其实是病态),服务员离开房间后,没有像平常一样回到服务中心,而是等了 10 多分钟,给该客人打了电话,发现电话占线。过了一会儿,这位服务员不放心,便又打电话进房间,发现还是占线。这时服务员通知总机察看一下客人房间的电话,是未挂还是长时间通话,总机经过查证后，告知是未挂好。这时，职业敏感让这位服务员觉得必有异常，于是上房敲门，未见人应答，询问总台，亦未见此客人外出。于是，服务员果断推门进房，发现客人痛苦地抽搐在床上，便立即送医院急救。经查实，该客人得了一种较为罕见的蛋白质过敏病。这位姓杨的客人事后非常感谢这位服务员和酒店，说自己本就是医生，知道这种病的厉害，它发作得较快，如果处理不及时，就会有生命危险，如果不是该服务员发现，后果不堪设想。事后这位客人专门向这位服务员及酒店登报致谢。

讨论： 结合案例，讨论酒店应如何做好安全防范服务。

酒店应增强安全意识、筑牢安全防线，牢记"人民至上、生命至上"的思想。

我们在培训酒店员工安全防范方面不仅要注意培训传统的消防安全等"老三篇"，还要注意培训员工的细心、责任心和警惕心。酒店的安全防范必将会因为新形势出现新的表现形式，酒店业作为一个不断发展的行业，必须及时应对这种挑战，在培训上先行一步防患于未然，领先于潮流。

 任务操作 〉〉〉〉〉〉〉〉〉

一、认识酒店安全管理的重要作用

酒店既是为社会公众提供各种服务的场所，又是管理者组织和开展各项经营活动的场所。酒店开展各项经营活动都要以安全为基础，因为只有在安全的环境里各种服务活动才能开展并确保质量，酒店的经营管理活动才能取得理想的经济效益及社会效益。

（一）是提高客人满意度的重要保证

按照美国心理学家马斯洛的需求层次理论，安全需求是人类仅次于生理需求的基本需求之一，客人如同所有人一样，都有免遭人身伤害和财产损失的需求，都渴求自身权利和正当需求受到保护和尊重，酒店的客人身处异地他乡，对自己的生命安全、财产安全和心理安全的期望程度比平时更高。因此，就酒店经营的角度来看，为客人提供安全的环境以满足客人对安全的期望，是酒店开展正常经营管理工作和提高服务质量的保证。

（二）是提高员工积极性和酒店服务质量的重要前提

酒店安全管理不仅是对客人安全、酒店财产安全的管理，也包括对员工生命、财产的安全保障。良好、安全的工作环境构成了员工激励的重要内容,如果酒店在生产过程中缺乏各种防范和保护措施,将不可避免地产生工伤事故,必然会影响员工的身心健康,很难使其积极工作,进而影响酒店的服务质量。没有满意的员工就没有满意的顾客,就管理的角度而言,为员工提供安全的工作环境,是酒店争取员工满意、促使员工积极工作、确保酒店服务质量的重要基础。

(三)是提高酒店经济效益和社会效益的重要基础

酒店产品的销售很大程度上依赖于客人的满意度以及由此产生的好口碑。近年来,酒店客人自我保护意识日益增强,许多客人都把安全系数作为选择酒店的主要因素。一旦客人的人身或财产安全受到侵犯,宾客就会投诉甚至起诉,酒店因此将面临因安全问题而引起的投诉、索赔乃至承担法律责任。酒店因此所造成的损失,不仅表现为直接的经济损失,更主要地表现为声誉的损害,即形象的破坏。这种损失无法通过量化而计算,但对酒店的生存和发展会构成致命的打击,其后果将在相当长的时期内存在并产生消极影响。所以,酒店安全管理直接关系到酒店的形象和声誉,必然直接影响酒店的经济效益。

二、理解酒店安全管理的概念

酒店安全主要指酒店经营过程中各相关主体的一切安全现象的总称,既包括酒店经营活动各环节中的安全现象,又包括酒店经营活动中涉及人、设备、环境等相关主体的安全现象。酒店安全既指人身的安全,又包括财产的安全,既关注住店旅客的安全,又涉及酒店员工以及酒店财产的安全。由此可见,酒店安全具有较为明显的综合性、复杂性、全员性等特点。

酒店安全管理指在酒店服务运营管理中对酒店、宾客、员工以及社区与环境积极的保护与防范,尽早发现并及时消除可能导致上述安全或事故的因素从而保障酒店经营管理工作顺利进行。

在当前使用的国家星级饭店评定标准中,有不少涉及酒店安全管理的条款。以五星级酒店的评定标准为例,安全管理部分的第一条就是"酒店布局和功能划分合理,设施使用方便、安全"。同时,在客人的财产保全方面,要求要有酒店和客人同时开启的贵重物品保险箱,保险箱位置安全、隐蔽,能够保护客人的隐私。在客房安全相关的要求方面,明确要求客房门能自动闭合,有门窥镜、门铃及防盗装置,并在显著位置须张贴应急疏散图及相关说明。该评定标准中,对于厨房的安全更有非常详尽的说明和要求。酒店的公共区域安全评定标准中明确需要有紧急救助室;有应急供电系统和应急照明设施;主要公共区域还应有闭路电视监控系统等。此外,值得注意的是,评定标准的总则中强调,评定星级后,若酒店营运中发生重大安全责任事故,所属星级将被立即取消,相应星级标识不能继续使用。由此可见,酒店相关主管部门对于安全问题的重视程度。

三、掌握酒店安全管理的基本原则

(一)"安全第一"原则

酒店安全工作是其他一切工作的前提,没有安全作为保障,酒店其他工作就无法进行。

（二）"预防为主"原则

酒店安全管理工作最重要、最大量的就是运用预防手段、采取各种保卫措施积极做好各项防范工作,把事故隐患消灭在萌芽状态,防患于未然。特别要防止治安案件、刑事案件和自然灾害事件。预防为主,一是要加强防范,不给任何违法犯罪分子以可乘之机,把违法犯罪活动制止在预谋阶段;二是要定期安全检查,及时发现和消除各种安全隐患和事故苗头,把各类事故消灭在萌芽阶段。

（三）"外松内紧"原则

"外松"指安全工作形式自然、气氛和缓、适应环境、顺其自然。"内紧"指安全管理者要有高度警觉,要做好严密的防范工作,要随时注意不安全因素和各种违法犯罪的苗头。一方面要使宾客感到舒适、方便、宁静、安逸;另一方面要高度警惕,防止不法分子和其他侵害因素的破坏。

（四）"群防群治"原则

要依靠广大员工做好酒店的安全工作和内部治安管理工作,使每个员工都成为酒店安全员。他们时刻处在酒店经营活动的第一线,最熟悉酒店的内部情况,深知酒店的不安全因素和保卫工作薄弱环节。只有依靠他们,才能及时发现问题、采取切实可行的措施、消除不安全因素。

（五）"谁主管谁负责"原则

其基本精神是分清层次各司其职。总经理是酒店安全工作的总责任人,把安全保卫工作各项要求分解到各部门,由各部门经理分级负责。安全是一个综合指标,只靠安保部门很难把安全工作做好,各部门必须一起努力,才能把酒店安全工作做好。

四、掌握酒店安全事故常见类型及处理

（一）酒店安全事故常见类型

受行业特点影响,酒店与许多行业部门都有着广泛的关联,且由于人员相对密集,因此,所面对的安全事故类型较多。总的来说,可以将酒店安全事故类型划分为四大类:事故灾难、公共卫生事件、社会安全事件和自然灾害。

事故灾难主要分为消防事故、设施事故和施工事故;公共卫生事件主要包括食物中毒、突发疾病与死亡、精神安全问题及职业危害等内容;社会安全事件涵盖的内容主要有刑事治安事件、人员冲突事件及非正常伤亡等;自然灾害主要包括气象灾害、地震等各类自然灾害以及由此引起的二次灾害等。

（二）掌握酒店安全事故处理原则与流程

1. 酒店安全事故处理原则

（1）"谁主管谁负责"原则

酒店安全事故处理工作,由总经理负责,各级、各部门发生安全事故时,都要在总经理领导下,由安全部经理和各部门承担必要责任,及时处理。

（2）"三不放过"原则

"三不放过"原则即事故原因不清楚不放过;事故责任者和员工没受到教育不放过;没有类似事故的防范措施不放过。

（3）依法办事原则

酒店安全事故的性质不同,适用法律法规的范围和程度也不同。凡涉及法律问题的安全事故处理,都必须以事实为根据,以法律为准则,依法办事、依法处理。

（4）教育与处罚相结合原则

在酒店安全事故处理中,对那些损失较小、影响不大或难以预料的突发事故,应采取批评教育的办法,坚持教育和处罚相结合的原则。

2.酒店安全事故处理流程

酒店安全事故的种类较多,因事故性质、内容、原因、事故大小等不同,具体处理方法也不一样。但是,从整体性、全局性的角度考虑,酒店安全事故的处理方法大致包括以下几个工作步骤。

（1）掌握事故情况

酒店保安部门接到宾客或员工报案,要迅速赶到现场。凡紧急事故发生时,要迅速采取应急措施,制止事态发展,同时了解事故情况,并报告总经理或主管经理。

（2）调查事故原因

在组织抢救、制止事态扩大或发展的基础上,要将当事人带到安全部或办公地点,调查、了解事故的原因、情节、事故责任等,做好记录,取得证据。

（3）配合公安部门破案

凡重大事故或公安部门请求协查的歹徒破坏等事故发生时,要及时报告当地派出所或有关法律主管部门,并配合公安、消防、食品卫生等专业主管部门做好侦查破案工作。

（4）针对不同事故性质处理

在公安部门或上级领导下,坚持以事实为根据、以法律为准绳、根据情节轻重、责任大小,及时、有效、妥善地处理。

五、了解酒店安全管理措施

（一）建立健全安全意识与组织

安全意识与理念是指导酒店员工正确开展安全管理工作的基础。为此,酒店须将安全意识融入酒店的企业文化中。在全酒店范围内,牢固树立"安全第一"的思想,让每一位员工都认识到安全才是酒店开展各项经营管理的基础。同时,酒店管理者须在组织上提供保障,例如,可以考虑成立酒店安全委员会,在酒店总经理领导下,依靠全体员工做酒店安全保卫工作。同时成立专门的安全部门,即保安部,具体落实相关工作。

（二）开展安全工作培训

对员工实施全过程的安全管理培训。从员工的挑选开始,就须严格甄选,务必将思想与入职动机不纯的员工通过筛选机制甄别,这是酒店安全经营的第一关。网易财经频道就曾报道过一起酒店新入职三天员工盗取顾客银行卡信息的新闻:某客人在南京鼓楼区一家酒店吃饭后,把银行卡交给服务员去刷卡结账,结果服务员复制了银行卡,还偷看了他的密码,导致卡内的31.8万元被盗。

除了入职时员工须严格筛选,员工入职后也应该对其有专门的安全培训,了解安全管理的重要性,掌握火灾、顾客或员工重病或死亡等突发事件的处理方法以及如何使用救火设备及其他安全器材,并且要进行实战演练。

（三）充分了解引发安全危机的因素

酒店管理者须充分了解酒店行业的特点，尤其是关注酒店业中常见的安全危机事件类型。只有掌握了酒店安全危机的特征与规律，才可以做到有的放矢，有备无患。

据统计，酒店安全事故发生率高的月份一般都在旅游旺季，这个时期人口流量大，因而容易发生安全事故。而根据事故类型来看，电梯事故、火灾、劫持偷盗、滑倒摔伤、旋转门和浴室门划伤、液化气爆炸、游泳或泡温泉溺亡、客人信息泄漏、酒店工程事故和卫生安全隐患等 10 个大类事故较为易发。其中，火灾是酒店最易发生的安全事故，酒店的厨房和客房是发生火灾的主要场所；电梯事故是发生率第二高的安全事故；劫持偷盗和卫生安全第三；滑倒摔伤、工程事故（主要是对工程中的工人）及旋转门和浴室门划伤事故第四。

为此，酒店的管理者可以针对上述发生频率较高的安全危机事件制订应对措施与防范机制。

（四）掌握事故的处理方法

酒店安全管理须制订预案，对可能发生的安全危机事件做到心中有数、有备而来。为此，酒店管理者和相关职能部门应该根据酒店星级评定要求，制订和完善地震、火灾、食品卫生、公共卫生、治安事件、设施设备突发故障等各项突发事件应急预案。酒店应以上述预案为基础，为酒店员工提供事故应对培训，从而让酒店员工具备应对安全危机事件的意识与自信，一旦安全事件发生，员工可以井然有序地面对和处理。

酒店安全管理痛点

一、酒店具有开放性

改革开放之后，几乎所有酒店都敞开大门迎接八面来客，"顾客就是上帝""客人永远是对的"的经营理念已为众多酒店接受，酒店既要热情接待每一位进店的客人，又要防止犯罪分子作案，安全管理工作难度很大。

二、酒店正成为新的犯罪目标

酒店宾客通常以商务客和旅游客为主，所带资金和财物较多，正成为外来犯罪分子和内部不法员工犯罪的目标。如果酒店在安全管理上出现漏洞，不法分子就会乘机作案。如 1994 年 9 月，上海涉外饭店就发生了 11 起盗窃案件，总金额达 71.8 万元。

从酒店出现的盗窃案件来看，内部员工作案、内外勾结作案占了相当大的比例，1998 年，在广州的涉外酒店里就发生过多起内部员工盗窃的案例。酒店员工在日常工作中有机会接触酒店和客人的钱、财、物，如果他们的自身修养不足，酒店的安全管理工作防不胜防。

三、宾客安全意识薄弱

在酒店发生的各类安全事件中，很多案发原因与宾客安全意识薄弱有关，如将贵重物品不存放在前台，随便放在客房内，令犯罪分子有可乘之机；1997 年，发生在东莞某四星级酒店的凶杀案,就是住客随便为冒充服务员的歹徒开启房门导致的。不少酒店安全事故的肇事者就是客人自己。例如,1985年发生在哈尔滨天鹅饭店的特大火灾的原因是一位美国客人酒后卧床吸烟;1988年在广州花园酒店一对香港夫妇在客房燃放烟花险些酿成大祸。宾客素质参差不齐以及安全意识的淡薄,成为酒店安全管理的隐患。

四、犯罪分子作案手段狡猾、隐蔽性强,成为"智能大盗"

从近几年破获的案件中分析,犯罪分子越来越趋向于高智商、懂高科技的专业犯罪团伙,他们往往身着名牌服装,以大款形象入住高级豪华酒店,对酒店相当熟悉,以至于让酒店安全管理人员放松警惕。这类犯罪分子作案时,有明确的分工开一道磁卡密码锁只需几秒,且不留下任何蛛丝马迹。2001年,广西南宁破获了一个由4人组成的专门在酒店作案的犯罪团伙,他们能复制信用卡、房门磁卡,两年之内,作案34起,案值超过100万元,但公安机关、酒店内部常常怀疑是服务员所属或宾馆报假案,最后不了了之。

3-6-1	3-6-2
阅读资料:做好酒店安全管理工作的对策	阅读资料:酒店安全管理知识

3-6-3	3-6-4
视频:酒店场所消防安全知识	视频:宾馆、饭店场所火灾警示教育片

试一试

酒店安全防范系统设计

一、项目概述

某酒店坐落在重庆市某路,整个大楼层高24层,其中,地下4层,地上20层。大楼地下负3层为设备间,负2层为停车场,夹层为酒店办公管理房间,负1层为桑拿休闲中心。大楼地上1层为接待大厅、总台、大堂吧、商务中心等;2层为西餐厅和厨房;3层为大型、中型会议室等;4—17层为标准客房、豪华套房及总统套房等;18—20层的功能待定;目前共有客房164间。作为即将建成的四星级酒店,某酒店一直把酒店的软件和硬件建设放在首位。须保障宾客的人身安全和财产安全,向入住宾客提供安全舒适的休息和娱乐环境。因此,采用高科技,建立一套严密的电视监控的安全防范系统是行之有效的保卫手段。

二、项目分析

安全防范技术是集现代科学技术之大成的产物,它体现了现代电子技术、现代通信技术、现代控制技术与现代计算机技术的完美结合,其特点在于它采用多元信息采集、传输、监控、记录、管理以及一体化集成等一系列高新技术。实践证明,利用这一技术构成的安全防范系统(简称安防系统),能为建设环境提供安全、便利、舒适的受保护空间。电视监控系统是安防系统中不可缺少的重要组成部分,它不仅可以对监控现场不间断实时监视,还可通过各种存储媒体将监视内容清晰地记录下来以备随时查证。

三、任务要求

本着先进性、科学性、稳定性和可靠性的原则,充分考虑环境条件及高质量器材选配与性能价格比等诸多因素,试一试对某酒店监控系统设计。

3-6-5

阅读资料:某酒店监控系统设计

任务思考

1. 何为酒店安全管理?请谈谈你对酒店安全管理作用的认知。
2. 阐述酒店安全管理的基本原则。
3. 请你就酒店安全事故常见类型谈谈处理的一般流程。
4. 阐述酒店应如何做好日常的安全管理工作。

3-6-6

在线自测题

知识导图

请对本小节知识点进行总结,绘制你的知识导图吧。(可扫描二维码查看参考总结)

3-6-7

知识导图

温故而知新

思 政 链 接

培养学生民族自信,践行团结互助、以人为本的社会主义核心价值观。

双语拓展

Health and Safety protocols are more important than ever as Covid-19 infections rise. Guests and staff are concerned about how safe it is to stay at a hotel during this Covid-19 pandemic. Many questions are on people's minds such as: How do I protect myself during travel, and how do you know that no one at my hotel of choice has the Coronavirus? Here are City Lodge Protocols for a safe stay.

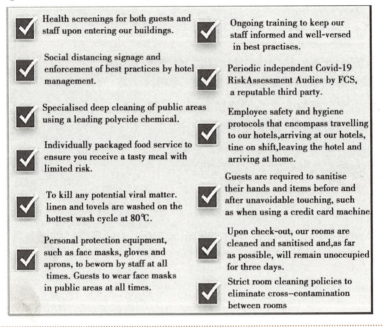

Health screenings for both guests and staff upon entering our buildings.

Social distancing signage and enforcement of best practices by hotel management.

Specialised deep cleaning of public areas using a leading polycide chemical.

Individually packaged food service to ensure you receive a tasty meal with limited risk.

To kill any potential viral matter. linen and tovels are washed on the hottest wash cycle at 80℃.

Personal protection equipment, such as face masks, gloves and aprons, to beworn by staff at all times. Guests to wear face masks in public areas at all times.

Ongoing training to keep our staff informed and well-versed in best practises.

Periodic independent Covid-19 RiskAssessment Audies by FCS, a reputable third party.

Employee safety and hygiene protocols that encompass travelling to our hotels,arriving at our hotels, tine on shift,leaving the hotel and arriving at home.

Guests are required to sanitise their hands and items before and after unavoidable touching, such as when using a credit card machine.

Upon check-out, our rooms are cleaned and sanitised and,as far as possible, will remain unoccupied for three days.

Strict room cleaning policies to eliminate cross-contamination between rooms

模块四

追寻酒店业的未来

✎ 模块导读

　　消费群体需求呈现的年轻化、个性化、多样化态势,对酒店行业的转型升级提出了新挑战。面对国际酒店集团、国内中端酒店的迅速扩张,我国酒店行业竞争日益激烈,当下的战略抉择事关酒店企业的生死存亡。尽管酒店行业会受到新冠疫情、自然灾害等不可抗力因素影响,但由于我国采取的应对措施得当,酒店行业所受到的冲击在逐渐减弱,随着旅游和商务市场恢复,酒店行业将进一步复苏。从长期来看,消费者消费水平提高和消费结构升级、交通基础设施完善和便捷性提升,加上科技进步对酒店管理效率提高,都将有助于行业快速发展。

　　以客户需求为中心的时代已经来临,酒店管理者和从业者必须认识到信息化、数字化转型趋势,认识到智能化赋能酒店运营管理的重要性,实现以产品导向的商业模式向以客户需求为中心的商业模式转变。本模块将从酒店战略管理、科技赋能酒店以及我的未来我做主等三个任务问题着手进行探讨。

✎ 学习导图

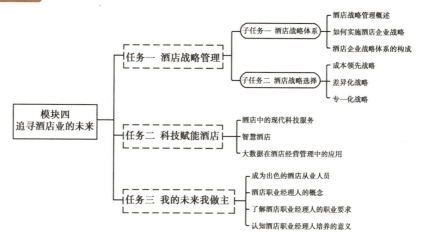

任务一 酒店战略管理

抒发酒店人生的情怀

阿德里安·泽查（图4-1-1）是亚洲顶级精品酒店公认的教父级人物，原本是做平面媒体的，机缘巧合接触到酒店行业，于1988年创立安缦酒店集团，彻底改变了人们对于奢华酒店及度假方式的认知，对全球酒店业的发展产生深远影响。安缦（Aman）在梵语中有和平、安静之意，该含义套在酒店发展概念上，指奢华低调又位处隐世的精品酒店。阿德里安·泽查曾说："我们做的不是酒店，而是品牌。我们很小，却与众不同。安缦酒店响应当代生活方式，提供一种无尽的生活享受。"安缦向来是只针对小众市场，是专为奢华市场量身定做的。

图4-1-1 阿德里安·泽查
（Adrian Zecha）
安缦酒店集团创始人

所思所悟：以安缦为代表的酒店企业响应当代生活方式，以"人文情怀"为内核打造酒店品牌，而"以人为本"的人文情怀表现为对人的尊严、价值、命运的维护、追求和关怀，对留存下来的各种精神文化现象的高度珍视，因此，一问市便成为顶级精品酒店，对全球酒店业的发展产生深远影响，创造了巨大的品牌价值。

· 任务说明 ·

受计划经济影响，我国酒店企业在发展初期的经营观念停留在生产导向型和市场推销阶段，对战略管理不够重视。20世纪90年代中后期，我国酒店业进入重大的历史转变时期，在与国际酒店业逐步接轨甚至并驾齐驱的进程中，逐步将日常管理与战略管理结合起来，形成了更高层次的战略管理。

本任务将结合当前酒店企业战略发展的新动态、新趋势，探讨酒店战略管理的概念、特征和实施以及酒店战略体系构成等基本问题。同时，结合当前酒店企业的竞争现状和酒店业未来发展趋势，围绕酒店企业竞争战略、集团化发展战略展开相关内容学习。

子任务一 酒店战略体系

任务目标

❶ 理解并定义酒店企业战略管理的概念。
❷ 分析酒店企业战略管理的特点。
❸ 知晓酒店企业如何实施战略。
❹ 掌握酒店企业战略体系的六大要素。
❺ 从酒店企业战略管理的故事中领悟大局意识，培养全局思维观。

管酒店不难，经营酒店很难。在酒店从管理型向经营型转变后，经营者面临的一项重要任务就是如何面对激烈的市场竞争，从战略高度把握经营方向，从战略出发制定长远的战略发展体系，从容地应对挑战。酒店经营战略实质上就是酒店的一种战略管理，本节内容将带领大家学习酒店战略管理的概念和特征，学习如何实施战略，构建酒店企业战略体系。

任务分析

 任务操作

试一试

以下英文单词中，哪些表示酒店的战略？
　　　　Ploy，Plan，Pattern，Position，Perspective
战略的定义有很多，这些名称在中文里是可以通用的。

一、酒店战略管理概述

（一）企业战略管理的研究

"战略（Strategy）"一词源于军事活动的术语，指军事统帅指导战争全局的谋略。战略管理是伴随企业的管理理论和实践发展而逐渐形成的。企业战略首先产生于美国，1938年，巴纳德首次将战略引入管理领域，认为管理和战略是企业管理者的两个重要工作。随着经济高速发展，企业间的竞争更加激烈，复杂多变的环境需要新的管理理念，企业战略管理登上了历史舞台。

1962年，钱德勒出版了《战略与结构：美国工业企业历史的篇章》。他认为，企业经营战略应当适应环境，满足市场需要，而组织结构又必须适应企业战略，随着战略变化而变化。

1965 年,安索夫出版了《企业战略论》一书,提出了战略管理的概念,他将战略管理定义为将企业的日常业务决策同长期计划决策相结合而形成的一系列经营管理业务。由此,经营战略在企业管理中正式使用。

20 世纪 70 年代,美国企业管理者认识到外部环境对企业生存和发展的重要影响,把管理重心从满足职能领域的管理转到制订和实现企业的总目标和总策略上,使企业适应外界环境的变化并保持稳定发展。

在这之后,大批研究者涌入企业战略研究领域,迈克尔·波特(1980)提出了著名的五力模型,斯坦纳(1982)将战略管理视为动态过程。

(二)企业战略管理的内涵分析

亨利·明茨伯格(1989)则通过对诸多学者的研究总结将战略管理定义概括为"5P",即策略(Ploy)、计划(Plan)、模式(Pattern)、定位(Position)和观念(Perspective)。

①战略是一种策略(Ploy)。主要指威胁和战胜竞争者的计谋和谋略。这是军事战略在企业管理中的直接引用。

②战略是一种计划(Plan)。主要指有意识的、正式的、有预计的行动程序。计划在先,行动在后。这是早期的战略观念。

③战略是一种模式(Pattern)。主要指一段时期内一系列行动流的模式。计划并不是战略的必要条件,即使企业没有任何书面形式的战略计划,也是有战略的。模式意味着企业行动的一致性,这种一致性可能是也可能不是正式计划或建立目标的结果。

④战略是一种定位(Position)。主要指企业在其所处的环境中找到一个有利于企业生存与发展的"位置"。这种观念认为,企业选择环境和选择竞争者的过程是具有能动性的,关键看企业是否运用这种能动性。如果能够洞察经营环境,并能够使之与企业的资源状况和能力结合,企业就可以在激烈的竞争环境中找到有利于自己的定位。

⑤战略是一种观念(Perspective)。主要指深藏于企业内部、企业主要管理者头脑中的感知世界方式,既观念。观念产生于企业以往的经历与经验,这些经历与经验沉淀下来,固化为思想观念,成为企业的"性格"。"性格"一旦形成,就会根植于企业成员的思想之中,成为企业文化的重要组成部分。

(三)酒店企业战略管理的定义

综合战略管理的经典定义,我们将酒店企业的战略管理(Hotel Strategic Management)定义为,酒店企业在分析外部环境和内部条件的现状及变化趋势的基础上,为了求得长期成长与发展所做的整体、长远的谋划。

酒店战略管理欲解决的问题:在激烈的市场竞争中,酒店企业的行为模式是什么? 在这些行为模式中,决定其差别的是什么? 什么因素导致酒店企业成功或失败? 酒店企业经营管理方式是由什么决定的?

上网查阅酒店资料,讨论一下,不同规模、不同类型酒店是如何制订本企业战略计划的?有什么共同之处?有何差异?

图 4-1-2　商务型酒店

图 4-1-3　豪华型酒店

图 4-1-4　度假型酒店

（四）酒店企业战略管理的特点

1. 全局性

酒店企业的经营战略是以全局为对象,根据酒店总体发展目标的需要而制定的。它所规定的是酒店的总体行动,寻求的是酒店企业发展的总体效果。虽然经营战略必然包括一些局部活动,但这些局部活动是作为总体行动的有机组成部分在战略中出现的,使经营战略具有综合性和系统性。

因此,经营战略的全局性要求在制定酒店战略时局部利益服从全局利益。具体来说,酒店企业经营战略不是强调酒店中某一事业部或某一职能部门的重要性,而是通过指定酒店的使命、目标和总体战略来协调各部门自身的目标,明确它们对实现组织使命、目的、战略的贡献大小,以全局的眼光统筹各部门和业务单元,以全局的视野去制定各层级战略。

2. 长期性

酒店企业的经营战略,既是酒店谋取长远发展要求的反映,又是酒店对未来较长时期(通常 5 年以上)内如何生存和发展的通盘筹划。经营战略的制定往往以组织长期生存和发展为出发点,关注长远利益而非短期利益,这要求战略制定必须面向未来并着眼长远的经营方向和目标。

3. 稳定性

酒店企业战略与其他战略一样,要求具有稳定性,不能朝令夕改。这就要做深入、细致的调查和研究,客观地估量酒店企业在发展过程中可能出现的各种利弊条件。作出科学的预测,使酒店企业战略建立在既先进又稳妥、可靠的基础上。

4. 竞争性

企业是在激烈的竞争中求得生存和发展的。酒店经营战略是关于酒店在激烈的市场竞争中如何与竞争对手抗衡的行动方案,是针对来自各方面的许多冲击、压力、威胁、困难、挑战的行动方案,是酒店企业主动适应外部环境变化、迎接挑战的一种行为。在优胜劣汰的市场环境中,酒店企业须设计适宜的业务模式,不断增强适应市场竞争的能力。因此,酒店企业的经营战略是企业积极、主动的竞争行为。

5. 纲领性

经营战略规定酒店企业总体的长远目标、发展方向和重点以及所采取的基本行为方针、重大措施和基本步骤,是原则性、概括性的规定,具有行动纲领的意义。它必须通过展开、分解和落实一系列过程,才能变为具体的行动计划。企业的战略只是确定企业所要取得的目的和发展方向,仅仅是一种原则性和概括性的规划,是对企业未来的总体谋划。因此,酒店企业的经营战略对其经营活动起着核心导向作用,是经营活动的指导纲领。

6. 创新性

酒店要想生存,在众多竞争者厮杀的市场中生存和发展壮大,势必要打造、培育自己的稀缺资源,实施创新性的战略,创造有别于其他竞争者的独特优势。因此,酒店企业的经营战略要促进在技术、组织、管理等方面的创新,并充分利用这些创新成果,增强企业的竞争优势,巩固自身的竞争地位。只有将创新性贯穿于酒店企业的经营战略之中,才能帮助企业在激烈的市场竞争中获得最大收益。

二、如何实施酒店企业战略

简单地讲,酒店企业战略实施就是通过战略思维指导整个经营管理过程。

(一)制定战略方向和目标——做正确的事

这是酒店企业决策层的工作,确定经营战略,也就意味着企业选择"做什么、不做什么"。决策是管理的一项重要职能,是管理的核心,是其他管理活动的前提和基础。什么是正确的"事"?正确的标准来自市场、环境和变化,做出适合自己企业发展、生存的决策就是正确的"事"。它是一种思想、意识,是行动前的计划,指引着企业发展的方向,关乎着企业能否在高竞争的环境下生存。只有在行动前做出正确的决策,才可以事半功倍,帮助企业达到预期效果。

(二)制定战略方针——正确地做事

企业决策层制定战略,明确了做正确的事,但这往往是企业的方向指引而非具体操作,要把战略落地,决策层、经营层和基层三者缺一不可。而经营层作为决策层和基层间的枢纽至关重要。经营层须分解战略目标、进行战略部署并选择具体战略实施。它须明确战略实施所要采取的方法和手段,深入了解企业内部的发展状况,明确公司治理结构、组织结构进而分解战略,进行合理的资源配置,实施战略到基层。企业经营层实际上就是将战略方案转化为实际行动并取得成功的过程控制者。在这一过程中,企业经营层通过分解战略目标,设立年度目标,配置资源,建立有效的组织结构,推动战略的实施。

(三)制定战略措施——把事做正确

战略的实施是实际的操作过程,在这一过程中,基层员工根据经营层所分解的具体战略目标和具体战略部署而做事。基层员工不仅要做事,还要把事做正确,如果基层员工无法理解高层管理者的战略意图和战略的正确执行步骤,那么,战略失败以及资源损失的风险将大大增加。因此,"把事做正确"是检查战略实施有效性的标准、明确基层员工所要执行的具体步骤以及及时跟进实施反馈。唯有这样,企业才能切实将战略的美好未来转化为现实。

三、酒店企业战略体系的构成

(一)企业愿景(Vision)

愿景指酒店企业未来想要成为什么样的企业,是企业的长远发展目标。它是企业对前景和发展方向的高度概括性描述,是企业未来可能并希望达到状态的一种设想。

例如,上海锦江酒店的愿景是"成为客人向往、员工自豪、股东满意、社会赞誉的世界知名酒店品牌",它以优质服务赢得顾客首选和向往,以利益保障和精神愉悦使员工自豪,以良好经济效益让投资者满意,以感恩的行为获得社会赞誉,世人交口传颂,品牌名扬天下。7 天的愿景是"让顾客天天睡好觉",因此,以快乐自主的服务理念,致力为注重价值的商旅客人提供干净、环保、舒适、安全的住宿服务。亚朵则不认为酒店只是"睡觉"的地方,它把酒店定位为"亚朵生活",提出的愿景是"第四空间,成就一种生活方式",在这个愿景下,亚朵非常关注酒店公共空间尤其书吧等场地的氛围营造。香格里拉酒店以"诚恳的款客之道,缔造难忘记忆"为愿景,为客人提供发自内心的殷勤待客之道。

(二)企业使命(Mission)

使命是企业存在的理由,指酒店企业所从事的事业及其目的与方向,它表明了酒店企业的宗旨、信念和所从事事业的目的,揭示了酒店要发展成为什么的关键问题。酒店使命是贯穿于企业各种活动的主线,为员工、顾客以及其他相关组织和个人提供一个被认同的理念和形象,传达的是"我们是谁""我们要做什么"以及"我们为什么成为这样"。

例如,文华东方酒店集团的使命是"取悦和使旅客感到满意""我们致力于每天作出改变,持续地变得更好而使我们保持最好"。假日酒店 20 世纪 80 年代初的使命为"成为一个在住宿、餐饮、娱乐、交通行业提供服务的多元化经营的国际化企业",90 年代初其使命修订为"努力成为一家在世界上受顾客和旅行社偏爱的酒店和酒店特许经营权企业"。香格里拉的使命为"为顾客提供物有所值的特色服务与产品创新,令顾客喜出望外"。

(三)企业价值观(Value)

价值观指企业的经营哲学、信念和行为准则,一般不随环境、条件变化而变化。价值观是一群人认为有益的、正确的或有价值的信条或特点。因此,企业价值观就是指企业在追求经营成功过程中所推崇的基本信念和奉行的目标,是企业全体或多数员工一致赞同的关于企业意义的最终判断。酒店企业的生存,其实就是价值观的维系以及大家对价值观的认同。实际上,企业价值观是把所有员工联系到一起的精神纽带,是酒店企业生存、发展的内在动力,同时是企业行为规范制度的基础。而正由于企业价值观的重要性,许多公司提出了自身的价值理念。

例如,上海锦江国际集团的价值观是团结、务实、创新、亲民、廉洁。具体而言,团结指相互信任、相互补台,五湖四海、同舟共济,共同团结在集团发展战略目标下;务实指执行有力、沟通有效、协调有方,坚定不移、坚持不懈、坚韧不拔,想干事、能干事、干成事,求真务实,认真做好每天事、每件事;创新指解放思想、善于学习,改革开放、开拓进取,破解难题、超越自我,把创新的基点建立在日常岗位工作的改进、提高上,建立在始终不渝地追求卓越上;亲民指以人为本、关注民生,善待员工、善待顾客,维护股东、顾客及全体员工的共同利益;廉洁指增强党性,以身作则,廉洁自律,依法经营。

(四)目标与衡量指标

目标指酒店在一定时期内按照经营宗旨考虑企业的内外条件和可能并沿其经营方向所要预期达到的理想成果,反映了酒店在未来一段时间内经营活动所期望的水平。它是酒店在一定阶段要达成的阶段任务,是酒店的最终追求,同时是酒店用于衡量自身绩效的标准。

（五）主要战略的选择与组合

在确定了企业愿景、使命、价值观及目标后，须通过具体的战略选择策略与组合，将企业战略付诸实施。在实际中，企业将会面临着多种多样的情况，企业必须明确各种战略的优劣势、利弊、成本与收益。事实上，企业战略的选择是在明确自身优劣势、市场竞争地位的强弱以及市场增长的快慢等因素后选择相应的战略，并将不同战略进行组合，从而形成战略互补，最终达到1+1>2的效果。目前，战略的选择往往会借助多种模型及工具，例如 SWOT 模型、财务分析工具、战略钟模型等，通过这些工具，评估企业、选择战略并组合战略，促使战略的实施带来最大化收益。

（六）战略实施计划

战略实施计划指为保障战略目标的实现，对战略实施过程中的主要工作、人员职责及具体时间进行的计划和安排。通过战略实施计划，企业将战略细化为小目标。

任务思考

1. 你如何理解酒店企业战略管理的意义？

2. 何为酒店企业战略管理？有什么特点？

3. 搜集 2 家国际知名酒店品牌的经营战略，分析其企业愿景、使命、价值观、战略目标、战略计划，并比较区别。

4-1-1

在线自测题

知识导图

请对本小节知识点进行总结，绘制你的知识导图吧。（可扫描二维码查看参考总结）

4-1-2

知识导图

温故而知新

子任务二 酒店战略选择

任务目标

❶ 掌握成本领先战略、差异化战略、专一化战略的含义、优势、劣势。

❷ 了解基本竞争战略在酒店业中的应用。

❸ 酒店经营者应确立高度的战略意识、风险意识和社会责任担当等经营理念。

市场经济条件下,竞争已成为普遍的商业行为,而每个企业要想在竞争中取胜,必须制定竞争战略,取得竞争优势地位。因此,从酒店业务层面的战略选择来讲,应掌握成本领先战略、差异化战略、专一化战略。

任务分析

 任务操作

试一试

以学习小组为单位,查阅下列酒店的资料,尝试总结各酒店的经营战略特色。

图 4-1-5　洲际深坑酒店

图 4-1-6　亚特兰蒂斯

图 4-1-7　威尼斯人酒店

图 4-1-8　阿拉伯塔酒店

表 4-1-1　酒店经营战略的特色总结表

类型	酒店经营战略的特色
洲际深坑酒店	
亚特兰蒂斯	
威尼斯人酒店	
阿拉伯塔酒店	

不同酒店有不同的战略目标与战略选择。酒店业务层面的战略选择是指通过在特定的、单独的产品市场开拓核心能力为顾客提供价值并且获得竞争优势。20世纪80年代初，美国哈佛大学迈克尔·波特（Michael E. Porter）教授在其著作《竞争优势》和《国家竞争优势》中，提出了3种建立竞争优势的基本战略方法，即成本领先战略、差异化战略和专一化战略。

一、成本领先战略（Overall Cost Leadership）

（一）成本领先战略的内涵

成本领先战略，又叫低成本战略，指企业在提供相同的产品或服务时，通过在内部加强成本控制把成本降到最低，使成本或费用明显低于行业平均水平或主要竞争对手，从而赢得更高的市场占有率或更高的利润的一种竞争战略。

柳传志曾指出，"在过去20年里，中国制造企业在全世界最大制胜法宝，就是低成本。"植根于中国这个庞大的但却支付能力有限的市场，中国企业练就了"利用有限资源优势将成本做到最低"的本领。

在酒店等服务业，成本优势要求极低的管理费用、源源不断的廉价劳动力和因人员流动性大而需要高效率的培训程序。追求低成本的企业不仅需要向下移动学习曲线，而且必须寻找和探索成本领先的一切来源，强调从一切来源中获得规模经济的成本优势或绝对成本优势。通过低成本，酒店能够抢占市场，获得高市场占有率，同时因其高市场低成本的经营带来巨大的收益；凭借高额收益，酒店更新、优化自身的设施、设备，使得人工成本等降低，进而实现成本领先战略目标。在实际中，低成本可以通过下列措施实现：充分利用生产能力、规模经济、技术进步、业务外包、去掉不必要的功能等。

（二）成本领先战略的竞争优势与风险

优势：标准化生产、连锁经营有利于形成规模经济；较低的成本与价格水平可以形成有效的市场进入壁垒，使新进入者举步维艰；在不断致力于将成本降至竞争对手之下的过程中，酒店企业的管理效率得到了提高。

风险：易于被模仿；竞争对手很可能凭借技术革新，获得更低的经营成本；由于酒店企业集中精力研究如何降低成本，很有可能忽视消费者需求变化。

（三）成本领先战略在酒店企业中的应用

1. 相对标准化的产品

酒店要想使自身服务产品成本处于同行业的最低水平，就必须围绕这一目标采取一系列措施。最首要的措施便是生产相对标准化的产品。通过生产相对标准化的产品，企业一方面塑造了令人印象深刻的统一品牌形象;另一方面,企业通过相对标准化的产品严格控制了服务生产成本和管理费用,并且降低了内部复制的成本,使快速扩张成为可能。

2.顾客能够接受的特性

企业想通过成本领先战略获得竞争优势,首先须明确低成本所产生的产品和服务是否能使顾客接受并且满足顾客的需求。顾客希望企业的产品或服务"物美价廉",也希望"物有所值",如果企业一味追求成本领先而忽视了顾客的接受度和满意度,那么成本领先战略只能成为加速企业灭亡的催化剂。

3.最低的竞争价格

企业要想实施成本优先战略,就必须明确市场上自身的竞争价格,确保自身价格是市场最低价,才可能形成规模效应,获得最大效益。如果企业在获得低成本的同时想赚取较高的利润额而未设置最近竞争价格,其竞争对手往往模仿、总结经验或优化自身成本,形成与该企业相似的产品并以更低价售出,这时该企业的盈利将会大幅下降,同时市场将被对手以更低价抢占。

二、差异化战略(Differentiation Strategy)

(一)差异化战略的内涵

差异化战略指企业向顾客提供的产品和服务在行业范围内独具特色,这种特色因其特殊性可以给企业带来额外的利润,使顾客为之付出较高的价格,从而帮助企业获取更多收益。目前,差异化是酒店行业最重要的、最常见的战略选择。

(二)差异化战略的竞争优势与风险

优势:产品的独特性能够带来较高效益;产品差异化可以缩减购买者的选择范围,削弱购买者讨价还价的能力,差别越明显,酒店的讨价还价能力越高;可以减少替代品的竞争,在有差异和特色的产品中形成核心竞争力。

风险:酒店企业提供的产品特性并不符合顾客期望的价值;顾客不认可产品性能与价格之差;竞争者的模仿使差异减少,酒店失去原本的优势。

(三)差异化战略在酒店企业中的应用

1.酒店定位差异化

将目前酒店客源市场进一步细分为很多市场,如老年游客市场、青年市场、学生市场、商务游客市场、白领度假市场、自助游客市场、自驾车游客市场等。不同酒店针对不同细分市场有不同定位。

2.产品创新、特色服务

差异化的实质就是企业必须设法取得某种独特性。为此,酒店企业须具有创造力,通过独具匠心的构思,将产品创新,为顾客提供独特的服务价值。如上海佘山世茂洲际酒店、迪拜阿拉伯塔酒店的建筑本身就已经是独一无二的产品。

提供独具特色的服务是实现差异化的关键。比如,酒店在为带孩子的客人提供服务时,一定不能忽略孩子的需求。带孩子的家庭喜欢寻求热闹的气氛,希望酒店能够提供各种各样的娱乐活动及设施,最好能够有供儿童玩耍的游乐室或儿童房。在这方面迪士尼乐园酒店一直十分用心,入住酒店的宾客不仅可以在迪士尼乐园尽情游玩,而且可以在酒店提供的游乐设施中尽兴游玩。通过紧紧抓住儿童这批特殊的顾客群体的心理,香港迪士尼酒店获得了亲子家庭的信任,并成功实现了吸引家庭顾客的目的。

3.服务环境差异化

部分主题酒店就是通过塑造一定的场景和氛围来区别于其他酒店的。如威尼斯人大酒店把威尼斯的风情和著名运河延伸到了酒店之内,游客可以乘坐贡多拉船在酒店的商店长廊中沿着水道泛舟徜徉,两岸的教堂、民居、街巷、商铺、餐馆鳞次栉比。一些宾客可能没去过威尼斯,酒店可以给入住过的宾客刚刚结束游览威尼斯的感觉。威尼斯人大酒店是高投入的大手笔,大部分酒店做不到。但酒店可以充分利用当地的文化和历史资源,创造独特的场景和氛围,这也会收到不错的效果。

4.塑造一个高贵的、唯一的形象

早期营销专家利维认为,品牌形象是存在于人们心里的关于品牌的各要素的图像及概念的集合体,主要是品牌知识及人们对品牌的基本态度。罗诺兹和刚特曼从品牌策略的角度提出,"品牌形象是竞争中一种产品或服务差异化的含义的联想的集合"。酒店塑造的品牌形象会给消费者一个明确的定位,传递"我是谁""我是怎么样的"以及"我在市场的排名"。正如迪拜阿拉伯塔酒店,提到它,人们的第一印象是那如同帆船一般的酒店,它的高端奢华以及富丽堂皇。

三、专一化战略(Market Focus Strategy)

(一)专一化战略的内涵

专一化战略也叫聚焦战略、集中战略,指酒店集中有限资源将经营目标集中在特定的细分市场,以建立忠诚顾客群,提供满足小用户群体需求的产品与服务,从而获得稳定利润。

专一化战略要求企业必须能识别细分市场,能比竞争对手更好地评估和满足细分市场的需要。以更高的效率、更好的效果为某一狭窄的战略对象服务,从而超过在更广阔范围内的竞争对手。

(二)专一化战略的竞争优势与风险

优势:专一化产品的经营成本低;在目标市场处于领先地位;产品的独特性使替代品的威胁降到最低程度。

风险:市场范围比较狭窄;有吸引力的细分市场不易确定;目标市场的需求特性不明显,从而难以识别其独特需求。

(三)专一化战略在酒店企业中的应用

汽车旅馆是典型的运用了专一低成本化战略的旅馆。高端酒店中的奢华精品酒店也走专一差异化战略,如安缦酒店,定位非常高,价格不菲,市场却非常小。全球30多家安缦酒店中,每个酒店设几十个房间,实施专一化标准与服务,培养了客户的忠诚度。

此外,随着女性消费能力不断增强,如何迎合女性消费者、吸引她们的注意力并与之保持高强度的黏性已经成为酒店管理者积极思考的命题。在日常品牌研发、产品设计、服务优化和其他细节化运营中,酒店已经将女性作为一个核心群体精细化运营。比如希岸酒店,品牌创建初始立意便关注女性群体,希望能改善女性群体的差旅生活。又如锦江都城经典上海达华静安寺酒店设置了女性楼层、女士主题房;希尔顿欢朋酒店和凯里亚德酒店设置了百宝箱,针对女性消费者的需求,配备了卸妆棉、发圈、小的首饰盒等,以满足不时之需。

知识链接

经济连锁型酒店

经济型酒店是在欧美及日本等发达国家发展起来的一种成熟的酒店,其定位于普通消费大众,基本设施齐全,以 B&B(Bed & Breakfast)为核心产品,为客人提供有限服务(Limited-Service)。在国内城市居民已进入大规模休闲度假旅游消费阶段以及中小型商务客人日益增多的大背景下,中国经济型酒店酝酿了无限商机,与传统星级酒店共同瓜分市场。2022 年底,中国有 6 465 家星级酒店,其中三星级及以上酒店 5 842 家,但这些中高档酒店不能满足这部分市场需求;而招待所由于条件简陋,也无法满足这部分人群的需求。豪华的不经济,经济的不适用,但这恰好给经济型酒店创造了一个巨大的成长空间。

任务思考

1. 成本领先战略、差异化战略、专一化战略的内涵是什么? 有何优劣势?
2. 你认为酒店业未来的竞争靠什么? 为什么?

4-1-3

在线自测题

知识导图

请对本小节知识点进行总结,绘制你的知识导图吧。(可扫描二维码查看参考总结)

4-1-4

知识导图

温故而知新

任务拓展

阅读资料；"锦江之星"的前世今生，"老字号"国有企业的创新变革

曾经，并没有"经济型酒店"这个概念，在将平价酒店唤作"招待所"的年代，一群怀揣着梦想的年轻人打造了一个品牌——他们给高星级酒店做减法，但强调舒适干净、睡眠与沐浴质量。

改革开放40多年以来，锦江之星在旅游住宿需求升级和增长的经济浪潮中强力扩张，同时，带动了锦江酒店系这个"老字号"国有企业的一系列创新变革。

请扫描二维码(4-1-5)，阅读资料，学习锦江集团这家"老字号"旅游酒店企业如何巧用"加减法"、通过整合扩容与国际化等手段抓住改革开放和消费增长所带来的商机，以及如何通过创新和国际化发展战略在业界基业长青。

4-1-5 阅读资料："锦江之星"的前世今生，"老字号"国有企业的创新变革

双语拓展

关键术语

◇ 战略　Strategy
◇ 酒店企业战略管理　Hotel Strategic Management
◇ 愿景　Vision
◇ 使命　Mission
◇ 价值观　Value
◇ 成本领先战略　Overall Cost Leadership
◇ 差异化战略　Differentiation Strategy
◇ 专一化战略　Market Focus Strategy

阅读资料

Strategic Analysis：Questions That Generate Creative Ideas

1	How can this firm take advantage of changes that are expected to occur in society?
2	How can this firm use its relationships with customers to make the best use of its position in existing or future businesses?
3	Are there any stakeholders(股东) that should be seriously considered for partnerships?

续表

4	Does the firm possess any resources or capabilities that are likely to lead to competitive advantage?
5	Are there any resources or capabilities the firm should consider developing to achieve competitive advantage?
6	Can the firm form joint ventures or other alliances(联盟) with competitors or other stakeholders to acquire valuable knowledge, skills, or other resources?
7	Are there any resources or capabilities the firm does not possess, the absence of which might put it at a competitive disadvantage?
8	Are there any threats in the broad environment that the firm should consider in developing its strategy?

Source: Jeffrey S. Harrison, Strategic Analysis for the Hospitality Industy, Cornel Hotel and Restaurant Administration Quarterly, 44, no. 2, April 2003, 152.

任务二　科技赋能酒店

突破酒店人生的传统

　　耶律胤（图4-2-1）是亚朵集团创始人、生活方式酒店的开拓者、中国中高端酒店领军人物、人文酒店概念创造人。他用"酒店+文化+互联网"的思路创立了亚朵品牌，致力于打造家庭、办公室、星巴克之外的"第四空间"。他认为，酒店更该成为一种生活方式，房间不是单一的睡觉的场景，而是一个加载着内容的空间。他用互联网思维经营酒店，以酒店为起点，连接用户生活中各方面，用数据给他们提供更好的服务，既有所见即可所得的O2O产品，又有生活美学美器。

图4-2-1　耶律胤
（原名王海军）
亚朵集团创始人

　　所思所悟：耶律胤敢于突破传统酒店的经营模式，致力于打造"第四空间"，与时俱进，走在了时代的前列。亚朵集团的成功案例教会了我们不进则退的道理，所以无论是在生活中，还是在工作中，我们都应学会打破规矩，敢于尝试和为人先，勇做吃螃蟹第一人。

任务目标

❶ 了解科技赋能酒店下行业新动态。
❷ 理解什么是智慧酒店和智慧酒店有什么功能？
❸ 掌握大数据在酒店经营管理中的应用。
❹ 领悟创新是引领发展的第一动力，思考企业为何要把创新摆在全局发展的核心位置。

任务分析

　　在消费升级和提倡美好生活的大背景下，针对酒店的产业结构调整和升级已势在必行。市面上机器人服务员、智能门锁、无人前台等高科技手段层出不穷，不断抓取着消费者的眼球。大数据在酒店经营管理中的应用，可以了解客人的体验过程，并根据客人的需求解决他们在入住过程中遇到的每个细节问题。那么，什么是智慧酒店？科技是如何赋能酒店的经营管理工作的？这些将是本节内容要探讨的问题。

 任务操作

一、酒店中的现代科技服务

（一）智能机器人

　　部分酒店引入酒店机器人，解决劳动力短缺问题，这能够有效帮助服务人员解决高峰期派送难题，使服务人员可以去做一些更加具有温度的工作。机器人的无接触式配送能够避免配送时的必要接触，避免病毒交叉感染，这种配送方式在后疫情时代中非常合适，保障了工作人员与顾客的健康。同时，机器人搭载了自主研发的行业领先全自主定位导航技术，能够适应酒店场景并快速部署，出色的智能避障、多机协作以及自主回充能力使其成为真正好用的酒店机器人，能够为酒店行业解决配送难题与痛点。

　　除此之外，酒店机器人进一步提升了酒店的科技氛围，能够带来很好的引流效果。在自媒体时代，差异化宣传是营销成功的关键，酒店机器人能够吸引顾客，与顾客拍照留念，然后通过各大社交平台传播，增加酒店的曝光度，达到线上线下双重引流的效果。

　　当下，酒店智能风正在刮起，很多酒店都想要实现智能转型，酒店机器人就是其必不可少的转型设备。它将继续协助酒店行业突破现有格局，提升科技氛围，紧跟时代脚步，用更优质的产品和服务使酒店机器人发挥更重要的作用。

（二）入住登记"手机化"

　　移动入住方式目前仅在少数品牌酒店和单体酒店中得到应用，但未来几年将在整个酒店业迅速扩张。近几年来，酒店中的入住办理自助设备和其他替代前台的方式越来越常见，一些主要酒店品牌更大范围地将移动技术整合到旅游体验中。与此同时，第三方技术供应商为酒店和分销商提供了办理移动入住的工具。

万豪酒店于 2013 年推出手机登记入住及退房服务。抵达酒店时，万豪礼赏会员的房卡已经准备好，被放置在一个专用的移动入住办理台上。凯悦酒店集团在特定的酒店中采用了类似的做法，为到达酒店的顾客提供自助获取房卡的机器。原喜达屋旗下的雅乐轩也实行智能入住项目，但它们的方式略有不同。顾客在入住时会收到一张雅乐轩的贵宾卡，并收到一条告知房号的短信。他们可以直接入住房间，贵宾卡就是房卡。

第三方也在开发移动入住技术。如加州山景城的 Check Mate 曾发布一款移动入住平台的测试版，它能为加州一小部分酒店提供办理移动入住手续的服务。顾客可以发送房间要求、入住时间并添加忠诚计划会员号或其他特殊要求。该技术和所有酒店的 PMS（Property Management System）管理系统兼容，每天会给酒店发送一份关于入住顾客的报告，并在顾客入住的前一天以酒店的名义给他们发送定制化邮件。在入住当天，酒店会查看这些信息，并提前安排房间。

酒店的移动入住手续激发了业界对于前台业务的重新思考。比如，在雅乐轩纽约城哈莱姆区店中，前台被安排在大堂的中央。

（三）客控系统

智能酒店客控系统利用先进的物联网技术，使酒店客房内的灯光、空调、窗帘、电视等设备互通互联，由客房控制系统主机统一管理，并对接酒店前台管理软件，对酒店客房的经营状态、能耗等数据收集、分析。智能酒店客控系统正用这种时尚科技来吸引年轻住客的眼球，带给住客惊艳的体验，同时提升酒店的管理水平和服务水平。智能酒店客控系统已经融入我们的生活中，被广泛地应用在酒店行业，酒店客控系统具有以下特点。

1. 灵活性强

现代化客控系统相比于以往的酒店服务系统，在服务内容上有了更深入的升华，通过便利操作、明确操作的方式、方法，结合 App 控制系统，满足远程的手机、平板操控系统，进而最大程度实现灵活的操作要求，满足多样化酒店环境打造、循环系统要求。

2. 控制内容完善

酒店服务管理涵盖内容面丰富，为了更好地满足系统化操作要求，不仅在客房的常规需求操作上导入酒店客控系统，对于部分高端酒店的特殊化环境打造和服务需求，也导入了内容，通过全面化控制的内容，最大化满足实际的客控系统使用需求。且重要的客控系统还有时时更新的需求，能把具体的需求管理内容时时导入，为酒店管理的不断发展助力。

3. 稳定性强

对于智能酒店客控系统的使用，稳定性至关重要。没有稳定的系统，使用难度就会增加，而现代化优质的客控系统通过不断深化技术内容，结合后台的高水准操作技术，最大程度确保客控系统的综合稳定性。经过不断发展和技术升级，现代化智能酒店客控系统不仅内容上有了更明显的完善，在具体的系统操作稳定性上也相对更强、更灵活，为现代化酒店管理提供更有力的支撑，提高了酒店整体的服务效率。

（四）酒店管理系统

酒店管理系统是一个以计算机为工具，对酒店信息管理和处理的人机综合系统，它不但能准确及时地反映酒店业务的当前状态、房源状态,还能快速实现客人预订入住到财务对账等一系列操作;它不但是一个数据库,还能够提供各方面的报表,且利用数据进行统计分析,从而更有利于酒店的经营和管理。在现代酒店管理中,PMS 已经成为不可或缺的辅助工具。

酒店管理系统选购应注意以下要求。

1. 专业化

不要认为只要是 IT 公司就可以开发酒店管理软件系统。事实上,酒店管理软件从总体策划到正常运转是一个复杂而困难的专业化工程。如果没有一定酒店知识,就难以与酒店员工进行良好的交流和合作;如果对酒店软件的安装、培训及维护缺乏经验,就无法保障工程顺利实施和按时完成;有的公司不能提供长期的系统维护和版本升级等。很多酒店引进软件失败或软件的使用效果不佳,其主要原因就在于此。

2. 稳定性

一些酒店过分强调"二次开发"。当然,并非不能二次开发,这里强调的是不能在培训的同时二次开发,否则是一场灾难。希望酒店能够理解并尊重软件开发和实施的规律;酒店的合理需求可以落实到软件中,但是需要时间,须严谨充分地测试稳定性。

3. 适用性

系统的功能并非越多越好,应该从酒店自身的管理精度以及雇员文化水平出发。一个庞大的系统往往会增加实施难度,拖延工程进度,可能使整套系统难以投入运行。事实上许多功能平时很少用到或无法与酒店的实际情况相适应,求全责备很可能导致"劳民伤财"。软件投资是一个很重要的环节,酒店应当避免对适用性欠考虑和投资过低而性能下降。

4. 服务性

应重视酒店有关人员前期的学习培训。培训的目的是要求他们能够上岗独立操作、独立思考和处理常见的问题。如果希望提高工作效率、减少使用过程中的误操作,酒店工作人员必须认真接受培训和考试,而不是装装样子。

很多酒店过分迷信国外知名品牌,认为进口的一定就是好的、贵的一定就棒,这是一种偏见。酒店管理软件是用来搞好酒店内部管理和提高对客服务品质的,住店客人并不知道你用的是国产软件还是国外软件。因此,不考虑酒店本身的实际情况,盲目追求软件的高档品牌,显然是不可取的。国产的优秀酒店管理系统在技术上并不落后于国外产品,在功能、性能上可与国外产品相媲美,在售后服务、本地特色化方面更明显优于国外产品。

4-2-1
阅读资料:如何选择适合自己的酒店管理系统?

试一试

请扫描二维码(4-2-2、4-2-3),观看视频后,思考并讨论以下问题。

1. 什么是智慧酒店?

2. 你认为智慧酒店是未来酒店的发展趋势吗?

3. 机器人是否会取代人类服务员?为什么?

4-2-2
视频:BULDING A SMART HOTEL FOR THE FUTURE

4-2-3
视频:菲住布渴酒店（阿里未来酒店）

二、智慧酒店（Smart Hotel）

（一）智慧酒店的含义

智慧酒店，是酒店拥有一套完善的智能化体系，通过数字化与网络化，实现酒店管理和服务的信息化；是基于满足住客的个性化需求、提高酒店管理和服务的品质、效能和满意度，将信息通信技术与酒店管理相融合；是实现酒店资源与社会资源共享与利用的管理变革；是信息技术经过整理后在酒店管理中的应用创新和集成创新。

（二）智慧酒店的功能

智慧酒店不单单是在酒店内摆放几个科技产品。针对酒店"食、住、行、游、购、娱"六大构成要素，实现其数字化、信息化和智能化。利用智能化控制系统，为消费者提供舒适、便捷的体验和服务，提高酒店运营效率。同时，降低酒店物耗、能耗、人员等成本，创造更大效益。这既是推行智慧酒店的目的，也是智慧酒店运营的关键。智慧酒店的功能主要体现在以下几个方面。

1. 智能门禁系统

智能门禁安全管理系统是新型现代化安全管理系统。它集微机自动识别技术和现代安全管理措施于一体，涉及电子、机械、光学、计算机技术、通信技术、生物技术等诸多新技术，是实现重要部门出入口安全防范管理的有效措施。

2. 智能取电开关

采集取电开关卡片信息，插卡取电、拔卡断电，未经授权时，拒绝取电。

3. 交互视频体系

交互视频系统经历了一个发展过程，5年以前基本还是视频点播系统，起视频点播的作用。当时很多人希望在酒店行业里推广。从现在来看，视频点播只是现在视频交互技术的一个基础，而不是全部。许多酒店在淘汰楼层服务员之后，引起很多客人不适应，在这种情况之下，引进交互式视频技术，既可以达到提高效率的目的，又可以降低管理成本，更重要的是，可以使酒店形成比较好的数字化品牌。

4. 电脑网络体系

入住酒店多为商旅人士，这个群体对电脑客房的需求率占95%，而出行愿带笔记本电脑的客人仅占10%左右。客房须备有电脑网络功能，满足客人互联网冲浪、收发邮件、软件办公、线上会议、聊天、网上订票等需求。

5. 展示体系

展示体系分为两类，一类是向客人展示自己酒店的资料与服务，如酒店的发展历程、分支网络、企业文化、酒店服务、特色菜系，方便客人了解；第二类是向客人展示地方特产、风土人情等城市信息，节省客人查阅的时间。

6. 互动体系

互动体系即客人能够在客房内与前台服务员互动。例如，前台服务员发布信息后，客人立刻就能在客房内查看，客人可以在房间内点餐、订票、租车、退房等。

7. 信息查看体系

客人在房间内可查询信息，例如查询天气、航班动态、列车时刻、轮船时刻、客车时刻、市区公交、高速路况、市区路况等。

（三）智慧酒店建设因素

近些年来我国经济快速增长，使得酒店产业急速扩张，投资过热的现象已初显端倪。酒店业的产业结构调整和升级已势在必行。智慧旅游建设是原国家旅游局在党的十八大精神指导下促进旅游业经济发展和服务质量提升的一项重要举措。作为智慧旅游的一部分，智慧酒店建设是中国酒店业产业结构调整、升级的重大契机和必然选择。目前，国内智慧酒店建设开展得如火如荼，也暴露出很多问题。智慧酒店究竟应该如何建设？

1.规划先行，有序推进

智慧酒店建设是一项长期而艰巨的系统工程，它所涉及的不仅是技术问题，更是管理问题；不是短期建设问题，而是长期运营问题。在智慧酒店建设过程中，由于建设定位、目标、任务的偏差，对投入的长期性认识不足，加之酒店信息化基础薄弱，以及信息技术人才缺乏等，导致出现很多严重的问题。例如，整体建设方案设计错位，各系统不能匹配工作，智慧酒店整体价值大打折扣；运营成本估计过低，项目建成后短期内有一定效果，但系统长期运营需大量维护资金，给酒店造成很大财务负担。

因此，在智慧酒店建设中，总体规划包括建设与运营方案、分步实施方案，显得尤为重要。一些系统对酒店经营非常重要，但开发及运营维护成本巨大，可以由政府牵头，联合目的地多家酒店共同投资建设。智慧酒店总体投资大，建设周期长，如果没有科学、合理的规划，不分顺序，盲目建设，不仅浪费资金，还达不到预期效果。总体规划则会统筹考虑系统的功能、实际需求、资金投入、投资模式、建设和运营模式、投资回收周期等，然后根据这些来规划系统建设的顺序，完成分步实施方案。

2.统一标准，系统开发

很多酒店在信息化建设的过程中往往付出了高昂的代价，效果却不尽如人意。原因有很多，例如，供应商和酒店没有利益上的一致性，技术功能与酒店需求错位；酒店各信息化系统在开发时没有顶层设计，技术标准不统一，无法信息交流共享，最终形成信息孤岛；各信息化系统在开发时没有顶层设计，不同系统中包含相同的功能或模块，重复建设。

现代酒店管理流程正经历着从传统的资金流导向到高速信息流和服务流导向的转变，酒店内部系统的资源整合、统一规划对于酒店的发展至关重要。可以想象，如果酒店的电子商务系统、财务管理系统、房间管理系统的信息流动出现阻碍，对于酒店的管理来说，无异于巨大的灾难。酒店的经营不应是孤立的，而应与目的地营销紧密结合，将酒店的营销管理纳入目的地统一营销平台，这需要酒店的信息系统和外部信息交流。

因此，在智慧酒店建过程中，实行行业认证管理，制订统一的智慧酒店标准规范和等级，统一对智慧酒店内涵的理解，规范 IT 公司在智慧酒店和酒店信息化中的技术开发，因地制宜、结合实际做好智慧酒店的顶层设计工作，统筹规划、系统布局，应当成为各地方政府和旅游管理机构开展智慧酒店建设的首要任务。

3.转变观念，创新发展

智慧酒店建设是酒店业产业结构调整和升级的重要手段，实施者要转变观念，以绿色环保为核心，围绕节能减排和环境优化谋划建设，以可持续发展为出发点和归宿点，创新、发展酒店的经营管理模式，再造酒店业务流程。

智慧酒店既实现了资源集约、低碳环保，又降低了酒店的经营成本，提高了酒店的经济效益,综合提升了经济、社会、生态和文化价值,是酒店业可持续发展的必由之路。

根据微信智慧酒店运用方案,探讨酒店入住智能系统整个开发与利用环节。

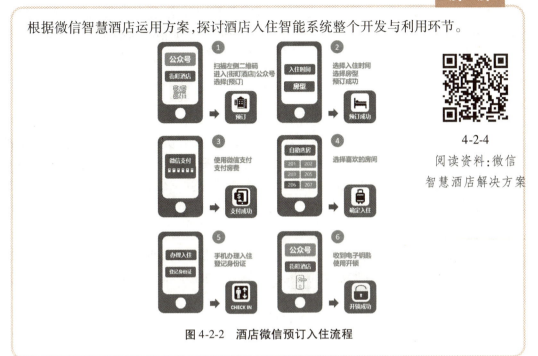

4-2-4

阅读资料:微信
智慧酒店解决方案

图 4-2-2　酒店微信预订入住流程

三、大数据在酒店经营管理中的应用

大数据(Big Data)对于旅游行业而言意味着什么?或许它的潜力还不明朗,但有一点毋庸置疑,那些拥有大数据的企业能以一种全新的方式向消费者销售旅游产品。很多酒店的经营管理者都非常注重数据,其很多决策就是基于数据作出的。酒店管理者的决策依据实质上是大量原始数据背后的规律。应用大数据分析工具,能发现数据中的共同趋势以及与这些趋势相对应的行为。

此前,酒店大多采用客户关系管理或商业智能系统中顾客信息、市场促销、广告活动、展览等方面的结构化数据以及官网的一些数据。但这些信息只能满足酒店正常营销管理需求的20%,并不能帮助企业发现规律。而其他80%的数据,诸如社交媒体、电子邮件、地理位置、用户分享的音视频等信息和物联网信息,有待进一步发掘和应用。

(一)大数据时代的营销准备

酒店运用客户关系管理系统分析数据,只能回答"发生了什么事",而大数据系统可以回答"为什么会发生这种事",一些关联数据库可以预言"将要发生什么事",非常活跃的数据仓库还可以帮助酒店实现"想要发生什么事"。在"微时代",获取丰富的消费者数据(包括网站浏览数据、社交数据和地理追踪数据等),可以得到完整的消费者行为描述。大数据技术可以对客人各方面的信息充分、有效地管理和深度挖掘,从而为精准定制营销创造了更多可能。大数据时代,酒店营销需准备什么?

1.准备相关技术人才

酒店运用大数据为营销管理服务之前,技术团队要到位。酒店的营销团队要能够非常自如地玩转大数据。

2.解决碎片化问题

酒店启动大数据营销的一个最重要的挑战就是数据碎片化、各自为政。在许多酒店,数据散落在互不连通的数据库中,数据技术应用于不同部门。如何将这些孤立的数据库打通互联,实现技术共享,是最大化大数据价值的关键。营销者应当注意的是,要无缝对接网络营销的每个步骤。

3.培养内部整合能力

要利用大数据,一是要有较强的整合数据的能力,能整合来自酒店不同数据源、不同结构的数据,经整合的数据才是确定目标受众的基础;二是要有研究、探索数据背后的价值的能力,未来营销成功的关键取决于如何在大数据库中挖掘更丰富的营销价值,比如,站内和站外的数据整合、多平台的数据接轨、结合人口与行为数据建立优化算法等都是未来的发展重点。

(二)大数据营销案例

酒店运用大数据的最直接目的是对外精准定制营销,对内快速反馈改进。以国际著名的四季酒店为例,探索大数据营销方法。四季酒店的主要特点是基于社交网络大数据精准营销。

1.持续关注用户在社交平台上发布的信息

通过社交媒体采集的数据具有即时性、真实性,可帮助企业实施营销方案以提高在线声誉和盈利能力,这对于豪华酒店尤为重要。四季酒店持续关注和收集客户的反馈,加强与客户的沟通,发掘他们的需求,精确捕捉行业趋势和消费行为趋势,优化在线声誉和点评。

2.以大数据为基础策划内容

四季酒店的精准定制营销与它的内容策划是相辅相成的。四季酒店社交平台的内容策划分为两部分:一是用户生成内容;二是在线上和线下渠道提供引人入胜的体验。比如,四季酒店集团策划的婚礼专题,专门开设了 Twitter 和 Pinterest 账号向消费者提供酒店员工的专业建议和在四季酒店举行婚礼的新娘所分享的故事,以互动的方式吸引消费者,采集大量用户信息,同时对有不同兴趣的用户分类,以不同方式进行引导。

任务思考

1. 调查当地酒店,看看其应用了哪些科技化手段。
2. 查阅资料,设想未来的智慧酒店发展方向。
3. 向某酒店的销售经理咨询如何应用大数据信息。

4-2-5
在线自测题

知识导图

请对本小节知识点进行总结,绘制你的知识导图吧。(可扫描二维码查看参考总结)

4-2-6
知识导图

温故而知新

任务拓展

阅读材料：国内外智慧酒店案例集锦

目前来看,酒店的发展不再局限在满足消费者单一的入住需求,关注重心从最初重视发展规模和发展速度转向提升品质。而在 AI、云计算、物联网、5G 等新技术的带动下,未来的酒店突破传统走向终端智能化,未来越来越多酒店会考虑将创新科技引入酒店商用场景。

这不仅能为提升酒店宾客入住体验、降低人工成本及酒店自身的运营管理带来全新思路,更将掀起整个酒店行业在"互联网+"时代下的再次变革,在这场变革中,率先起跑的酒店总能抢占行业制高点,在这场未来竞争中获得主动权,让我们共同期待越来越多酒店加入智慧酒店行列!

4-2-7　阅读资料：国内外智慧酒店案例集锦

当下,被诸多光环加持的智慧酒店被赋予了更多场景与可能性,也带来了更多精彩纷呈的想象力,国内外越来越多酒店布局或转型智慧酒店行列且各具特色。一起来看看,这些国内外智慧酒店中你最喜欢哪个?

双语拓展

关键术语

◇　智慧酒店　Smart Hotel
◇　大数据　Big Data

阅读材料

How the Digital Revolution Has Changed Your Customers

● Customers expect every business in every industry to achieve "digital parity (平等)." You need to be able to offer all the advantages as online and in self-service solutions.

● Interactions should be efficient and fast, without unwanted, extra human intervention.

● Time should be speedy, like it is online.

● These digital changes are realized not only in the newest generation guests such as the digitally native millennial and Z generation. But change has also come to the elders.

● If a human can do the job better than a machine can, then a human should be doing it. If a person can do the job more warmly than a machine, give that task as well to a person. Otherwise, leave it to the machines.

- Improving automated customer service is no excuse to offer lousy human-powered service.
- Technology, including in-room technology, websites, apps, etc., should be simple and easy to use.
- Hospitality guests—along with customers in all industries—are increasing their demands for speedy service. Anything you can do to improve your speed of service will be appreciated.

任务三 我的未来我做主

回归酒店人生的真谛

悦榕集团创始人何光平曾被美国《时代》周刊誉为亚洲的"布兰森"（英国维珍航空公司创办人）。作为全球精品度假村、酒店及 Spa 的国际营运开发商，悦榕集团致力于为宾客打造焕活身心的休憩之所，并倡导"拥抱环境，关爱社会"的可持续发展理念，以此强调与自然和谐相处，为所在社区及目的地的发展创造长期价值。旗下酒店均融合地区环境特色，在建筑上尽可能采用当地特有天然建材，以反映当地风土人情，为宾客带来贴近自然的入住体验，俨然成为度假领域的标杆。

图 4-3-1　何光平
悦榕集团创始人

所思所悟： 悦榕集团的可持续发展理念与我国倡导的"尊重自然、顺应自然、保护自然"的生态文明理念以及"以人为本、全面协调可持续发展"的科学发展观高度契合，充分彰显了酒店人回归酒店人生的真谛。让我们一起为实现"环境更加优美宜居"的目标奋斗，一起守护祖国的绿水青山！

任务目标

❶ 理解酒店职业经理人的含义。

❷ 了解职业经理人须具备的职业要求，树立正确的择业观和就业观。

❸ 认知酒店职业经理人培养的意义，树立正确的职业道德和理想。

> 有别于从事重大经营决策事项的企业家和承担具体工作任务的经理人,酒店职业经理人指专职从事酒店经营管理的复合型人才,其在企业发展中发挥的重要作用已在我国各行各业开花。酒店从业者应树立正确的职业规划,以酒店职业经理人的标准要求自我,从职业道德、职业素养、职业知识等方面全面提升自我。

任务分析

 任务操作

试一试

请根据自己所学专业知识,写出自己的职业理想,尝试完成自己的职业规划。

一、成为出色的酒店从业人员

(一)树立职业自豪感

要培养良好的职业性格,只有对职业有了正确的认识、产生了职业自豪感,才能热爱自己的本职工作,才能主动调适自己不适应职业要求的性格特征。出于各种原因,一部分人对酒店职业持有偏见,认为酒店从业人员的社会地位偏低,酒店服务职业是没有技术含量的工种,这使得酒店从业人员缺乏职业自豪感,从而跳离这一行业。事实上,酒店服务职业既不是低技术含量的工种,也不再是"青春饭"。酒店业中高层管理人员的收入不是人们认为的"低收入"岗位。因此,应该通过入职培训让员工尽快了解酒店业,了解职业生涯发展,并创造机会让员工体会酒店服务工作给自己带来的成就感,从而树立职业自豪感。

(二)培养良好的企业文化与严格规范组织纪律

不同企业有不同的企业文化,不同企业文化会"潜移默化"地影响员工的日常表现和行为。山东中豪大酒店的企业文化提出"对宾客永远不能说不,宾客要雨,我们就要造云",倡导酒店全体员工养成尽自己最大努力满足宾客需求的价值取向。即使酒店资源有限,无法满足宾客的需求,员工和酒店也会通过努力换得宾客的谅解。在这种企业文化的倡导下,酒店员工的心态截然不同,时时刻刻提醒自己"不是无所不能,但要竭尽所能"。

只有良好的企业文化还不够,严格、规范的纪律才是职业性格形成的保证。职业习惯是职业性格的外在表现形式,良好的职业习惯离不开铁的组织纪律。遵守习惯是不痛苦的,养成习惯的过程才是痛苦的。

(三)不断磨炼,在工作中不断强化

任何职业性格的培养都离不开实践活动,人的职业性格是在职业活动中造就的,特殊的职业造就特殊的性格。比如,高空作业工人的大胆、勇敢,是在实践中反复锻炼的结果。酒店从业人员职业性格须在实际工作中不断磨炼和强化。比如,刚刚参加工作的员工当遇到宾客因不满而辱骂自己时,可能感觉委屈和羞辱,流下泪水。在实际工作中遇到此类事情多了,就会正确对待,站在宾客角度上,理解宾客的过错,主动查找工作中的不足,积极采取措施,避免出现类似的投诉。

(四)明确自己的发展方向并坚持到底

既然已经选择了酒店业,就要有长期坚持的思想准备。要是工作内容没有大的变化,变的一定是自己。厌倦,说明你已轻车熟路,从一份新上手的工作中成长了不少,自己对能驾驭的东西难免乏味。不过,无趣说明工作里还有更多东西等待你发掘,那是下一步成长要解决的问题。这一点激情不起作用,把工作视为实现自己价值的途径,才是正道。每年都会有无数风华正茂、才智优秀的毕业生进入酒店,但在很短的时间中离开这一行业。酒店是劳动密集型行业,高速发展中必然带来人力资源的瓶颈。在爬向酒店金字塔顶的过程中,不断会有人被自己或环境淘汰。留下的不一定是最优秀的,但一定适应了环境。所以,有勇气去承受 5 年或更长时间的阵痛,不是一次承诺和一次坚持,而是坚持到底。

二、酒店职业经理人的概念

职业经理人概念起源于 20 世纪 50 年代,到现在已经发展成为一个全球流行的概念。职业经理人走上中国经济舞台的历史较为短暂,但却因其在企业发展中发挥的重要作用已在我国各行各业开花。酒店业是我国最早引入职业经理人的行业,酒店职业经理人是酒店人力资本的重要组成部分,日益激烈的市场竞争对酒店职业经理人的个人素质和职业能力提出了更高要求。

酒店职业经理人属于酒店中的管理层,一般应具备担任酒店管理职位的职业能力并有相当的从业经历,能够以一定的价格在市场中自由流动,从而获取薪酬和实现自身职业生涯的目标。2004 年 8 月 1 日,由中国饭店协会起草、国家质量技术监督检疫总局和国家标准化管理委员会联合发布的《饭店业职业经理人执业资格条件(GB/T 19481—2004)》正式实施,这是我国的第一个职业经理人国家标准。该标准给出了"饭店业职业经理人"的官方定义,即"运用系统的现代饭店经营管理知识和经验,对某一饭店(或一个部门)经营和管理,以经营管理饭店为职业的经营者"。

三、了解酒店职业经理人的职业要求

酒店职业经理人是实现酒店目标的主导要素。那么,什么样的酒店职业经理人才能真

正担负起酒店经营管理的重任呢？酒店职业经理人的职业要求体现在如下 3 方面。

（一）职业道德

具有良好职业道德是成为一名合格酒店职业经理人的前提条件,包括遵纪守法、爱岗敬业、忠诚可靠、诚实守信、办事公道、服务精神等要素。具体而言,就是要遵守国家法律、法规,遵守社会行为规范,遵守企业章程及管理规章制度,做到自律守节;要具有敬业精神,热爱本职,能够承担责任,竭尽全力履行应尽的职责;要忠于职守,恪守信义,维护企业的利益;要实事求是,取信于客户和员工,严守企业的商业秘密,遵守竞业禁止原则;要坚持真理,明确是非,追求正义,秉公办事,不徇私情;要具有社会责任感,发扬无私奉献精神,为社会创造价值。

（二）职业素养

职业素养是酒店职业经理人胜任力的核心指标,包括团队意识、进取意识、客户意识和自我管理等要素。具体而言,就是要将自己融入整个团体,明确团队目标,尊重和激励团队成员,加强团队沟通,树立团队精神;要能够接受新的知识、迎接挑战、创造和把握机会,不惧怕犯错误,并勇于承认和纠正错误;要一切以客户为中心,提供优质服务,主动捕捉市场信息,深入分析市场需求和抓住市场机会,持续改进经营策略;要有稳定的情绪和强烈的自信心,尊重他人的观念、挖掘自己的潜能。

（三）职业知识

职业知识是酒店职业经理人专业化程度的体现。酒店职业经理人必须掌握较为全面的酒店业知识和了解较为前沿的企业管理知识。前者包括酒店人力资源管理、会计和财务管理、餐饮管理、客房管理、工程管理、市场营销等方面的专业知识;后者涉及领导艺术、组织行为学知识、行政管理知识等。

四、认知酒店职业经理人培养的意义

（一）提升酒店核心竞争力

酒店职业经理人直接或间接参与酒店的投资、酒店发展战略、酒店经营管理决策等关系酒店发展的重大问题,直接操纵整个酒店的日常经营管理事务。因此,酒店职业经理人的领导能力和管理能力至关重要,在竞争日益激烈的酒店市场,我国酒店企业能否在国外强势的酒店品牌面前立足并与之抗衡,酒店职业经理人的素质能力起着决定作用。从某种意义上说,酒店职业经理人是酒店核心竞争力的体现。因此,提升我国酒店职业经理人的能力,不断培养并塑造高素质的酒店职业经理人才,是我国酒店是否具有核心竞争力的关键。

（二）创造和实现酒店价值

酒店是一个服务行业,为顾客提供的产品和服务主要通过酒店员工的对客服务来体现。员工的服务技能和服务水平直接关系酒店产品和服务的质量。酒店职业经理人操纵酒店的日常经营管理事务,组织酒店员工从事酒店服务的生产和销售,对员工的工作标准化和规范化管理,不断考核、评估员工的工作,培训员工的服务技能,通过全面的质量管理保证酒店的产品和服务质量,从而创造酒店的价值。因此,不断对酒店职业经理人能力提升和素质培养,对保证酒店产品和服务质量、实现酒店价值有着重要的意义。

（三）推动酒店可持续发展

中国加入 WTO 以后,我国酒店业逐渐与国际接轨。当前,万豪、洲际、希尔顿等众多国际著名的酒店品牌纷纷落户中国,国内的酒店集团如锦江、开元、万达、港中旅等纷纷崛起,中国酒店业市场竞争将更加激烈,同时酒店消费者对酒店服务的要求不断提高。在这样的市场环境下,酒店职业经理人必须不断提升自己的职业能力和自身价值,跟上酒店业快速发展的步伐。因此,对酒店职业经理人进行素质和能力培养是保证酒店持续发展的动力。

任务思考

1. 如何成为一个称职的酒店职业经理人?
2. 完善自己的职业生涯规划。

4-3-1

在线自测题

知识导图

请对本小节知识点进行总结,绘制你的知识导图吧。(可扫描二维码查看参考总结)

4-3-2

知识导图

温故而知新

任务拓展

阅读资料：职业经理人必须具备的 8 项素质

图 4-3-2　职业经理人

4-3-3 阅读资料：
职业经理人必须
具备的八项素质

　　现代企业的竞争归根结底是企业间人力资源素质的竞争，尤其是经理人素质的竞争，因此，任何企业要想在竞争中取得优势、形成核心竞争力，就必须提高中高层经理人的职业能力，确保企业在激烈的市场竞争中站稳脚跟。中国职业经理人的根本修炼在于理论方面的职业弱化和实践方面的职业强化。职业经理人要转变思想、转换观念、转变心态和行为，必须从融入、和谐、适应、沟通方面转变。

　　职业经理人须具备如下 8 方面的素质。

　　第一个素质：进取心态。

　　第二个素质：职业操守。

　　第三个素质：掌控人心。

　　第四个素质：实事求是。

　　第五个素质，融入战略。

　　第六个素质：敢于冒险。

　　第七个素质：观念创新。

　　第八个素质：管理上司。

双语拓展

阅读资料

INTERNATIONAL HIGHLIGHTS

Students of hotel management should consider international employment opportunities. Current trade journals allow you to review the many job opportunities for hospitality professionals who have prepared themselves through education and work experience. International employment requires managers to know operations *and* to have a desire to learn and work in another culture. This option can be very exciting and a great addition to your career.

双语拓展

Matthew Davidson
Owner Quest Whangarei
in Whangarei, New Zealand

I think from young I had an embedded passion for the hospitality world. Growing up, I often travelled with my family to Australia and Fiji and we stayed at fantastic hotels. I was drawn to the people who provided great service and how it transformed guests' experiences.

While studying hospitality, the internships and practical classes, as well as banquets and events management, were the best components of the training I received in college.

I am now 'Mr. Everything', working together with a small but amazing team of four staff and managing this 34-room property. I handle every aspect of the hotel operations, from long shifts at the front desk to finances. As busy as it has been, I would not trade this for the world. I love the adrenaline(激动)rush and am motivated to wake up in the morning to do something I love.

Marina Gorba
Leisure Sales Manager at
Starwood Hotels &
Resorts Worldwide, Inc.
United Arab Emirates

The reason why I chose hospitality management is because this industry opens doors to a large array of paths that you can follow primarily from hotels, restaurants to events management. It is one of the fastest growing industries worldwide with a lot of great opportunities and I believe that my passion for travelling, exploring new cultures and one day, to open my own hotel were the main factors driving my decision. One of the most valuable skills I learned in college was the ability to work in a multicultural environment.

In my current role as Group Sales Executive, I am responsible for driving group business for eight Marriott properties located in Dubai from local Destination Management Companies.

One piece of advice I would give future hospitality management students is to stay focused on what you are doing, have objectives and goals in front of you and work hard to achieve them.

参考文献

[1] 朱承强,童俊.现代饭店管理[M].4 版.北京:高等教育出版社,2021.

[2] 郑向敏.酒店管理[M].4 版.北京:清华大学出版社,2019.

[3] 魏卫.酒店管理概论[M].武汉:华中科技大学出版社,2019.

[4] 刘伟.酒店管理[M].2 版.北京:中国人民大学出版社,2018.

[5] 丁林.酒店管理概论[M].2 版.北京:机械工业出版社,2020.

[6] 陈明.酒店管理概论[M].3 版.北京:旅游教育出版社,2017.

[7] 蒋丁新.饭店管理[M].3 版.北京:高等教育出版社,2010.

[8] 李妍,韩军.现代酒店管理[M].长沙:湖南师范大学出版社,2012.

[9] 杨劲松.酒店战略管理[M].北京:机械工业出版社,2021.

[10] 刘伟.酒店管理案例分析[M].重庆:重庆大学出版社,2020.

[11] 杨彦锋,刘丽敏,李林霏,等.民宿管理与运营[M].北京:中国旅游出版社,2021.

[12] 携程大住宿团队.酒店 OTA 平台运营增长指南[M].北京:人民邮电出版社,2020.

[13] 滕宝红.酒店管理实操从入门到精通[M].北京:人民邮电出版社,2019.

[14] 李勇平.餐饮服务与管理[M].6 版.大连:东北财经大学出版社,2021.

[15] 菲利普·科特勒,约翰·T.鲍文,詹姆斯·C.麦肯斯.旅游市场营销[M].谢彦君,李森,郭英等译.6 版.北京:清华大学出版社,2017.

[16] 曾琳,朱承强.现代酒店营销实务[M].2 版.武汉:华中科技大学出版社,2021.

[17] 游富相.酒店人力资源管理[M].2 版.杭州:浙江大学出版社,2018.

[18] 褚倍.酒店人力资源管理理论、实践与工具[M].武汉:华中科技大学出版社,2017.

[19] 胡质健.收益管理:有效实现饭店收入的最大化[M].北京:旅游教育出版,2009.

[20] 曾国军.收益管理与定价战略[M].北京:中国旅游出版社,2018.

[21] 陈敏.北京首旅酒店集团的"建国"品牌营销之路[D].成都:四川大学,2003.

[22] 胡维佳.锦江酒店国际化扩张模式的研究[D].长沙:湖南大学,2018.

[23] 周颖.酒店收益管理:从理论到实践(节选)英汉翻译实践报告[D].湘潭:湘潭大学,2020.

[24] 赵广欣.收益管理视角下的酒店客房差别定价策略研究[J].兰州财经大学学报,2018,34(3):118-124.

[25] IVANOV S H. Hotel revenue management:from theory to practice [M]. Zangador Ltd,2014.